Neue
Kleine Bibliothek 313

Arbeitsgruppe Alternative Wirtschaftspolitik

MEMORANDUM 2022

Raus aus dem Klimanotstand –
Ideen für den Umbruch

PapyRossa Verlag

Luxemburger Str. 202, D–50937 Köln

Tel.: +49 (0) 221 – 44 85 45
Fax: +49 (0) 221 – 44 43 05
E-Mail: mail@papyrossa.de
Internet: www.papyrossa.de

Grafiken: Grafikdesign Susanne Weigelt, Leipzig
Druck: Interpress

Die Deutsche Nationalbibliothek verzeichnet diese Publikation in der Deutschen Nationalbibliografie; detaillierte bibliografische Daten sind im Internet über http://dnb.d-nb.de abrufbar.

ISBN 978-3-89438-781-5

Inhalt

Vorwort

Das MEMORANDUM 2022, das Ende April der Öffentlichkeit vorgelegt wurde, gliedert sich wie in den vergangenen Jahren in zwei Teile:

I. Die Kurzfassung wurde bis Ende März von über 700 Wirtschaftswissenschaftler*innen und Gewerkschafter*innen durch ihre Unterschrift unterstützt.
II. Die Langfassung konzentriert sich auf grundlegende Analysen alternativer Wirtschaftspolitik, die über die Begründung zentraler Aussagen der Kurzfassung hinausgehen. An deren Vorbereitung und Ausarbeitung war ein großer Kreis von Wirtschaftswissenschaftler*innen aktiv beteiligt. Auf zwei Wochenendtagungen der *Arbeitsgruppe Alternative Wirtschaftspolitik* wurden die Grundpositionen erarbeitet und diskutiert und von einer Endredaktion Mitte Februar in die vorliegende Fassung gebracht.

***

Wenige Tage nach dem Abschluss dieses MEMORANDUMS hat der russische Angriffskrieg in der Ukraine schlagartig die Prognosen zu den meisten gesamtwirtschaftlichen Eckwerten, aber auch zu den mittelfristigen Determinanten der Klima- und Ressourcenpolitik stark verändert. Dabei stehen die sprunghaften Steigerungen bei den Energie- und Rohstoffpreisen sowie massive Lieferprobleme auch infolge der Sanktionen im Zentrum. Im Laufe dieses Jahres muss mit einer starken Stagflation, also ungewöhnlich hohen Inflationsraten bei schrumpfender Produktion gerechnet werden.

Durch den Redaktionsschluss für das MEMORANDUM 2022 konnten diese massiven Einflüsse nicht mehr berücksichtigt werden. Die Presseerklärung zur Veröffentlichung des MEMORANDUMS sowie nachfolgende Stellungnahmen werden auf diese eruptiven Veränderungen der gesamtwirtschaftlichen Entwicklung eingehen.

An dieser Stelle verweisen wir auf unsere Solidaritätserklärung vom 3. März 2022:

> „Seit dem 24. Februar 2022 werden wir in unseren Grundfesten erschüttert. Der russische Angriffskrieg auf die Ukraine bringt verheerende Folgen. Krieg ist durch nichts zu rechtfertigen. Unendliches menschliches Leid haben wir vor Augen. Unsere Solidarität gehört den Menschen. Wir sind solidarisch mit all denjenigen, die sich – teilweise trotz harter Repression – gegen diesen Krieg stellen und an Friedenslösungen arbeiten."

* * *

Weitere Informationen über die *Arbeitsgruppe Alternative Wirtschaftspolitik* sind über das Internet zugänglich (siehe unten). Dort findet sich auch eine Liste aller Publikationen der Gruppe. Hinzu kommen Einladungen zu Tagungen, aktuelle Veröffentlichungen einzelner Mitglieder der *Arbeitsgruppe Alternative Wirtschaftspolitik* sowie weitere Termine und Einladungen zu relevanten Themen.

Kontaktanschrift:
Arbeitsgruppe Alternative Wirtschaftspolitik e.V.
Postfach 33 04 47
28334 Bremen
E-Mail: memorandum@t-online.de
Internet: www.alternative-wirtschaftspolitik.de

Abkürzungsverzeichnis

CBAM	Carbon Border Adjustment Mechanism/CO_2-Grenzausgleichsmechanismus
CCfD	Carbon Contracts for Difference/CO_2-Differenzverträge
CE	Circular Economy/zirkuläre Wirtschaft
EU-ETS	European Union Emissions Trading System/EU-Emissionshandelssystem
EZB	Europäische Zentralbank
Gt	Gigatonnen (Milliarden Tonnen)
GW	Gigawatt
HVPI	Harmonisierter Verbraucherpreisindex
KMU	Kleine und mittlere Unternehmen
KSG	Klimaschutzgesetz
NWS	Nationale Wasserstoffstrategie
ÖPNV	Öffentlicher Personennahverkehr
PtG	Power-to-Gas/Strom zu Gas
PtL	Power-to-Liquid/Strom zu Flüssigtreibstoff
PtX	Power-to-X/Strom zu X (Oberbegriff zu PtG und PtL)
PV	Photovoltaik
RMC	Raw Material Consumption/Materialkonsum
THG	Treibhausgas
TLTRO	Targeted Long-Term Refinancing Operation/Gezielte langfristige Refinanzierungsgeschäfte
TWh	Terawattstunde

I. Kurzfassung des MEMORANDUM

Raus aus dem Klimanotstand – Ideen für den Umbruch

1. Krise der Globalisierung

Wir erleben eine Krise der Globalisierung. Die hochkomplexen, vernetzten Produktionsketten sind durch die Corona-Pandemie ins Stottern geraten. Weltweit wird dadurch die Produktion gebremst. Für Deutschland bedeutet das: Manche Waren sind im Handel nicht zu bekommen, und in der Industrie fehlen Vorprodukte und Rohstoffe.

Besonders heftig trifft die Materialknappheit die Metall- und Elektroindustrie. Bei Befragungen des ifo-Instituts klagen um die 80 Prozent der Unternehmen über Probleme bei der Beschaffung von Vorleistungen. Im gesamten verarbeitenden Gewerbe waren es im Dezember 2021 knapp 70 Prozent. Seitdem diese Daten erhoben werden, hatte es eine vergleichbare Situation noch nie gegeben. Vor der Corona-Krise lagen diese Werte immer unter 20 Prozent. Im ersten Krisenjahr 2020 stiegen die Zahlen im zweiten Quartal an, da viele Grenzen geschlossen waren und viele Fabriken wegen des Shutdowns nicht produzierten. Im Sommer entspannte sich die Lage wieder. Seit dem Frühjahr 2021 nahmen die Knappheiten dann dramatisch zu. Das Handelsblatt (07.02.2022) beklagte, dass die deutsche Autoindustrie im Jahr 2021 wegen fehlender Halbleiter so wenige Fahrzeuge wie zuletzt vor 46 Jahren produziert habe. Der Kapitalismus, der bisher den Überfluss an Produktion auf Märkten mit tendenziell zu geringer Kaufkraft zu realisieren hatte, konnte plötzlich die Nachfrage nicht mehr decken.

Die Ursachen dafür sind vielfältig. Zwischenzeitlich hat die Krise die gesamte weltweite Handelslogistik beeinträchtigt. Verstärkt wurde dies durch örtliche Lockdowns in Asien, vor allem in China, und Hafenschließungen. Über zehn Prozent der gesamten globalen Schiffsfracht hingen Anfang des Jahres im Containerstau fest (Kiel Trade Indicator). Beim Erdöl und Erdgas begrenzen die Förderländer weiterhin aktiv die Kapazitäten und passen sie nicht an die Nachfrage an. Bei der Chipproduktion sorgt die zunehmende Digitalisierung für eine Steigerung der Nachfrage, bei der die Produktion trotz erheblicher Investitionen nicht Schritt halten kann. Durch die Digitalisierung und den Ausbau erneuerbarer Energien wächst zudem die Nachfrage nach bestimmten Rohstoffen (Kobalt, Kupfer, Lithium) stark an. Auch hier können die Förderkapazitäten nicht schnell genug gesteigert werden.

Freihandel und Globalisierung waren zentrale Elemente des neoliberalen Wirtschaftsmodells. Den ersten Dämpfer bekam das System mit der weltweiten Wirtschafts- und Finanzkrise 2008/09. Danach expandierte der Welthandel schwächer als die Weltwirtschaft, der Globalisierungsgrad nahm ab. Mit der Präsidentschaft von Donald Trump in der USA gab es gerade in dem Land, das wie kein zweites die Globalisierung vorangetrieben hat, einen Kursschwenk. Protektionismus und Zollpolitik bestimmten fortan die Politik. Das hat sich unter Joe Biden nicht fundamental verändert. Ein Hintergrund dieses Kurswechsels war, dass es bis heute nicht gelungen ist, die weltwirtschaftlichen Ungleichgewichte einzudämmen. „America first" ist eine, allerdings bislang auch erfolglose, Antwort darauf. Alle diese Entwicklungen hatten keine dauerhaften ökonomischen Folgen.

Das hat sich mit Corona geändert. Die aktuelle Krise der Globalisierung bremst die allgemeinen wirtschaftlichen Aktivitäten. Die Pandemie ist noch nicht überstanden. So lässt sich auch noch nicht abschätzen, wann die derzeitigen Störungen überwunden werden können. Klar ist, dass die Produktions- und Logistiknetze irgendwann wieder funktionieren werden. Doch das ist kein Grund für eine Entwarnung. Die Risiken nehmen zu. Schon bei der Corona-Pandemie gibt es gute Gründe, sie als Folge der Globalisierung zu interpretieren. Die unberührten Lebensräume werden knapper, was unter anderem das Risiko einer steigenden Anzahl von Zoonosen durch Wildtiere erhöht. Die weltweiten Waren- und Menschenströme sorgen dafür, dass sich Epidemien rasend schnell über den Globus verbreiten und zu Pandemien werden.

Noch viel schwerer wiegen die geostrategischen Risiken. Der Konflikt um Russland und die Ukraine, der sich stetig zuspitzende Handelskrieg zwischen der USA und China, die Möglichkeit einer erneuten

Präsidentschaft von Trump (oder einem ähnlichen Politiker) in den USA sind nur die gravierendsten. Es ist kaum absehbar, wie die Eskalation nur eines dieser Konfliktherde sich auf die empfindlichen, hochkomplexen internationalen Wirtschaftsstrukturen auswirken würde. Selbst die Abrechnungsplattform Swift (über die Banken den weltweiten Zahlungsverkehr in US-Dollar abwickeln), das finanziell-logistische Herz der Globalisierung, könnte verstärkt als Sanktionsinstrument benutzt werden und damit langfristig seine Funktion verlieren.

Das globalisierte System ist überdehnt und wird so nicht haltbar sein. Was ist die Konsequenz daraus? Es wird keine umfassende Re-Nationalisierung geben. Dazu sind die Verflechtungen zu umfassend und die Wohlstandsgewinne durch internationale Arbeitsteilung zu groß. Aber es muss eine Umorientierung geben. Lokale und regionale Kreisläufe sind zu stärken. Eine Position, die die *Arbeitsgruppe Alternative Wirtschaftspolitik* schon lange vor der Krise der Globalisierung vertreten hat. Durch Diversifizierung von Lieferbeziehungen und verstärkte Lagerhaltung ist das System robuster auszulegen. Menschenrechte und ökologische Anforderungen müssen ein viel stärkeres Gewicht bekommen. Das Lieferkettengesetz ist allenfalls ein Anfang. Verstärkte Regulierung muss auch in den weltweiten Wirtschaftsbeziehungen die ungehemmte Marktdynamik einhegen. Der Kampf gegen Freihandelsabkommen, bei denen etwa Konsumenten- und Arbeitsrechte unterbelichtet sind, war und ist ein wichtiger Teil dieser Auseinandersetzung, auch wenn sie fast komplett aus dem Fokus einer kritischen Öffentlichkeit verschwunden sind.

Wie wichtig eine Einhegung und Eindämmung der Globalisierung ist, zeigt ein Blick auf die Mechanismen der neoliberalen Globalisierung, wo Kostendruck und die Marktmacht großer Konzerne die weltweite Ungleichheit vorangetrieben haben.

Die Verteilung von Einkommen und noch mehr die von Vermögen ist in den letzten Jahrzehnten immer ungleicher geworden, und dieser Prozess hat sich in der Krise noch weiter verschärft. „Die heutigen weltweiten Ungleichheiten entsprechen in etwa dem Niveau des frühen 20. Jahrhunderts, dem Höhepunkt des westlichen Imperialismus“ (Bericht zur weltweiten Ungleichheit 2022, World Inequality Lab). Die reichsten 10 Prozent der Bevölkerung besitzen heute 76 Prozent des weltweiten Vermögens. Für die untere Hälfte der gesamten Bevölkerung bleiben gerade einmal zwei Prozent des Vermögens.

Besonders die großen Vermögen sind in den vergangenen Jahren stark angestiegen. Der Anteil der Milliardär*innen am gesamten Vermögen hat seit Beginn dieser Statistik (1995) noch nie so stark zugenommen wie im ersten Jahr der Corona-Krise, 2020. Gleichwohl sind Staaten dagegen nicht wehrlos. In Europa ist die Ungleichheit im weltweiten Vergleich noch am wenigsten ausgeprägt. Vor allem in ökonomisch starken Regionen kann sie durch eine entsprechende Steuer- und Sozialpolitik, aber auch durch starke Gewerkschaften und soziale Bewegungen zumindest begrenzt werden. Aus der Sicht der *Arbeitsgruppe Alternative Wirtschaftspolitik* wurde aber auch in Europa und in Deutschland viel zu wenig gegen die wachsende Ungleichheit getan. Auch in Deutschland hat die Krise das Problem dramatisch verschärft: „Die zehn reichsten Personen haben ihr kumuliertes Vermögen seit Beginn der Pandemie von ca. 144 Milliarden US-Dollar auf etwa 256 Milliarden US-Dollar gesteigert – ein Anstieg um rund 78 Prozent. Allein dieser Gewinn entspricht annähernd dem Gesamtvermögen der

Globale Ungleichheit der Vermögen 2021

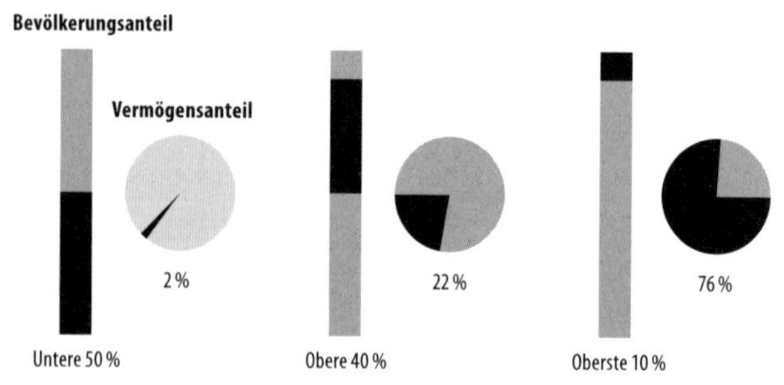

Quelle: World Inequality Report 2022, http://wir2022.wid.world.

© ARBEITSGRUPPE ALTERNATIVE WIRTSCHAFTSPOLITIK MEMORANDUM 2022

ärmsten 44 Prozent, also etwa 33 Millionen Deutschen“ (Gewaltige Ungleichheit, Oxfam 2021). Das ist sowohl für die ökonomische Entwicklung als auch für das Gerechtigkeitsempfinden, den Zusammenhalt der Gesellschaften und die Demokratie ein zentrales Problem. Noch dramatischer sieht es in Ländern aus, in denen die Deregulierungs- und Liberalisierungspolitik noch ausgeprägter war, was für eine spektakuläre Zunahme der Ungleichheit sorgte. Das gilt vor allem für die USA, Russland und Indien.

Auch die Bekämpfung der Pandemie leidet unter der Ungleichheit und der Machtasymmetrie zwischen den reichen und den ärmeren Ländern. Während sich das Virus in immer neuen Mutationen über den Erdball verbreitet, bleibt der Impfschutz im globalen Süden auf der Strecke. Am Anfang der Pandemie wurde von vielen Politiker*innen der Standpunkt eingenommen, es könne nur einen Schutz vor der Pandemie geben, wenn alle Menschen geschützt seien. Schon im MEMORANDUM 2021 hat die *Arbeitsgruppe Alternative Wirtschaftspolitik* die Einschätzung vertreten, dass es dazu nicht kommen wird. Im Januar 2022 waren über drei Milliarden Menschen weltweit zweifach geimpft. Doch die Impfquote in Ländern mit niedrigem Einkommen (mit mindestens einer Impfung) betrug gerade einmal 8,9 Prozent (Daten veröffentlicht von Oxfam Deutschland). Das Festhalten an den Patentrechten der lebensrettenden Impfstoffe hat viele Opfer gefordert, und es hat viele weitere Mutationen des Virus ermöglicht.

2. Gebremste wirtschaftliche Entwicklung in Deutschland

Die wirtschaftliche Situation ist geprägt von Unsicherheiten: die Entwicklung der Corona-Pandemie, zunehmende Inflation, Sorgen um den Klimawandel und seine Folgen. Die Konjunktur in Deutschland war im Jahr 2021 zusätzlich geprägt von Materialengpässen. Ersten Berechnungen des Statistischen Bundesamtes vom Januar 2022 zufolge wuchs die reale Wirtschaftsleistung um 2,7 Prozent. Das Wachstum im Jahr 2021 reichte aber noch längst nicht aus, um den starken Einbruch aus dem Vorjahr wettzumachen. Im Vergleich zu 2019, dem Jahr vor der Pandemie, fiel das BIP um zwei Prozent niedriger aus. Die Krise zeigte zunächst einen V-förmigen Verlauf: Im zweiten Quartal 2020 ging es steil bergab, im dritten Quartal 2020 folgte eine schnelle Erholung. Danach verlief die Entwicklung eher zäh. In den Wintermonaten, in denen die Infektionszahlen stark stiegen, sank die Wirtschaftsleistung. In der anderen Zeit konnte sie nur leicht zulegen. Im Verlauf des Jahres 2021 bremsten dann die nicht vorhandenen Materialien die Entwicklung erheblich. Die im Vorfeld hohen Wachstumserwartungen für 2021 ließen sich nicht realisieren.

In den Jahren vor der Krise hatte sich der private Konsum zum wichtigsten Wachstumsfaktor entwickelt. Damit war es während der Pandemie vorbei. Im Jahr 2020 trug er mit einem negativen Wachstumsbeitrag von –3,0 Prozentpunkten wesentlich zum Rückgang der Wirtschaftsleistung bei, auch 2021 gingen von ihm keine Wachstums-

Entwicklung des realen BIP

Index 2015=100, Quartalsdaten saison- und kalenderbereinigt

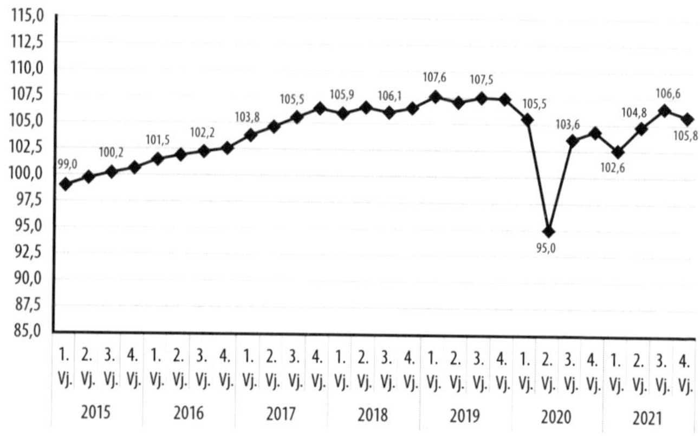

Quelle: Statistisches Bundesamt

impulse aus. Die Unsicherheit über die weitere Entwicklung und fehlende Konsummöglichkeiten (vor allem bei Reisen, Gastronomie und Kultur, aber auch von Industrieprodukten, die wegen fehlender Teile nicht produziert werden konnten) haben den Konsum gebremst und die Ersparnisse in nie gekannte Höhen gesteigert. Betrug die Sparquote (Anteil der Ersparnis am verfügbaren Einkommen) vor der Krise (2019) noch 10,8 Prozent, stieg sie im Jahr 2020 auf den Rekordwert von 16,1 Prozent. Im Jahr 2021 hatte sie sich mit 15,0 Prozent kaum verringert. Für die Bezieher*innen von niedrigen Einkommen haben die sinkenden Reallöhne (und realen Transferleistungen) aber auch die Konsummöglichkeiten begrenzt.

Wachstumsimpulse gingen vom Staatsverbrauch, den Investitionen, dem Außenbeitrag und den Vorräten aus. Die Investitionen liegen noch ca. ein Prozent unter dem Vorkrisenwert von 2019. Der Außenbeitrag (der die Wachstumseffekte aus dem Außenhandel beschreibt) konnte nicht von den Warenexporten profitieren. In der Außenhandelsbilanz hatte Deutschland im Jahr 2021 einen Überschuss von 173,3 Milliarden Euro, nach 180,4 Milliarden Euro im Jahr zuvor. Der Überschuss geht seit fünf Jahren zurück. Stark gestiegen sind dagegen die Dienstleistungsexporte. Im Jahr 2021 betraf das vor allem die Lizenzeinnahmen für die Corona-Impfstoffe, die alleine 0,5 Prozentpunkte zum Wachstum des BIP beigetragen haben. Die Vorräte nahmen stark zu, weil viele Güter wegen fehlender Teile nicht fertiggestellt werden konnten und erst einmal gelagert werden müssen.

Da die Wirtschaftsleistung noch unter dem Vorkrisenniveau liegt, hat sich auch die Erwerbstätigkeit noch nicht wieder erholt. Zwar hat sie gegenüber dem Krisenjahr 2020 um 7.000 Personen zugelegt, aber gegenüber 2019 bedeutet das einen Rückgang um mehr als 360.000 Personen. Angesichts der schweren Krise ist das aber ein recht moderater Rückgang. Dabei hat es große Verschiebungen innerhalb der Erwerbstätigkeit gegeben. Verlierer*innen waren die Selbstständigen, vor allem aus den Bereichen Gastronomie, Kultur, Tourismus und körpernahe Dienstleistungen, und die marginal Beschäftigten. Deren Anzahl hat sich gegenüber 2019 um mehr als eine halbe Million verringert. Dagegen erhöhte sich die Zahl der sozialversicherungspflichtig

Beiträge der Nachfragekomponenten zum Anstieg des realen BIP 2021 (in Prozentpunkten des BIP)

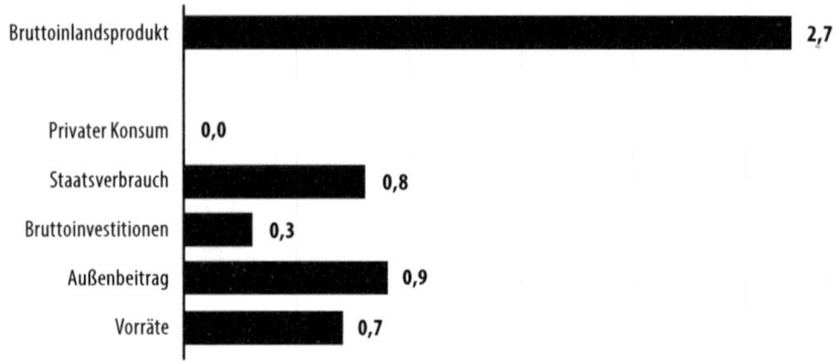

Quelle: Statistisches Bundesamt

© ARBEITSGRUPPE ALTERNATIVE WIRTSCHAFTSPOLITIK MEMORANDUM 2022

Beschäftigten. Sie lag 2021 fast um 400.000 höher als vor der Krise. Grundsätzlich sieht die *Arbeitsgruppe Alternative Wirtschaftspolitik* eine Strukturverschiebung von marginaler zu sozialversicherungspflichtiger Beschäftigung als einen positiven Trend. Doch viele, die auf das Einkommen aus einem Mini-Job angewiesen sind, haben keine Chance auf ein sozialversicherungspflichtiges Arbeitsverhältnis und werden ohne entsprechendes Einkommen dastehen.

3. Arbeitsmarkt weiter in der Krise

Der Arbeitsmarkt befand sich im Jahr 2021 weiter im Krisenmodus (alle Angaben aus der Statistik der Bundesagentur für Arbeit, Blickpunkt Arbeitsmarkt, Dezember 2021). Gegenüber 2020 verringerte sich die Zahl der offiziell registrierten Arbeitslosen nur leicht um drei Prozent auf 2,61 Millionen. Im Vergleich zum Vorkrisenjahr 2019 bedeutet das einen Anstieg um 347.000 oder 15,3 Prozent. Die Arbeitslosenquote, bezogen auf die abhängigen zivilen Erwerbspersonen, fiel leicht von 6,5 auf 6,3 Prozent. Im Jahr 2019 hatte sie noch bei 5,5 Prozent gelegen. In Ostdeutschland betrug sie 7,9 Prozent im Jahr 2021.

Verschiedene Gruppen waren sehr unterschiedlich von Arbeitslosigkeit betroffen. Bei Männern war die Quote mit 6,0 Prozent etwas höher als bei Frauen mit 5,4 Prozent (alle Angaben zu den Arbeitslosenquoten nach Personengruppen beziehen sich auf alle zivilen Erwerbspersonen). Besonders stark sind Nichtdeutsche mit einer Quote von 13,7 Prozent betroffen, bei Deutschen liegt der Wert bei 4,9 Prozent. Einen sehr großen Einfluss auf das individuelle Arbeitslosigkeitsrisiko hat die Qualifikation. Ohne Berufsausbildung liegt die Arbeitslosenquote bei 20,6 Prozent, mit Berufsausbildung bei 3,5 Prozent und mit akademischer Ausbildung bei 2,4 Prozent. Diese Zahlen weisen auch auf die Spaltung des Arbeitsmarktes hin: hohe Arbeitslosigkeit auf der einen und Fachkräftemangel auf der anderen Seite, zum Beispiel im Pflegebereich und im Handwerk.

Die weiter gefasste Unterbeschäftigung, in der auch arbeitsmarktpolitische Maßnahmen berücksichtigt werden, umfasste im Durchschnitt des Jahres 2021 rund 3,37 Millionen Personen. Das waren knapp 200.000 Personen oder 6 Prozent mehr als 2019. Angesichts des kräftigen Einbruchs der Wirtschaftsleistung konnte eine noch viel höhere Arbeitslosigkeit nur durch den massiven Einsatz der Kurzarbeit verhindert werden. Im Durchschnitt des Jahres 2020 arbeiteten fast drei Millionen Beschäftigte kurz (in der Spitze im Frühjahr waren es fast sechs Millionen). Das war der mit Abstand höchste Wert in der Geschichte der Bundesrepublik. Im Jahr 2021 hatte sich die Zahl auf 1,85 Millionen verringert. Das waren immer noch viel mehr Kurzarbeiter*innen als während der weltweiten Wirtschafts- und Finanzkrise im Jahr 2009, als die Zahl 1,14 Millionen betrug. Unter Berücksichtigung der Kurzarbeit beziffert die Bundesagentur die Unterbeschäftigung für das Jahr 2021 auf 4,27 Millionen Personen.

Für eine leichte Entspannung auf dem Arbeitsmarkt sorgte auch das verringerte Arbeitsangebot. Durch den demografischen Wandel sind immer weniger Menschen im erwerbsfähigen Alter. Durch Zuwanderung und die wachsende Erwerbsbeteiligung von Frauen konnte dieser Effekt in den letzten Jahren weitgehend kompensiert werden. In der Krise haben sich beide Entwicklungen deutlich abgeschwächt, sodass per Saldo das Arbeitsangebot im Jahr 2021um etwa 120.000 Personen zurückging.

Insgesamt war in der Krise deutlich weniger Bewegung auf dem Arbeitsmarkt als in normalen Zeiten. Im Jahr 2019 gab es noch jeweils über 7,2 Millionen Zugänge in die und Abgänge aus der Arbeitslosigkeit. Im Jahr 2021 waren es 5,8 Millionen Zugänge und 6,2 Millionen Abgänge, wobei es bei den Abgängen nur knapp zwei Millionen waren, die zu einer Beschäftigung auf dem ersten Arbeitsmarkt führten. So ist es kein Wunder, dass die Wahrscheinlichkeit, aus der Arbeitslosigkeit auf einem „richtigen" Arbeitsplatz zu landen, im Jahr 2021 gering war. Diese Abgangschance beziffert die Bundesagentur für 2020 nur auf 6,12 Prozent und für 2021 auf wenig bessere 6,29 Prozent. Das sind die schlechtesten Werte seit 2009. Die geringeren Beschäftigungschancen führten zu einer Verfestigung der Arbeitslosigkeit. Die Zahl der Langzeitarbeitslosen (länger als zwölf Monate arbeitslos) stieg zum ersten Mal seit Jahren wieder kräftig an. Sie nahm von 727.000 im Jahr 2019 auf etwas mehr als eine Million im Jahr 2021 zu, das ist ein Anstieg von 300.000 oder um 41 Prozent in nur zwei Jahren. Damit waren nach 32,1 Prozent im Jahr 2019 und 30,3 Prozent im Jahr 2020 (die gestiegene Zahl der Arbeitslosen insgesamt führte zu einem Rückgang des Anteils der Langzeitarbeitslosen) nun 39,3 Prozent aller Arbeitslosen länger als ein Jahr nicht mehr in Lohn und Brot. Diese Diskrepanz zwischen Fachkräftemangel und steigender Langzeitarbeitslosigkeit zeigt, wie segmentiert die Arbeitsmärkte sind. Eine aktive Arbeitsmarktpolitik ist unabdingbar.

Mit der in der Krise leicht gestiegenen Arbeitslosigkeit nahmen auch die Kosten der Arbeitslosigkeit wieder zu. Für das Jahr 2020 gibt es dazu erste Berechnungen des Instituts für Arbeitsmarkt- und Berufsforschung (IAB) (IAB-Forum vom 28.12.2021). Die fiskalischen Kosten der Arbeitslosigkeit betrugen im Jahr 2019 noch 51,3 Milliarden Euro, ein Jahr später dagegen 62,8 Milliarden Euro. Sie setzen sich aus den direkten Zahlungen an die Arbeitslosen (einschließlich ihrer Sozialversicherungsleistungen) von 35 Milliarden Euro und den Mindereinnahmen bei Steuern und Sozialversicherungsbeiträgen zusammen. Weitere gesellschaftliche Kosten, wie z. B. der Nachfrageausfall durch das geringere Einkommen der Arbeitslosen, sind nicht darin enthalten. Die fiskalischen Kosten fielen vor allem bei der Bundesagentur für Arbeit (30 Prozent), dem Bundeshaushalt (28 Prozent) und der Rentenversicherung (14 Prozent) an. Die Bundesagentur für Arbeit hat dabei ihre Rücklagen fast komplett aufgebraucht.

Zu den Kosten der Arbeitslosigkeit kommen die Ausgaben für arbeitsmarktpolitische Maßnahmen hinzu. Diese umfassen aktuell vor allem die Zahlungen für Kurzarbeit. Die Ausgaben für die Arbeitsmarktpolitik insgesamt beliefen sich im Jahr 2020 auf 33,3 Milliarden Euro, davon entfielen 22,1 Milliarden auf die Auszahlung des konjunkturellen Kurzarbeitergeldes. Mit der Verhinderung von Arbeitslosigkeit bzw. der Begrenzung von Einkommensverlusten war die Kurzarbeit ein extrem wichtiges und sinnvolles Instrument für die Beschäftigten. Von den Zahlungen profitierten auch die Unternehmen. Sie konnten in der Krise ihre Lohnkosten deutlich senken, ohne qualifizierte Beschäftigte zu verlieren. In vielen Fällen hat das die Existenz von Unternehmen gerettet. Allerdings kamen auch hochprofitable Unternehmen in den Genuss von Kurzarbeit, die so ihre Renditen steigern konnten.

4. Auch internationale Lieferprobleme treiben die Inflation an

Seit vielen Jahren zählen zu stark steigende Preise nicht mehr zu den Problemen vieler Volkswirtschaften. Im Gegenteil, oft überwog das Deflationsrisiko. In Deutschland lag der Anstieg der Verbraucherpreise seit 2012 immer unterhalb der Zielinflationsrate der Europäischen Zentralbank (EZB) von zwei Prozent. Im Jahr 2021 hat sich das geändert. Die Krise der Globalisierung hat auch im Preisgefüge ihre Spuren hinterlassen. Die Verknappung des Angebots durch die Störung der globalen Lieferketten hat zu erheblichen Preissteigerungen geführt. In Deutschland schlägt sich das in gestiegenen Importpreisen nieder. Die Einfuhrpreise stiegen im Dezember um 24 Prozent, auf das ganze Jahr bezogen um 13,5 Prozent. Vor allem Energie verteuerte sich dramatisch. Die Einfuhrpreise für Erdgas erhöhten sich im Dezember 2021 gegenüber dem Vorjahresmonat um 267,5 Prozent, für Steinkohle um 154,3 Prozent und für Mineralölerzeugnisse um 68,5 Prozent. Aber auch andere Rohstoffe legten kräftig zu. Die Einfuhrpreise für Roheisen, Stahl und Ferrolegierungen stiegen um 60,5 Prozent. Nicht nur die Einfuhrpreise für Rohstoffe stiegen stark an: Auch Vorleistungsgüter verteuerten sich um 23,0 Prozent (alle Angaben Statistisches Bundesamt, Preisindizes für die Einfuhr).

Die Einfuhrpreise trugen auch zur Inflation in Deutschland bei, wo die Verbraucherpreise im Jahresverlauf gegenüber dem Vorjahresmonat um bis zu 5,3 Prozent im Dezember anstiegen, im Jahresdurchschnitt lag die Teuerung bei 3,1 Prozent. Nach Schätzungen der Deutschen Bundesbank (bezogen allerdings auf den europäischen, harmonisierten Verbraucherpreisindex, aber der Unterschied zum national definierten Preisanstieg beträgt nur 0,1 Prozentpunkte) entfällt davon knapp ein Prozentpunkt auf die administrativ festgelegten Preise, konkret: die aufgehobene Senkung der Umsatzsteuersätze und die Einführung der CO_2-Bepreisung für die Bereiche Wärme und Verkehr (Letzteres schlägt mit ca. 0,3 Prozentpunkten zu Buche). Auch Basiseffekte spielen bei der Inflation eine Rolle. Noch im zweiten Halbjahr 2020 sanken die Verbraucherpreise in Deutschland. Vor allem die Energiepreise waren im Keller. Der Bezug auf besonders niedrige Ausgangswerte ist eine wichtige Erklärung für die aktuell hohen Preissteigerungsraten im Vorjahresvergleich.

Ein verknapptes Angebot durch fehlendes Material und Vorleistungen trifft auf starke Nachfrage – das sind ideale Marktbedingungen, um steigende Einfuhrpreise an die Kund*innen weiterzugeben und zudem mit einem Aufschlag die Renditen zu steigern. Das sieht sogar die Bundesbank so: „Die zunächst gedämpften Zuwächse der Lohnstückkosten eröffnen Raum für eine kräftige Erholung der gesamtwirtschaftlichen Gewinnmargen. Das Umfeld mit hoher Nachfrage aus dem In- und Ausland bei gleichzeitigen Angebotsengpässen hilft nicht nur, steigende Kostenbelastungen an die Kunden weiterzugeben, sondern auch die Profitabilität wieder zu erhöhen“ (Deutsche Bundes-

Entwicklung der Verbraucherpreise 2015–2022

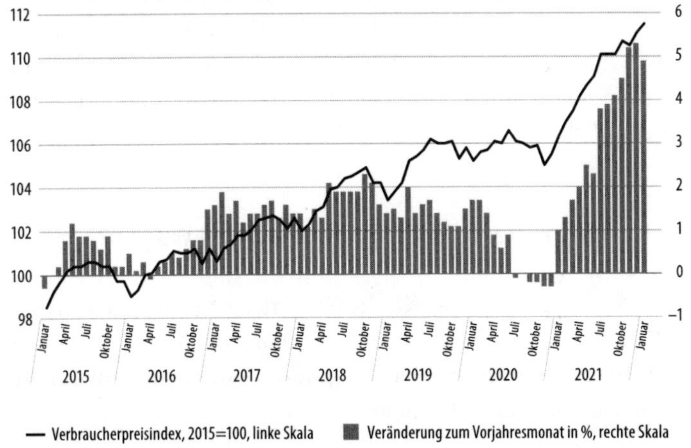

Quelle: Statistisches Bundesamt, Wert für Januar 2022 vorläufig.

bank, Monatsbericht Dezember 2021). Hierin liegt eine Ursache für die stark gestiegenen Gewinn- und Vermögenseinkommen, die im Jahr 2021 um 15,4 Prozent gewachsen sind und mit 780 Milliarden Euro das Vorkrisenniveau von 753 Milliarden Euro im Jahr 2019 übertroffen haben. Statt einer viel beschworenen Lohn-Preis-Spirale zeichnet sich eher eine durch Profite getriebene Inflation ab.

Die EZB reagiert bisher rational auf die steigende Inflation. Dabei lastet erheblicher politischer und öffentlicher Druck auf ihr, der durch die restriktivere Geldpolitik anderer Notenbanken noch verschärft wird. Viele Kommentator*innen bedienen dabei wieder das alte monetaristische Denkmuster, wonach die expansive Geldpolitik für die Preissteigerungen verantwortlich sei. Doch angesichts der eindeutig in den krisenbedingten Angebotseinschränkungen liegenden Ursachen des Preisauftriebs geht diese Argumentation völlig ins Leere. Da vertritt die EZB eine klare Position, die von der *Arbeitsgruppe Alternative Wirt-*

schaftspolitik geteilt wird: „Was kann die EZB dagegen tun? Können wir Versorgungsengpässe beheben? Können wir Container transportieren, den Ölpreis senken oder geostrategische Konflikte befrieden? Nein, das können wir alles nicht" (Christine Lagarde, Frankfurter Rundschau, 11.02.2022). Steigende Zinsen würden unter solchen Bedingungen nur geradewegs in eine neue Rezession führen. Das wäre eine gefährliche und völlig falsche Politik.

5. Koalitionsvertrag – mehr Fortschritt wagen?

Das große Projekt, das im Koalitionsvertrag formuliert wurde, ist der ökologische Umbau. Tatsächlich bedeutet der Vertrag auf einigen Gebieten einen Fortschritt. Bei den großen politischen Linien ist aber keine Neuausrichtung erkennbar.

Steuern

Überhaupt keine Bewegung gibt es in der Steuerpolitik. Steuerentlastungen für niedrige Einkommen bei der Einkommensteuer sind ebenso wenig vorgesehen wie höhere Steuern bei Spitzenverdiener*innen. Die Vermögensteuer wird weiterhin nicht erhoben, und die Erbschaftsteuer bleibt – insbesondere bei Betriebsvermögen – eher eine Bagatellsteuer. Auch das völlig überholte Ehegattensplitting wird nicht angetastet. Die Chance, mehr Steuergerechtigkeit herzustellen und zusätzliche Einnahmen für den ökologischen Umbau, die Auflösung des Investitionsstaus, einen leistungsfähigeren öffentlichen Sektor und eine bessere soziale Sicherung zu erzielen, bleibt damit ungenutzt. Die neue Bundesregierung leistet so keinen Beitrag, um die Ungleichheit bei der Einkommensverteilung über eine geänderte Sekundärverteilung zu verringern. Ein echtes „Bündnis für Gerechtigkeit", wie es im Untertitel des Koalitionsvertrages heißt, sieht definitiv anders aus.

Kreditaufnahme

Die andere Finanzierungsquelle neben den Steuern ist die Kreditaufnahme. Hier legt sich die neue Bundesregierung weiter Fesseln an: Die

Schuldenbremse soll weiter bestehen bleiben und ab 2023 auch wieder eingehalten werden. Über die Unsinnigkeit der Schuldenbremse hat die *Arbeitsgruppe Alternative Wirtschaftspolitik* in vielen MEMORANDEN ausführlich geschrieben. Die Finanzierungsgrundlage für „ein Jahrzehnt der Zukunftsinvestitionen“ (Koalitionsvertrag, S. 24) bleibt damit schwierig.

Mit einer Reihe von Maßnahmen sollen trotzdem finanzielle Spielräume geschaffen werden:

- Ungenutzte Kreditermächtigungen aus dem Jahr 2021 im Umfang von 60 Milliarden Euro sollen in einen Klima- und Transformationsfonds fließen;
- eine nun auf 30 Jahre gestreckte Tilgung der Corona-Schulden;
- Änderung des Konjunkturbereinigungsverfahrens der Schuldenbremse;
- Nutzung öffentlicher Körperschaften und Unternehmen für die Investitionsfinanzierung sowie stärkere Nutzung der KfW;
- Abbau von Subventionen und Haushaltsumschichtungen;
- steigende Steuereinnahmen.

Einige der Punkte sind ganz klar eine Aufweichung der Schuldenbremse. Es ist natürlich begrüßenswert, wenn dringend benötigte zusätzliche Mittel für die öffentlichen Haushalte generiert werden. Aber es entbehrt jeder Logik, wenn eine Bundesregierung an der Schuldenbremse festhält, weil sie sich angeblich bewährt hat, und gleichzeitig mit der eigenen Politik die Schuldenbremse aufgeweicht. Die *Arbeitsgruppe Alternative Wirtschaftspolitik* fordert die Abschaffung der Schuldenbremse und die Rückkehr zur Goldenen Regel (Nettoinvestitionen werden durch Kreditaufnahme finanziert). Sollte dies nicht möglich sein, weil es keine verfassungsändernde Mehrheit dafür gibt, so ist sie konsequent zu reformieren.

Nach Berechnungen des Instituts für Makroökonomie und Konjunkturforschung (Report 173, Januar 2022) lassen sich in dieser Legislaturperiode mit den geplanten Maßnahmen Finanzvolumina in der Größenordnung von etwa 200 Milliarden Euro mobilisieren, also etwa 50 Milliarden pro Jahr. Das sieht zunächst nach viel aus und wäre tatsächlich ein großer Fortschritt gegenüber den Vorgängerregierungen. Doch selbst wenn sich diese Mehreinnahmen tatsächlich realisieren lassen – hier gibt es durchaus noch einige Unsicherheiten wie die Frage, wie teuer die Bewältigung der Krise noch wird –, reichen die Mittel längst nicht aus, um den Investitionsstau aufzulösen und auch alle Maßnahmen zu finanzieren, die im Koalitionsvertrag angekündigt sind.

Nach wie vor gibt es allein im Bereich der Kommunen einen ungedeckten Investitionsrückstand von knapp 150 Milliarden Euro, der vor allem die Bereiche Schulen und Verkehrsinfrastruktur betrifft (KfW Kommunalpanel 2021). Nur um den europäischen Durchschnittswert an öffentlichen Investitionen zu erreichen, sind Mehrausgaben von über 20 Milliarden Euro jährlich notwendig. Die Kosten für den ökologischen Umbau sind hier noch gar nicht berücksichtigt, genauso wie Ausgaben für ein besseres Gesundheitssystem mit besserer Pflege, mehr Lehrer*innen usw. Die *Arbeitsgruppe Alternative Wirtschaftspolitik* fordert seit Jahren ein Zukunftsprogramm von zusätzlich mindestens 120 Milliarden Euro jährlich.

Mindestlohn und Niedriglöhne

Der Niedriglohnsektor ist in den letzten Jahren trotz guter Arbeitsmarktentwicklung, steigenden Realeinkommen und sinkender Arbeitslosigkeit nur wenig reduziert worden. Er erreichte im Jahr 2011 den Höchststand mit 24,1 Prozent aller Beschäftigten, stagnierte bis 2017 bei ca. 23 Prozent (IAQ Report 5-2020) und sank bis 2021 auf 21 Prozent. Die Ampel-Koalition will dies ändern. Zum 01.10.2022 soll der gesetzliche Mindestlohn auf 12 Euro pro Stunde steigen. Das ist ein großer Erfolg der breiten Bewegung, die seit Mitte der 2000er Jahre für einen ausreichenden gesetzlichen Mindestlohn kämpft. Auch die *Arbeitsgruppe Alternative Wirtschaftspolitik* hat sich seit 2006 immer wieder dafür eingesetzt.

Auf der anderen Seite soll aber die Verdienstgrenze für die geringfügigen Beschäftigungsverhältnisse von 450 Euro auf 520 Euro heraufgesetzt und danach dynamisiert werden: Die Verdienstgrenze soll zehn Wochenstunden des jeweiligen Mindestlohnes betragen. Die Verdienstgrenze für „Midi-Jobs", für die niedrigere Sozialversicherungsbeiträge gezahlt werden müssen, soll auf 1.600 Euro erhöht werden. Dies ist ein Rückschlag bei der Bekämpfung des Niedriglohnsektors. Denn von den ca. 7,6 Millionen geringfügig Beschäftigten arbeiten mehr als drei Viertel zu Niedriglöhnen. Es ist außerdem ein herber Rückschlag für die Förderung einer gleichberechtigten Erwerbsarbeit von Frauen, da diese Arbeitsverhältnisse die Ideologie eines kleinen Zuverdienstes für „Hausfrauen" verfestigen und sich eher als Teilzeitfalle erweisen.

Der neue Mindestlohn von 12 Euro pro Stunde wird die Löhne von sechs bis acht Millionen Beschäftigten anheben. Das sind wesentlich mehr als bei der Einführung des Mindestlohnes im Jahr 2015, denn der Mindestlohn wird nur noch fünf Prozent unter der Niedriglohnschwelle liegen (zwei Drittel des Medianlohns von aktuell ca. 12,60 Euro). Wenn der Niedriglohnsektor insgesamt reduziert werden soll, muss der gesetzliche Mindestlohn durch eine höhere Tarifbindung ergänzt werden. Denn ein gesetzlicher Mindestlohn kann nur die Untergrenze darstellen, die in Tarifverträgen überschritten werden muss. Tarifverträge müssen deshalb leichter allgemeinverbindlich erklärt werden können, damit sie für alle Unternehmen der Branche zwingend gelten. Denn gerade in Niedriglohnbranchen ist die Tarifbindung sehr gering und die Gefahr des Lohndumpings groß. Das faktische Vetorecht der Arbeitgeber*innen gehört abgeschafft. Außerdem müssen die sozialrechtlichen Sonderregelungen für Mini- und Midi-Jobs aufgehoben werden, wie es die *Arbeitsgruppe Alternative Wirtschaftspolitik* schon lange fordert.

Gesundheit und Pflege

Die Pandemie hat noch einmal die besondere Bedeutung des Gesundheitssystems aufgezeigt. Der Koalitionsvertrag hält für das Gesundheits- und Pflegewesen einiges an Lichtblicken bereit, etwa dort, wo förmlich die Hütte brennt, sodass sich echte Verbesserungen nicht mehr auf die lange Bank schieben lassen. Beim Pflegepersonal vorrangig der Krankenhäuser ist mit Fortschritten zu rechnen. Schon die Frage jedoch, ob bei der Qualifikationsstruktur professioneller Pflege der im internationalen Vergleich massive Rückstand mehr als nur ein bisschen abgebaut werden soll, wird nicht eindeutig beantwortet. Der

Koalitionsvertrag enthält vielversprechende Stichworte, die aber unbestimmt bleiben. Entscheidend ankommen wird es auf die Umsetzung, für die sich ein umso größerer Interpretationsspielraum öffnet, je vager die Formulierung im Vertrag ausfällt.

Deutschland unterhält im OECD-Kontext das zweitteuerste Gesundheitssystem, setzt die vorhandenen Mittel aber nicht so ein, dass damit eine hohe Qualität der Versorgung von akut Kranken, chronisch Kranken und Menschen mit dauerhaftem Pflege- und Unterstützungsbedarf bei zugleich guten Arbeitsbedingungen der Beschäftigten gesichert wird. Neue Weichenstellungen mit dem Ziel, die Dominanz wirtschaftlicher Partikularinteressen zurückzudrängen und eine öffentliche Steuerung zu etablieren, die von Patient*innen und langfristig Pflegebedürftigen aus gedacht werden, sind nicht vorgesehen. Dies hätte einen Paradigmenwechsel gepaart mit einem ausgeprägten politischen Gestaltungswillen zur Voraussetzung gehabt.

Die vielen Einzelelemente bleiben dem Paradigma einer wettbewerblichen Organisation verhaftet, wo mit Krankheiten und dem Versprechen auf Gesundheit gute Gewinne erwirtschaftet werden können und sollen. Damit aber hängen die durchaus auch vorhandenen neuen Akzente etwas in der Luft. Als Teil einer übergreifenden und finanziell unterlegten Gesamtstrategie könnten sie die Basis für fachlich notwendige Kursänderungen legen. Ob es dazu kommt, ist jedoch fraglich. Es bedürfte einer Gesamtstrategie mit auch finanzieller Unterlegung. Vom Pflegebonus abgesehen drückt sich der Vertrag aber komplett vor Aussagen zum Finanzbedarf und der vorgesehenen Finanzierung. Die offene Finanzierungsfrage wird damit zu einem der Fallstricke, schließlich sollen die Beiträge weitgehend stabil bleiben, Steuern sollen nicht erhöht werden, und an Umverteilungen im System wird gleichfalls nicht angedacht. Für die Umsetzung der zukunftsweisenden und positiv zu wertenden Akzente dürfte sich dies als schwere Bürde herausstellen.

Energiewende

Im Koalitionsvertrag werden ehrgeizige Ziele für den Ausbau der erneuerbaren Energien formuliert. Die Elektrifizierungsstrategie kann einerseits zu gesellschaftlichen Akzeptanzproblemen und andererseits zu Problemverlagerung – *Risikoreduktion* bei fossilen Energien vs. *Risikozuwachs* durch eine forcierte globale Konkurrenz und Importabhängigkeit von natürlichen Rohstoffen (z. B. hoher Importbedarf für Lithium, Kobalt, Selen, Neodym) – führen. Als konkrete Ziele wurden im Koalitionsvertrag festgeschrieben:

- Bis zum Jahr 2030 sollen bei einem projektierten Bruttostrombedarf von 680–750 Terawattstunden 80 Prozent aus erneuerbarer Energie erzeugt werden.
- Bei den für 2030 anvisierten 30 Gigawatt Offshore-Wind und 200 Gigawatt Photovoltaik erfordert dies eine Kapazität von 100 bis 125 Gigawatt Onshore-Wind.
- In der „Nationalen Wasserstoffstrategie“ – mit Priorität für die einheimische Erzeugung von grünem Wasserstoff – soll das nationale Elektrolyseziel bis zum Jahr 2030 von 5 auf 10 Gigawatt erhöht werden.

Mögliche Synergiepotenziale einer integrierten Steigerung der Energie- und Materialeffizienz spielen allerdings im Koalitionsvertrag nur eine marginale Rolle. Jede durch Energie- und Materialeffizienz vermiedene Kilowattstunde würde dazu beitragen, die immensen Umsetzungsprobleme (z. B. Flächenbedarf, Netzausbau, Ressourcenverbrauch, Importbedarf, Akzeptanz) zu reduzieren. Die *Arbeitsgruppe Alternative Wirtschaftspolitik* kritisiert, dass im Koalitionsvertrag das Thema Energie- und Materialeffizienz nur am Rande behandelt und die Kopplung von Klima- und Ressourcenschutzpolitik praktisch ignoriert wird.

Rentenpolitik

Widersprüchlich fällt auch die Bewertung der Rentenpolitik im Koalitionsvertrag aus. Positiv ist, dass

- das Rentenniveau den Wert von 48 Prozent „dauerhaft“ (!) nicht unterschreiten soll,
- der Beitragssatz „in dieser Legislaturperiode“ (!) 20 Prozent nicht überschreiten soll,
- die Regelaltersgrenze nicht angehoben werden soll (hier fehlt im

Text der Vereinbarung allerdings, ob damit „in dieser Legislaturperiode“ gemeint ist, was dann eine Anhebung auf über 67 Jahre nach 2025 nicht ausschließen würde),

- die Höhe/Berechnung der Erwerbsminderungsrenten auch jener verbessert werden soll, die bereits länger im Rentenbezug sind (bislang sind die Verbesserungen bei den Erwerbsminderungsrenten auf die Neuzugänge beschränkt worden).

Problematisch und kaum nachvollziehbar ist hingegen die Aussage, dass diese Rentenstrategie durch eine Teilkapitaldeckung der Rentenversicherung abgesichert werden soll. Vorgesehen ist, dass dafür im Jahr 2022 „in einem ersten Schritt“ 10 Milliarden Euro aus Bundesmitteln bereitgestellt und in einen von der Rentenversicherung verwalteten Kapitalstock eingezahlt werden. Diese Gelder wie auch die Mittel, die in der bereits bestehenden Schwankungsreserve („Nachhaltigkeitsrücklage“) stecken, sollen „global“ aber „reguliert“ auf dem Kapitalmarkt angelegt werden. Dieses Vorhaben geht zurück auf das FDP-Modell einer „Aktienrente“ und ist davon zwar weit entfernt. Aber die Tore für eine Rentenversicherung, die die Renten von den Turbulenzen und Risiken auf den internationalen Aktienmärkten, die bis zum Crash reichen können, abhängig macht, sind damit geöffnet.

Nun sind 10 Milliarden Euro – bezogen auf die finanziellen Dimensionen der umlagefinanzierten Rentenversicherung (jährlich werden Ausgaben in einer Höhe von 340 Milliarden Euro getätigt) – ein geringer Betrag. Im Koalitionsvertrag sind diese 10 Milliarden als erster Schritt gedacht. Soll er mehr als Symbolpolitik sein, werden schnell weitere Schritte folgen. Das sieht auch die Deutsche Rentenversicherung so: „Sehr viel höhere Mittel werden in den Folgejahren erforderlich sein, wenn die mit der teilweisen Kapitaldeckung verbundenen Ziele erreicht werden sollen, dass Rentenniveau und Beitragssatz langfristig stabilisiert werden und es ‚keine Anhebung des gesetzlichen Renteneintrittsalters‘ geben wird. 10 Milliarden Euro alleine würden noch nicht einmal ausreichen, um den Beitragssatz über ein Jahrzehnt hinweg auch nur um ein Zehntel Prozentpunkt zu reduzieren oder um auch nur die Hälfte der Rentenausgaben eines Monats zu finanzieren“ (Alexander

Gunkel, Deutsche Rentenversicherung Bund 2021). Es kommt dann zwingend zu einer Konkurrenz mit den bereits jetzt fälligen Bundeszuschüssen zur Rentenversicherung. Die Risiken durch die Anlage am Kapitalmarkt nähmen zu.

Mehrere Prüfaufträge in der Koalitionsvereinbarung beziehen sich auf die private Altersvorsorge: Die Riester-Rente soll nicht abgeschafft, aber durch Verzicht auf Garantien bei der Auszahlung (vermeintlich!) attraktiver gestaltet werden. Erwogen wird, die Beschäftigten zu einer zusätzlichen privaten Vorsorge zu verpflichten. Zu finanzieren wäre dies allein von den Beschäftigten und ohne Beteiligung der Arbeitgeber*innen. Hier wird die Idee fortgesetzt, die Versorgungslücken in der gesetzlichen Rentenversicherung durch diese Leistungen auszufüllen. Die paritätischen Beitragszahlungen werden durch die privaten Zahlungen ersetzt. Das senkt die Gesamtbelastungen nicht – erhöht aber die Belastungen der Beschäftigten. Die Einführung einer Bürgerversicherung ist im Koalitionsvertrag nicht vorgesehen.

Die *Arbeitsgruppe Alternative Wirtschaftspolitik* fordert:

- Die Schuldenbremse muss abgeschafft werden. Sollte dies an den hohen Verfassungshürden scheitern, sind mindestens Reformen nötig, die eine ausreichende und antizyklische Finanzierung der öffentlichen Haushalte ermöglichen.
- Bei einer Beibehaltung der Schuldenbremse ist die Finanzierung der Krisenlasten über eine einmalige Vermögensabgabe als Corona-Lastenausgleich notwendig.
- Ein gerechteres Steuersystem mit höherem Aufkommen zur Finanzierung der öffentlichen Ausgaben muss eingeführt werden. Dazu gehören eine Vermögensteuer, eine Finanztransaktionssteuer und die Verhinderung von Steuerflucht und Steuergestaltung bei Unternehmen sowie die stufenweise Abschaffung des Ehegattensplittings.
- Auf der europäischen Ebene werden die Fiskalregeln abgeschafft oder zumindest umfassend reformiert. Der Resilienz-

und Aufbaufonds wird zu einem dauerhaften Instrument ausgebaut.
- Ein umfangreiches Investitions- und Ausgabenprogramm für die Bereiche Bildung, Verkehrsinfrastruktur, Digitalisierung, kommunale Ausgaben, energetische Gebäudesanierung, sozialer Wohnungsbau, lokale Pflegeinfrastruktur und für Arbeitsmarkt und Qualifizierung muss aufgesetzt werden.
- Für die steigenden CO_2-Preise muss es einen sozialen Ausgleich geben.
- Die Sonderregelungen für Mini- und Midi-Jobs werden abgeschafft.
- Die Sozialversicherungssysteme werden in eine Bürgerversicherung überführt.

6. Für den ökologischen Umbau: Einstieg in eine zirkuläre Ökonomie

Die *Arbeitsgruppe Alternative Wirtschaftspolitik* sieht die Notwendigkeit einer *integrierten Klima- und Ressourcenschutzpolitik*.

Die eigentliche Dramatik der nun anstehenden beschleunigten Dekarbonisierung der gesamten Weltwirtschaft und der zu lösenden gravierenden Probleme wird erst jetzt klarer erkennbar. Setzt sich der aktuelle Trend fort, dann steuert die Weltwirtschaft nach Studien der OECD bis zur Mitte des 21. Jahrhunderts auf einen Zustand der katastrophalen Übernutzung der natürlichen Ressourcen zu. Gleichzeitig sind nach den aktuellen Szenarien des IPCC irreversible Prozesse beim Klimawandel wahrscheinlich. Der Klimawandel, die Überlastung der Atmosphäre und die Verknappung der Ressourcen sind sich wechselseitig verstärkende globale Krisenbeschleuniger. Schon deshalb haben integrierte politische Lösungsstrategien höchste Priorität.

Das Umweltprogramm der Vereinten Nationen (UNEP) und das International Ressource Panel (IRP) haben ermittelt, dass insgesamt etwa 90 Prozent des Verlustes an Biodiversität und 50 Prozent des Klimawandels ursächlich mit der Gewinnung und Verarbeitung natürlicher Ressourcen verbunden sind. Die Erreichung ambitionierterer Ziele der Klima- und Ressourcenpolitik wird erleichtert, wenn nicht zweigleisig (erst Klima- und dann Ressourcenpolitik) gehandelt wird, sondern so weit wie möglich strategische Maßnahmen, Förderprogramme und Projekte integriert, konzipiert und implementiert werden.

Durch gezielte Ressourceneffizienzpolitik und durch eine konsequente zirkuläre Wirtschaft („Circular Economy") kann eine (absolute) Entkopplung der Stoffströme von der wirtschaftlichen Entwicklung erreicht werden. Damit trüge eine konsequente Ressourceneinsparpolitik ganz maßgeblich auch zum Klimaschutz bei. Durch höhere Erträge, ressourcenleichtes Design, Materialsubstitution (z. B. Beton durch Holz), erweitertes Produktleben, höhere Nutzungseffizienz, Wiederverwendung und Recycling werden nach diesen Szenarien die kumulativen Treibhausgasemissionen bis zum Jahr 2050 je nach Annahmen um 20–50 Gt CO_2-Äquivalent (Wohngebäude) und 13–26 Gt CO_2-Äquivalent (Pkw) reduziert.

Die wesentlichen Faktoren für einen Rückgang der Rohstoffnachfrage sind laut Umweltbundesamt dabei insgesamt für alle Bereiche:

- die Substitution der fossilen Rohstoffe durch erneuerbare Energien und zum Teil durch synthetische Rohstoffe;
- die Substitution von Primärrohstoffen durch biotische Rohstoffe, durch leichtere Rohstoffe und/oder durch Sekundärrohstoffe;
- die Steigerung der Materialeffizienz in Industrien und Dienstleistungen;
- die Nutzung rohstoffsparender Technologien und die Verlängerung der Lebensdauer von Produkten.

Vor diesem Hintergrund sollte das Prinzip „Energy Efficiency First" (IEA Paris) zu „Energy and Resource Efficiency First", also zu einer umfassenderen *„Ökonomie des Vermeidens"*, verallgemeinert werden. Deren Aktualität liegt auf der Hand: Es gibt kein wirksameres Mittel, weitere Preissteigerungen bei Energie und Rohstoffen zu dämpfen, als durch eine veritable Energie- und Materialeffizienzrevolution. Eine „Ökonomie des Vermeidens" ist nicht als Mangelwirtschaft zu verstehen, sondern als strategisch orientierte Vermeidung von unnötigem Energie- und Ressourcenverbrauch.

Der durchschnittliche Anteil der Materialkosten am Bruttoproduktionswert im verarbeitenden Gewerbe ist in Deutschland von etwa 38 Prozent (1993) auf etwa 47 Prozent (2008) gestiegen und dann bis 2017 wieder auf etwa 43 Prozent gesunken. Absolut betrugen damit die Materialkosten im Jahr 2017 ca. 917 Milliarden Euro. Der Energiekostenanteil am gesamten Bruttoproduktionswert lag durchschnittlich im Jahr 2017 bei etwa 1,6 Prozent, d. h. absolut bei ca. 34 Milliarden Euro, die in den oben genannten Materialkosten mit enthalten sind. Der Lohnanteil am Bruttoproduktionswert lag im gesamten Zeitraum von 1993 bis 2017 im Durchschnitt etwa bei 20 Prozent.

Aus diesen Zahlen lassen sich zwei wesentliche Schlüsse ziehen: Erstens ist die Senkung der Materialkosten für die internationale Wettbewerbsfähigkeit der Industrie vom Umfang her wesentlich interessanter als eine Energiekostensenkung oder der gesellschaftlich konfliktreiche Versuch, die Lohnkosten zu senken. Zweitens erfordert eine Materialkostensenkung zwar einen zusätzlichen Kostenaufwand für Investitionen und Materialkostenmanagement. Nach einer Studie der Deutschen Akademie der Technikwissenschaften (Acatech) steht dem aber ab dem Jahr 2030 eine jährliche Kosteneinsparung von bis zu 300 Milliarden pro Jahr entgegen. Es kann davon ausgegangen werden, dass die eingesparten Materialkosten den für Investition und Management notwendigen erhöhten jährlichen Kostenaufwand bei weitem überkompensieren. Gelingt es durch Steigerung der Ressourceneffizienz den Rohstoffverbrauch und die Materialkosten deutlich zu senken, dann wird der genannte Substitutionsprozess fossiler Energien durch Rohstoffe/Metalle nicht nur physikalisch und hinsichtlich Flächen-, Landschafts- und Ressourcenverbrauch sowie hinsichtlich nationaler wie auch internationaler gesellschaftlicher Akzeptanz erleichtert, sondern auch durch die massive Einsparung von Kosten ökonomisch attraktiver.

Das Grundprinzip ist dabei weder neu noch sonderlich überraschend: Anstatt mit hohem Aufwand produzierte Erzeugnisse und die in ihnen enthaltenen Rohstoffe am Ende ihrer Nutzungsphase zu Abfall werden zu lassen, sollen sie möglichst lange genutzt und anschließend in hochwertig geschlossene Stoffkreisläufe geführt werden. Die Idee klingt simpel und überzeugend, erfordert für die Umsetzung jedoch fundamentale und koordinierte Veränderungen kompletter Wertschöpfungsketten. Die Frage, ob und ggf. wie dies unter Bedingungen einzelwirtschaftlicher Kapitalverwertung umgesetzt werden kann, bedarf weiterer Analyse.

Bereits beim Design von Produkten ist darauf zu achten, dass und wie diese am Ende auch sinnvoll recycelt, wiederverwendet, repariert oder aufbereitet werden können; ebenso müssten Geschäftsmodelle darauf ausgelegt sein, nicht primär davon zu profitieren, dass Produkte möglichst frühzeitig kaputtgehen, was die Konsument*innen dazu zwingt, Geld für Ersatz auszugeben. Selbstverständlich müsste in Recyclingprozessen außerdem viel stärker auf die Qualität der am Ende gewonnenen Sekundärrohstoffe geachtet werden, damit die Industrie sie ohne Funktionsverlust wieder einsetzen kann.

Um neue, zirkuläre Geschäftsmodelle zu etablieren, liegen die Hoffnungen vor allem auf der Idee der sogenannten Produkt-Service-Systeme: Anstatt klassisch ein Produkt zu verkaufen, wird seine Nutzung oder der damit erreichbare Nutzen selbst verkauft – also nicht die Waschmaschine, sondern die Nutzung oder im Endeffekt gereinigte Wäsche. In solchen Systemen hat der Hersteller einen klaren ökonomischen Anreiz, seine Waschmaschine so langlebig und reparierbar wie möglich zu produzieren. Prominent geworden ist das Beispiel des Flugzeugturbinenherstellers Rolls Royce, der längst nicht mehr seine Turbinen verkauft, sondern nach effektiven Betriebsstunden abrechnet.

Nach Berechnungen des Wuppertal Instituts für Klima, Umwelt und Energie können durch den Einsatz hochwertiger Recyclingtechnologien bis zum Jahr 2050 insgesamt 109.000 Tonnen Lithium, 180.000 Tonnen Kobalt und 576.000 Tonnen Nickel zurückgewonnen werden. Diese Mengen entsprächen zu heutigen Preisen einem Marktwert von ca. 13,8 Milliarden Euro. Bereits im Jahr 2029 werden in Deutschland über eine halbe Million Elektrofahrzeuge das Ende ihrer Nutzungsphase erreichen – ohne dass es bisher klare Vorgaben für die Entwicklung einer entsprechenden Sammel- und Verwertungsstruktur gäbe. Hinzu kommen unterschiedliche Strategien einzelner Hersteller, ob solche Batterien direkt recycelt oder alternativ noch einer Nachnutzung zugeführt werden sollten.

Das Beispiel verdeutlicht die Vielfalt und Komplexität an Fragestellungen, die sich bei der Umsetzung kreislauforientierter Konzepte in die Praxis ergeben. Die theoretischen volkswirtschaftlichen Netto-Vorteile führen in der Regel nicht automatisch dazu, dass diese auch aus betriebswirtschaftlicher Perspektive allen Akteur*innen in der Praxis zugutekommen.

Beispielhafte Forderungen der *Arbeitsgruppe Alternative Wirtschaftspolitik* zur Umsetzung einer zirkulären Ökonomie für den Bereich Automobil (für andere Wertschöpfungsketten braucht es unter Umständen auch andere Instrumente):

- Die verbindliche Vorgabe, dass Fahrzeuge insgesamt oder einzelne Komponenten zu einem bestimmten Anteil aus recyceltem Material bestehen müssen.
- Globale Herstellerverantwortung: Um Anreize für eine recyclingfreundliche Konstruktion zu setzen, müssen die Hersteller die Kosten der Verwertung übernehmen.
- Ressourcensteuer: Analog zur CO_2-Besteuerung wird auch der Verbrauch von Rohstoffen besteuert. Damit wird Recycling ökonomisch deutlich attraktiver. Ein erster Schritt wäre die Abschaffung umweltschädlicher Subventionen für den Einsatz von Rohstoffen.

7. Für den ökologischen Umbau: Industriepolitik

Die Größe der Herausforderungen ist mittlerweile weitgehend unstrittig. Nach den erneuten, noch dramatischeren Warnungen des Weltklimarats IPCC und unter dem Druck des Bundesverfassungsgerichts hat der Deutsche Bundestag im Juni 2021 das Ziel der Klimaneutralität auf das Jahr 2045 vorgezogen und das Zwischenziel für das Jahr 2030 von 55 auf 65 Prozent Treibhausgasminderung gegenüber dem Bezugsjahr 1990 erhöht. Der Industriesektor soll und muss bis zum Jahr 2030 seine Emissionen gegenüber 2020 um mindestens 36,6 Prozent reduzieren. Das erfordert, hier ist sich die *Arbeitsgruppe Alternative Wirtschaftspolitik* mit allen wichtigen Akteur*innen aus Politik, Gewerkschaften, Wissenschaft und Wirtschaftsverbänden einig, einen umfassenden Umbau der gesamten deutschen Industrielandschaft.

Nach den Berechnungen von Prognos/Öko-Institut/Wuppertal-Institut müssen – nach der Energiewirtschaft – der Verkehr und die Industrie die größten Beiträge zur Minderung des CO_2-Ausstoßes bis zum Jahr 2030 leisten und innerhalb der Industrie wiederum die Stahl- und die Chemieindustrie. Deutschland ist unter den entwickelten kapitalistischen Ländern eines der wenigen, in denen die Industrie weiterhin eine wirtschaftliche Schlüsselrolle einnimmt. Zugleich hat Deutschland wegen seines bedeutenden Potenzials an Fachwissen und -kräften und des in Teilen der Industrie weiterhin wichtigen Einflusses von Gewerkschaften und Betriebsräten vergleichsweise gute Möglichkeiten, diese Herausforderung zu bewältigen.

Es geht dabei nicht allein um die Energieeffizienz der *Produktion*, sondern auch um die der *Produkte und von deren Einsatz*. Der quantitative Umfang der materiellen Güter – hier richten sich alle Blicke zuerst auf den Verkehrssektor – darf nicht wie bisher von dem der Kapitalverwertung innewohnenden Wachstumsdrang immer weiter aufgebläht werden, sondern ist letztlich zu reduzieren.

Die ausreichende Verfügbarkeit von Ökostrom ist die Grundvoraussetzung sämtlicher Pläne zur Dekarbonisierung der Industrie und des Verkehrssektors. Die massive Beschleunigung des Ökostromausbaus ist die grundlegende Voraussetzung dafür, dass insbesondere in der Chemie- und der Stahlindustrie der Umstieg auf Wasserstoff tatsächlich zu CO_2-Einsparungen führt. Dafür wird auch ein rascher Ausbau der Infrastruktur (Stromleitungen, Wasserstoffnetze u. a.) benötigt.

Zu einer sozial-ökologischen Transformation der Industrie gehören die Auswirkungen des steigenden CO_2-Preises auf die Verbraucherpreise und die Kosten individueller Mobilität. Es gehört aber auch die Sicherheit nicht nur der *bestehenden* Arbeitsplätze dazu, sondern zusätzlich die soziale Absicherung bei Übergängen in eine neue Beschäftigung sowohl innerhalb als auch zwischen Betrieben oder gar Branchen. In einer mittel- bis längerfristigen Perspektive gilt es darüber hinaus zu berücksichtigen, dass die Arbeitskräfte, die dann in heute nur ansatzweise bekanntem Wirtschaftsneuland beschäftigt sein werden, dafür im Bildungs- und Ausbildungssystem fit gemacht werden müssen. Die sozial-ökologische Transformation der Industrie erfordert also ein Sofort- und ein Generationen-Programm. Schätzungen über die Netto-Arbeitsplatzeffekte fallen sehr unterschiedlich aus und unterliegen noch großen Unsicherheiten. Klar ist aber: Die Strukturveränderungen werden nach *Branchen* und *Regionen* sehr unterschiedliche Beschäftigungswirkungen haben. Kurz- bis mittelfristig kann dies große Verwerfungen in der Regionalentwicklung hervorrufen. Zum anderen ist davon auszugehen, dass auch die *Zeiträume*, in denen positive oder negative Effekte zu erwarten sind, sehr verschieden sein werden.

Viele Unternehmen, die in wenigen Jahren massiv vom Umbau der Industrie betroffen sein werden, haben sich bislang nur ungenügend oder noch gar nicht darauf eingestellt. Dies betrifft vor allem die *Weiterbildung* als wichtige Stellschraube sowohl innerbetrieblicher als auch zwischenbetrieblicher Neuorientierung. In der bevorstehenden Umbruchsituation müssen in relativ kurzer Zeit große Teile der Belegschaften weitergebildet werden. Größere Unternehmen sind dazu durchaus in der Lage. Da sie später von den Erträgen der Transformation profitieren, gehört die Finanzierung dieser Investitionen auch ordnungspolitisch zu ihren Aufgaben und sollte nicht durch öffentliche Mittel subventioniert werden. Kleine und mittlere Unternehmen sind dagegen auf externe Angebote angewiesen. Dies ändert zwar nichts an der Verantwortung der Betriebe für die Weiterbildung, sie sollten aber durch die Bundesagentur für Arbeit dabei finanziell unterstützt werden.

Um den Strukturwandel bewältigen zu können, müssen noch konsequenter als in den vergangenen Jahren die Fehlentwicklungen überwunden werden, bei dem die möglichst schnelle Vermittlung auf jeden verfügbaren Arbeitsplatz oberste Priorität der Arbeitsmarktpolitik ist. Stattdessen müssen die vom Strukturwandel Betroffenen durch Beratung und Qualifizierung befähigt werden, eine andere gleich- oder höherwertige Tätigkeit auszuüben. *Weiterbildung muss Vorrang vor schneller Vermittlung bekommen,* hier muss der Koalitionsvertrag *auch umgesetzt werden*. Im Zuge der sozial-ökologischen Transformation der Industrie kann es zukünftig häufiger als bisher zu einem umfassenden Tätigkeitswechsel kommen. Auf der Grundlage breit angelegter Grundberufe gibt die Transformation der weiteren Modernisierung der Ausbildungsinhalte einen erneuten Schub.

Ein Hindernis für eine *sozial*-ökologischen Transformation ist die Dualisierung des deutschen Arbeitsmarkts. Anfang der 1990er Jahre wurden noch 85 Prozent aller Beschäftigten nach Tarif bezahlt, heute sind es nur noch 53 Prozent. Dieses hohe Schutzgefälle macht sich insbesondere bei unfreiwilligen Betriebswechseln bemerkbar. Hier riskiert man durch den Wechsel in nicht-tarifgebundene Betriebe nicht nur Einkommensverluste selbst bei gleicher Tätigkeit, sondern auch eine Entwertung der eigenen Qualifikationen durch den Wechsel auf nicht fachadäquate Tätigkeiten.

Nach Einschätzung der *Arbeitsgruppe Alternative Wirtschaftspolitik* ist arbeitspolitisch die sozial-ökologische Transformation der Industrie durchaus zu bewältigen. Der dafür erforderliche Instrumentenkasten lässt sich realistisch beschreiben. Dem Staat kommt hier viel Verantwortung zu, aber auch die aktive und vielfältige Teilnahme der Unternehmen am arbeitspolitischen Teil der Transformation wird von entscheidender Bedeutung sein. Gewerkschaften und Betriebsräte können und müssen hierfür auf Branchen- und Betriebsebene eine aktive Rolle erkämpfen und einnehmen, wofür sie auch mehr Rechte und Befugnisse benötigen.

Die Wirtschaftsverbände formulieren für das Gelingen der Transformation einige Grundforderungen an die Bundesregierung sowie die EU-Kommission (vgl. u. a. BDI):

1. die Verfügbarmachung großer Mengen grünen und kostengünstigeren Stroms;
2. die Bereitstellung der dafür (und für grünen Wasserstoff) notwendigen Infrastruktur;

3. die finanzielle Förderung von Forschung und Produkt-/Prozess-Innovationen;
4. den Schutz vor Preisdumping im Außenhandel;
5. die finanzielle Entlastung im Prozess der Transformation zur Sicherung der internationalen Wettbewerbsfähigkeit;
6. Planungssicherheit für längerfristig wirksame Investitions- und Produktentscheidungen.

Insbesondere die ersten beiden Punkte gehören zu den elementaren technologischen und wirtschaftlichen Voraussetzungen einer sozial-ökologischen Transformation der Industrie. Grundsätzlich unstrittig ist der dritte Punkt, die staatliche Förderung von Forschung und Innovation. Dies ist Teil einer Renaissance der Industriepolitik, die von der Vorgängerregierung in einzelnen Bereichen eingeleitet wurde und von der neuen Bundesregierung fortgesetzt werden soll. Der Gewinn aus Innovationen, die durch öffentliche Förderung erzielt wurden, sind zu sozialisieren.

Das Grundproblem bei den Punkten 4 und 5 ist die Aufrechterhaltung der preislichen Konkurrenzfähigkeit gegenüber Anbietern aus Nicht-EU-Regionen. Hier sollen ein sogenannter Grenzausgleichsmechanismus (Carbon Border Adjustment Mechanism, CBAM) und sogenannte Differenzverträge (Carbon Contracts for Difference, CCfD) die Wettbewerbsfähigkeit sicherstellen. Es handelt sich um eine typische Überbrückungsstrategie, deren genaue Ausgestaltung – einschließlich einer Anpassung des EU-Beihilferechts – noch in Arbeit ist. Beide Instrumente beinhalten den Einsatz öffentlicher Gelder. Die *Arbeitsgruppe Alternative Wirtschaftspolitik* fordert, dass notwendige finanzielle Unterstützungsleistungen aus öffentlichen Mitteln an Bedingungen des Staates geknüpft werden, die von den betreffenden Unternehmen als Gegenleistungen zu erfüllen sind. Die wichtigste Voraussetzung ist, dass diese Unternehmen der öffentlichen Mittel überhaupt bedürfen.

Die beste Planungssicherheit entsteht durch einen allgemein verbindlichen Ordnungsrahmen, so wie dies vor über 20 Jahren mit dem FCKW-Verbot gelungen ist. Einerseits Planungssicherheit zu verlangen und zugleich sowohl Steuersenkungen als auch die Rückkehr zur

Schuldenbremse zu fordern, wie dies einige Unternehmensverbände gerne tun, lässt leider die Frage offen, wie denn die für die Bewältigung der Transformation erforderliche Infrastruktur geschaffen werden soll. Die dauerhafte Ausweitung öffentlicher Investitionen schafft eine gute Grundlage für Planungssicherheit.

Richtungweisend für die Form der Unterstützung von Unternehmen ist ein Gutachten, das die Stiftung Arbeit und Umwelt der IG BCE zusammen mit dem Institut für Makroökonomie und Konjunkturforschung (IMK) der Hans-Böckler-Stiftung erstellt hat. Es schlägt die Schaffung eines kreditfinanzierten Transformationsfonds in Höhe von 120 Milliarden Euro vor, der Beteiligungen des Bundes mit Blick auf klimafreundliche Technologien, Produktionsprozesse und Produkte bündelt und renditeorientierte Großinvestitionen in den Industriesektoren fördern soll. Durch die Beteiligung kann der Bund zukünftig an den Renditen partizipieren, ein Beteiligungsvermögen aufbauen und vermeiden, Kosten zu sozialisieren und Gewinne zu privatisieren. Zugleich kann Einfluss auf die Umsetzung der Klimaziele genommen und eine Beteiligung der Gewerkschaften eingefordert werden.

Die *Arbeitsgruppe Alternative Wirtschaftspolitik* fordert:

- Für eine erfolgreiche sozial-ökologische Transformation ist ein Bündel von arbeitspolitischen Maßnahmen einzusetzen. Dazu gehören die Berufsberatung im Erwerbsverlauf, Fachkräftestipendien für die Ausbildung in Mangelberufen (Ausweitung des Erwachsenen-Bafögs) und die Einrichtung eines Transformationskurzarbeitergelds.
- Eine weitere Brücke in neue Beschäftigung sind Transfergesellschaften, mit denen eine mögliche Arbeitslosigkeit um bis zu zwölf Monate verschoben wird, ohne dass sich der Anspruch auf das Arbeitslosengeld I verringert. Diese Zeit kann für Weiterbildung und Vermittlung genutzt werden.
- Arbeitszeitverkürzung für die Transformation. Viele Tarifverträge bieten mittlerweile die Möglichkeit von temporären

Verkürzungen der Regelarbeitszeit (wenn auch nur vereinzelt mit Teillohnausgleich).

- Schaffung eines kreditfinanzierten Transformationsfonds in Höhe von 120 Milliarden Euro. Statt Krediten erwirbt der Fonds Beteiligungen an den Unternehmen. Die Geschäftspolitik wird aktiv mitgestaltet.
- Eine aktive regionale Strukturpolitik, die unter Mitwirkung von Transformationsbeiräten organisiert wird.
- Ausweitung der Tarifbindung durch eine Reform der Allgemeinverbindlicherklärungen (das Veto-Recht der Unternehmen muss abgeschafft werden) und umfangreiche Tariftreuegesetze.
- Ausweitung der Unternehmensmitbestimmung: Die Demokratisierung der Wirtschaft ist eine wichtige Voraussetzung, damit die Beschäftigten in die Auswahl und die Einführung von neuen Technologien sowie in die Abschätzung der Folgen für Arbeitsorganisation, Arbeitsbedingungen oder Qualifikationsbedarfe eingebunden sind. Eine Mindestanforderung ist die Übernahme des Modells von VW, wo wichtige Entscheidungen im Aufsichtsrat mit Zweidrittelmehrheit getroffen werden (womit die Beschäftigten faktisch ein Vetorecht bekommen).

8. Für den ökologischen Umbau: Wasserstoffwirtschaft

Neben dem Ausstieg aus den fossilen Energien, dem Aufbau einer vollständig regenerativen Energieerzeugung und der Energieeinsparung sieht die *Arbeitsgruppe Alternative Wirtschaftspolitik* den Einsatz von Wasserstoff und seiner Folgeprodukte als wichtiges Element zur Dekarbonisierung der Volkswirtschaft. In vier Einsatzgebieten wird die Nutzung von Wasserstoff eine zentrale Rolle spielen müssen:

1. Wo der deutlich effizientere direkte oder batteriegestützte Stromeinsatz nicht oder nur unter enormem Aufwand möglich wäre (etwa

im Flug- und Seeverkehr), kann Wasserstoff über Brennstoffzellen bzw. über flüssige oder gasförmige Brennstoffe als sogenannte synthetische Kraftstoffe (Synfuels) zum Einsatz kommen.

2. Wasserstoff wird auch als Langzeit-Speichermedium dienen, vor allem um die Energieversorgung in jenen Zeiten abzusichern, in denen kein Wind weht und keine Sonne scheint („Dunkelflaute").
3. Wasserstoff wird für stoffliche Prozessen in der Industrie benötigt, beispielsweise in der Stahlproduktion.
4. Aus Wasserstoff und Kohlenstoff erzeugte Kohlenwasserstoffverbindungen werden in der chemischen Industrie Erdgas und Erdöl als Grundstoff ersetzen.

Alle diese Anwendungen basieren – wenn sie nachhaltig erzeugt werden sollen – auf Wasserstoff, der mittels Ökostrom aus Elektrolyseuren gewonnen und gegebenenfalls mit Kohlenstoff verbunden wird. Dass Wasserstoff das „Öl der Zukunft" wird, ist dennoch zweifelhaft. Die Herstellung von grünem Wasserstoff ist enorm energie- und kostenintensiv. Wird Wasserstoff nicht in reiner Form verwendet, sondern mit Kohlenstoff in flüssige oder gasförmige Stoffe eingebaut, so benötigen diese Prozesse noch einmal zusätzlich große Mengen Energie. So wäre etwa bei der Umstellung des aktuell in Deutschland verbrauchten Otto- und Diesel-Kraftstoffs die notwendige Strommenge zur Erzeugung von Synfuels mehr als dreimal so groß wie die heute insgesamt verbrauchte Strommenge. In der Wissenschaft herrscht überwiegend Einigkeit, dass Wasserstoff und darauf basierende synthetische Kraft- und Brennstoffe (Power to Liquid – PtL) darum nur dort eingesetzt werden sollten, wo es absehbar keine Alternativen gibt. Priorität muss grundsätzlich die direkte Elektrifizierung und Energieeinsparung haben.

Die Nationale Wasserstoffstrategie der Bundesregierung wurde am 10. Juni 2020 noch von der damaligen Koalition aus Union und SPD verabschiedet. Die neue Ampel-Koalition knüpft daran an. Auch sie will Wasserstofftechnologien etablieren, um mithilfe erneuerbarer Energien Produktionsprozesse zu dekarbonisieren. Dafür sollen die regulativen Voraussetzungen für den Markthochlauf geschaffen, Forschung und

Entwicklung sowie der Technologieexport rund um die Wasserstofftechnologien forciert sowie die zukünftige nationale Versorgung mit „CO_2-freiem Wasserstoff" gesichert werden.

Nach dem Koalitionsvertrag sollen bis 2030 nicht nur 5 Gigawatt (GW) inländische Elektrolysekapazität entstehen, sondern 10. Der nationale Verbrauch von Wasserstoff liegt momentan bei rund 55 Terawattstunden (TWh). Die Nationale Wasserstoffstrategie sieht bis 2030 einen Wasserstoffbedarf von circa 90 bis 110 TWh, was einem Bedarfszuwachs von rund 35 bis 55 TWh entspricht. Langfristig steige jedoch der Wasserstoffbedarf stark an. Allein die deutsche Stahlindustrie werde für eine Transformation etwa 80 TWh für die Erzeugung von „grünem" Wasserstoff benötigen, die Umstellung der deutschen Raffinerie- und Ammoniakproduktion erfordere noch einmal 22 TWh, so die Strategie.

Laut Ampel-Koalition sollen in Deutschland bis zum Jahr 2030 Wasserstoff-Erzeugungskapazitäten (Elektrolyseleistung) von 10 Gigawatt (GW) entstehen. Dies entspricht einer grünen Wasserstoffproduktion von bis zu 28 TWh. Diese Mengen reichen für die Einhaltung der Treibhausgas-Reduzierungsziele nicht aus. Es müssten zusätzlich ca. 90 TWh importiert werden, die Importquote (sofern ökostrombasierter Wasserstoff international verfügbar wäre) betrüge dann rund 75 Prozent.

Es ist noch weitgehend unklar, wer den Wasserstoff liefern soll. Dennoch gehen sowohl die verschiedensten Akteur*innen der Wirtschaft als auch beinah die gesamte relevante Studienlandschaft davon aus, dass der benötigte grüne Wasserstoff größtenteils aus dem Ausland kommen wird. Die Bundesregierung will den internationalen Markthochlauf von grünem Wasserstoff forcieren. Eine Studie des Öko-Instituts von Mai 2021 hat ein „erwartbares Importaufkommen" von Wasserstoff und dessen Derivaten „in Phasen" dargelegt. Zunächst werden danach bis zum Jahr 2030 nur geringe Mengen an grünem Wasserstoff aus den direkten Nachbarländern Deutschlands zu erwarten sein. Die Phase II der Wasserstoffimporte (ab 2030 bis 2035) werde absehbar über erste Langstrecken-Pipelineverbindungen auf dem europäischen Kontinent eingeleitet. Erst in Phase III (ab 2035) würden auch Länder außerhalb der EU in Pipeline-Distanz Wasserstoff nach Europa und Deutschland exportieren können (Marokko, Ukraine etc.). Für die Bundesregierung stehen auf längere Sicht als Lieferanten für den grünen Wasserstoff unter anderem die nord- und westafrikanischen Staaten im Fokus. In den Wüsten des Maghreb könnten große Anlagen aus Sonnen- und Windstrom zu geringen Kosten Wasserstoff und synthetische Treibstoffe (kurz „PtX") herstellen.

Laut einer Meta-Studie des Öko-Instituts kann die Herstellung strombasierter Stoffe, solange noch fossile Stromproduktion genutzt wird, sogar zu höheren CO_2-Emissionen führen als die Nutzung fossiler Alternativen. Ein Klimavorteil von strombasierten Substituten für Diesel und Erdgas ergebe sich gar erst ab einem rund 80-prozentigen Ökostromanteil an der Stromerzeugung. Für Deutschland sei dies frühestens um das Jahr 2040 zu erwarten (derzeitiger Ökostromanteil in Deutschland: 42,6 Prozent am Bruttostromverbrauch). Die für den Import von Wasserstoff infrage kommenden nordafrikanischen Länder haben Ökostromquoten, die weit unterhalb dieser Werte liegen.

Bei den Importoptionen ist zu beachten, dass es sich bei einigen um (semi-)aride Regionen handelt, die sich heute schon durch Wasserstress auszeichnen. Durch den Klimawandel könnte sich der Wassermangel in diesen Regionen noch verschärfen. Die Umstellung des Energiesystems in Deutschland und in der EU auf überwiegend importierten grünen Wasserstoff würde in potenziellen Lieferländern zudem Meerwasserentsalzungsanlagen in einer Stückzahl erfordern, die wohl deutlich über die bisherige Zahl hinausgehen würde.

Auf lange Sicht spricht nichts grundsätzlich dagegen, zumindest einen Teil zukünftig benötigter PtX auch aus Ländern wie Marokko, Tunesien, Saudi-Arabien oder Katar zu importieren. Vorrausetzung dafür ist aber, dass diese Länder entsprechende zusätzliche Ökostrom-Kapazitäten aufbauen, die nicht zulasten der nationalen Dekarbonisierungsstrategien und der nationalen Nachhaltigkeitsziele gehen. Die Importquote von fast ausschließlich fossilen Primärenergie-Trägern beträgt in Deutschland gegenwärtig rund 66 Prozent. Sie würde bei einer vollständig regenerativen Wirtschaftsweise in Form von Importen von Wasserstoff und Folgeprodukten deutlich unter diesem Wert liegen.

Engpässe an auf längere Sicht nur begrenzt verfügbarem grünen Wasserstoff könnten zur Achillesferse des Klimaschutzes werden. Eine Verschwendung von Wasserstoff in ineffizienten Anwendungen (Automobile, Gebäudewärme) droht zulasten jener Anwendungen zu gehen, die im Zuge des Umbaus einen unabwendbaren Wasserstoffbedarf haben (Stahl, Chemie, später auch Luft- und Seefahrt). Beide Gruppen verhalten sich bezüglich des Wasserstoffbedarfs (bei beschränktem Angebot) wie kommunizierende Röhren.

9. Ein starker öffentlicher Sektor braucht Personal

Der Blick auf die marode Infrastruktur und die Notwendigkeiten des ökologischen Umbaus haben den Bedarf an höheren (vor allem öffentlichen) Investitionen fast zum Gemeingut gemacht. Weit weniger verbreitet (und unstrittig) ist die Tatsache, dass es in unserem Gemeinwesen nicht nur an Investitionen mangelt. Es fehlt im öffentlichen Sektor in Deutschland vielmehr auch massiv an Personal.

Hintergrund dieses Mangels ist der seit Anfang der 1990er Jahre im öffentlichen Dienst durchgeführte Personalabbau, der von einer systematischen Entstaatlichungspolitik geprägt wurde. Dies machte selbst vor staatlichen Kernaufgaben wie der Sicherheits- und der Bildungspolitik nicht halt. Die negativen Folgen dieser Politik sind heute unübersehbar, und sie betreffen viele Bereiche des gesellschaftlichen Lebens. Insgesamt geht damit ein Verlust von Gestaltungs- und Kontrollmacht einher.

Care- und Pflegeleistungen sind besonders von personellem Notstand betroffen. Das hat die Corona-Pandemie noch einmal eindrücklich bestätigt, genauso wie die Defizite im Gesundheitswesen insgesamt und bei den Gesundheitsämtern. Auch fehlende Kapazitäten im Bildungsbereich werden schon lange beklagt. Dabei werden gerade für den ökologischen Umbau hier insbesondere für Weiterbildung und Umschulung enorme Anforderungen gestellt. Der gesamte Kulturbereich hat besonders stark an den Folgen der Pandemiebekämpfung gelitten und leidet immer noch. Die Ausweitung der öffentlichen kulturellen

Infrastruktur wäre hier eine große Hilfe. Es trifft aber noch viel mehr Bereiche: Beispielsweise können bereitgestellte Gelder für öffentliche Investitionen nicht abgerufen werden, weil inzwischen (vor allem in den Kommunen) das entsprechende Aufsichts- und Planungspersonal fehlt, um die Investitionen umzusetzen. Die Aufzählung ließe sich endlos fortsetzen.

Die *Arbeitsgruppe Alternative Wirtschaftspolitik* hat sich immer wieder intensiv mit der Notwendigkeit der Ausweitung des öffentlichen Sektors beschäftigt. Beispielhaft sei hier auf das MEMORANDUM 2017 (Kapitel 4: Öffentlicher Dienst – Mangelverwaltung oder Ausbau, S. 169ff.) verwiesen.

Um das Ausmaß des fehlenden Personals im öffentlichen Sektor abschätzen zu können, hat eine Studie von Heintze, Ötsch und Troost (Die Beschäftigungslücke in der sozialen Infrastruktur, 2020) für die Bereiche Kinderbetreuung, Bildung- und Erziehung, Gesundheits- und Sozialwesen sowie kulturelle Dienstleistungen einen internationalen Vergleich angestellt. Ausgangspunkt der Studie ist die deutlich bessere Personalausstattung in den nordisch-skandinavischen Ländern. Während in Deutschland im öffentlichen Dienst aktuell 58 Personen (Vollzeit und Teilzeit) und bei öffentlichen Arbeitgeber*innen insgesamt 74 Personen auf 1.000 Einwohner*innen beschäftigt sind, arbeiten in den skandinavischen Staaten im öffentlichen Sektor mehr als doppelt so viele Personen.

Natürlich hat ein solcher Vergleich Grenzen. Viele soziale und gesundheitliche Leistungen in Deutschland werden traditionell von kirchlichen und freigemeinnützigen Trägern erbracht. Viele Bereiche werden inzwischen auch (selten zum Vorteil für die Qualität der erbrachten Leistungen und auch nicht immer kosteneffizient) von privaten, renditeorientierten Unternehmen abgedeckt. Dennoch gewinnt man mit einem solchen Vergleich eine gewisse Orientierung, um die ungedeckten Bedarfe quantifizieren zu können.

Der in der Studie festgestellte Personalmangel in öffentlichen und gemeinwohlorientierten Dienstleistungsfeldern ergibt schon allein im Bereich der *Kinderbetreuung* – von Krippen bis Horten – gegenüber heute gut 400.000 mehr rechnerische Vollzeitkräfte an pädagogischem

Personal, wenn zur Bedarfsdeckung auch noch die Durchsetzung der fachlich empfohlenen Personalschlüssel hinzutritt. Rechnet man die Bereiche Verwaltung, Verpflegung, Reinigung, Supervision usw. hinzu, liegt das Potenzial an zusätzlicher Beschäftigung noch deutlich höher.

Im *Bildungsbereich* besteht Personalmangel von den Schulen über die Hochschulen bis zur Weiterbildung. Mit Blick auf konkrete Bedarfe – wie pädagogischen Ansprüchen genügende Ganztagsschulen, bessere Betreuungsverhältnisse, mehr Schulsozialarbeit und Inklusion – kann ein Potenzial von mehreren Hunderttausend Vollzeitstellen festgestellt werden.

Im Bereich Gesundheit und Sozialwesen gibt es einen erheblichen ungedeckten Personalbedarf in der *Krankenhaus- und Altenpflege*. In der Krankenhauspflege beläuft er sich auf mindestens 100.000 rechnerische Vollzeitkräfte; in der Altenpflege ist er perspektivisch noch wesentlich höher. Würde bezogen auf die heute Pflegebedürftigen bei konstanter Versorgung durch pflegende Angehörige die Personalausstattung so gestärkt, dass fachliche Standards nicht nur auf dem Papier stehen, wären mehrere Hunderttausend Kräfte zusätzlich nötig. Tendenz: zukünftig stark steigend.

Auch im Bereich der *kulturellen Dienste* gibt es einen nicht unerheblichen Bedarf. Dieser bewegt sich im Bereich von 100.000 Stellen aufwärts. Eine große Rolle käme professionell geführten, zu kommunalen Begegnungsstätten ausgebauten öffentlichen Bibliotheken zu.

Insgesamt beziffert die Studie den zusätzlichen Bedarf auf ein Potenzial von weit über einer Million bis zu knapp vier Millionen zusätzlichen Beschäftigten.

Mehr öffentliche Leistungen und Beschäftigung sind notwendig, um den gesellschaftlichen Zusammenhalt zu festigen und in den zentralen Bereichen der sozialen Reproduktion den seit Jahren beklagten Mangel zu beseitigen, um den Bedürfnissen und Nöten der Kinder, der Alten, der Kranken und der gesamten Bevölkerung zu entsprechen. Außerdem würden zusätzliche Arbeitsplätze geschaffen, mit denen Beschäftigungsverluste durch die sozial-ökologische Transformation kompensiert werden könnten.

10. Aufbruch braucht eine neue Politik

Die gesellschaftlichen Herausforderungen werden größer. Die Globalisierung ist in der Krise und muss neu ausgerichtet werden. Die Kluft zwischen Arm und Reich ist weiterhin gewaltig, die Krise hat sie noch verschärft. Immer stärker erfassen wir den zur Kriseneindämmung tatsächlich notwendigen Umfang der sozial-ökologischen Transformation, die enorme gesellschaftliche Anpassungsleistungen erfordert, aber die soziale Spaltung nicht weiter verschärfen darf. Die sozialen Sicherungssysteme bieten aktuell dafür keinen ausreichenden Schutz. Je größer die Kluft zwischen diesen Herausforderungen und dem tatsächlichen Handeln der Politik ist, desto mehr schwindet auch das Vertrauen in die Demokratie. Vor allem bei einer nach zwei Jahren Pandemie erschöpften Gesellschaft.

Die neue Bundesregierung suggeriert mit ihrem Koalitionsvertrag, sich dieser Herausforderungen endlich anzunehmen. Zwar gibt es einige gute Ansätze, in vielen Teilen kann sie ihrem Anspruch aber nicht gerecht werden. Insbesondere bei der Finanzierung hat sie mit dem Verzicht auf einen umfassenden Umbau des Steuersystems die Finanzierungsgrundlage für einen großen Aufbruch nicht geschaffen, die notwendige neue Politik bleibt auf halber Strecke zurück. Das Haus hat kein stabiles Fundament.

Große Herausforderungen brauchen auch große Programme. Die *Arbeitsgruppe Alternative Wirtschaftspolitik* hat sie immer formuliert. Oft wurde sie in der Vergangenheit dafür belächelt. Die Notwendigkeit zumindest für gewaltige Investitionsprogramme bezweifelt aber fast niemand mehr. Daran hat die *Arbeitsgruppe Alternative Wirtschaftspolitik* ihren Anteil, weil sie seit vielen Jahren beharrlich die Notwendigkeit solcher Programme herleitet.

Solche Programme müssen vom Staat ausgehen. Doch das ist nur die halbe Wahrheit. Der große gesellschaftliche Aufbruch, vor allem die sozial-ökologische Transformation der Industrie ist eine gesellschaftliche Aufgabe, die von gesellschaftlichen Akteur*innen vorangetrieben werden muss. Die dafür erforderliche Entwicklung *konkreter* Konzepte kann nicht an staatliche Stellen delegiert werden, auch wenn sie der umfassenden Unterstützung durch diese Stellen bedarf. Umgekehrt wird der Staat erst dann handlungsfähig, wenn er sich auf dieses Engagement gesellschaftlicher Akteur*innen stützen kann.

***

Die Kurzfassung des MEMORANDUM 2022 wurde bis zum 26.03.2022 von folgenden Personen unterstützt:

Tom Ackermann, München
Hans-Henning Adler, Oldenburg
Andrea Adrian, Bremen
Susanne Agne, Freiburg
Michael Ahlmann, Blumenthal
Jutta Ahrweiler, Oberhausen
Detlef Ahting, Braunschweig
Markus Albrecht, Düsseldorf
Matthias Altmann, Weimar
Dr. Werner Anton, Merseburg
Lutz Apel, Bremen
Horst Arenz, Berlin
Dieter Argast, Erlangen
Norbert Arndt, Herne
Dr. Helmut Arnold, Wiesbaden
Dr. Jupp Asdonk, Bielefeld

Erich Bach, Bad Nauheim
Jana Bachert, Freiburg
Dr. Volker Bahl, Pullach
Berthold Balzer, Fulda
Robert Bange, Oelde
Ulrich Bartetzko, Hannover
Hans Joachim Barth, Wiesbaden
Stephan Bartjes, Krefeld
Hagen Battran, Heuweiler
Jochen Bauer, Herne
Herbert Bayer, Frankfurt am Main
Mechthild Bayer, Karlsruhe
Dr. Johannes M. Becker, Marburg
Friedrich-Karl Beckmann, Pinneberg
Dr. Peter Behnen, Breitnau
Jan-Patrick Behrend, Marburg
Prof. Dr. Hermann Behrens, Klein Vielen
Herbert Behrens, Osterholz-Scharmbeck
Dr. Theodor W. Beine, Isselburg
Rüdiger Beins, Ostermunzel
Anke Beins, Ostermunzel
Ralf Beltermann, Hattingen
Anja Bensinger-Stolze, Halstenbek
Andreas Beran, Hamburg
Jochen Berendsohn, Hannover
Tilman von Berlepsch, Berlin
Sabine Beutert, Köln
Wolfgang Bey, Chemnitz
Ortwin Bickhove-Swiderski, Dülmen-Rorup
Prof. Dr. Heinz Bierbaum, Saarbrücken
Dr. Fritz Bilz, Köln
Dr. Detlef Bimboes, Berlin
Thomas Birg, Hattingen
Dr. Joachim Bischoff, Hamburg
Prof. Gudrun Bischoff-Kümmel, Hamburg

Dr. Reinhard Bispinck, Düsseldorf
Andreas Blechner, Salzgitter
Prof. Dr. André Bleicher, Biberach
Dr. Antje Blöcker, Ilsede
Peter-Josef Boeck, Bielefeld
Peter Boettel, Göppingen
Karl-Heinz Böhme, Wolfenbüttel
Dr. Hermann Bömer, Dortmund
Prof. Dr. Heinz-J. Bontrup, Witten
Klaus Borchardt, Bremen
Reinhard Borgmeier, Paderborn
Prof. Dr. Gerd Bosbach, Köln
Manfred Böttcher, Hannover
Mohamed Boudih, Mönchengladbach
Giesela Brandes-Steggewentz, Osnabrück
Franz Brandl, Lam
Prof. Dr. Peter Brandt, Berlin
Monika Brandt, Dortmund
Dietrich Brauer, Oberhausen
Hugo Braun, Düsseldorf
Prof. Dr. Karl-Heinz Braun, Magdeburg
Peter Braun, Rödinghausen
Leo Braunleder, Wuppertal
Carsten Bremer, Hamburg
Uli Breuer, Frankfurt am Main
Dr. Oskar Brilling, Schwelm
Karl-Heinz Brix, Tüttendorf
Karin Brugger, Neu-Ulm
Henning Brüning, Berlin
Michael Buchholz, Minden
Dr. Wiebke Buchholz-Will, Nordhorn
Wolfgang Buckow, Berlin
Hans-Ulrich Bünger, Freudenstadt
Jürgen Burger, Bremen
Günter Burkart, Offenbach
Dr. Ulrich Busch, Berlin
Günter Busch, Reutlingen

Luis Caballero-Sousa, Mainz
Jörg Cezanne, Mörfelden-Walldorf
Dr. Christian Christen, Berlin
Heinz-Günter Clasen, Duisburg
Martine Colonna, Hamburg
Peter-Martin Cox, Frankfurt am Main

Monika Damaschke, Lüneburg
Adelheid Danielowski, Trebel
Holger Dankers, Stade
Hans Decruppe, Bergheim
Wolfgang Denecke, Leipzig
Prof. Dr. Frank Deppe, Marburg
Katja Derer, Braunschweig
Herbert Derksen, Kleve
Walter Deterding, Hannover
Richard Detje, Ahrensburg
Alexander Deutsch, Schwerin
Karsten Deutschmann, Berlin
Theodor Dickmann, Bad Homburg
Raoul Didier, Berlin
Dr. Andreas Diers, Bremen
Reinhard Dietrich, Bremerhaven
Joachim Dillinger, Berlin
Helmut Dinter, Wessobrunn
Florian Dohmen, Duisburg
Jochen Dohn, Hanau-Mittelbuchen
Wolfgang Dohn, Hanau
Prof. Dr. Ulrich Dolata, Bremen
Günter Domke, Düsseldorf
Harry Domnik, Bielefeld
Werner Dreibus, Wagenfeld
Dieter Dressel, Berlin
Dr. Dominik Düber, Frankfurt am Main

Dr. Dietmar Düe, Kassel
Jochen Dürr, Schwäbisch Hall

Jochen Ebel, Borkheide
Michael Ebenau, Jena
Roman Eberle, Dortmund
Dirk Ebert, Radebeul
Gunter Ebertz, Berlin
Raimund Echterhoff, Wuppertal
Claudia Eggert-Lehmann, Hagen
Prof. Dr. Andreas Eis, Kassel
Prof. Dr. Dieter Eißel, Gießen
Uschi Eiter, Kirchdorf im Wald
Stephan Elkins, Marburg
Prof. Dr. Wolfram Elsner, Bremen
Michael Endres, Düsseldorf
Gerhard Endres, München
Dieter Engel, Wiesbaden
Joachim Ernst, Bremen
Otto Ersching, Lüdenscheid
Rolf Euler, Recklinghausen

Walter Fabian, Hannover
Wolfgang Faissner, Aachen
Jürgen Falkenstein, Göppingen
Reinhold Falta, Mainz
Hinrich Feddersen, Hamburg
Josef Fehlandt, München
Ansgar Fehrenbacher, Lauterbach
Wolf-Rüdiger Felsch, Hamburg
Jörg Ferrando, Aßlar
Herbert Fibus, Übach-Palenberg
Dr. Ulrich Fiedler, Berlin
Harald Fiedler, Oberursel
Prof. Dr. Klaus Fiedler, Radeberg
Dr. Fritz Fiehler, Husum
Adrijana Filehr, Neckargemünd
Josef Filippek, Lüdenscheid
Meinolf Finke, Castrop-Rauxel
Prof. Dr. Dietrich Fischer, Potsdam
Arno Fischer, Peine
Prof. Dr. Irene Fischer, Berlin
Dr. Hans Ulrich Fischer, Mainz
Volker Fischer, Berlin
Hermann Fleischer, Salzgitter
Dr. Michael Forßbohm, Wiesbaden
Wolfgang Förster, Speyer
Uwe Foullong, Bottrop
Michael Frank, Hildesheim
Matthias Frauendorf, Dresden
Otfried Frenzel, Chemnitz
Dr. Michael Frey, Berlin
Günter Frey, Burgau
Klaus Friedrich, Würzburg
Marianne Friemelt, Frankfurt am Main
Rainer Fritsche, Berlin
Sebastian Fritze, Berlin

Ludger Gaillard, Göttingen
Gabriela Galli, Werther
Prof. Dr. Berthold Gasch, Baiersbronn
Claire Gautier, Bremen
Dieter Gautier, Bremen
Elmar Gayk, Trebel
Prof. Dr. Klaus Gebauer, Berlin
Werner Geest, Wedel
Andreas Gehrke, Hannover
Dr. Friedrich-Wilhelm Geiersbach, Hagen
Udo Gelhausen, Burscheid
Dr. Roman George, Diez
Dr. Cord-Albrecht Gercke, Geilenkirchen
Dr. Klaus-Uwe Gerhardt, Obertshausen
Sebastian Gerhardt, Berlin
Renate Gerkens, Malente

Prof. Dr. Dr. Thomas Gerlinger, Bielefeld
Dr. Sabine Gerold, Leuna
Lisa Gesau, Northeim
Dr. Jürgen Glaubitz, Düsseldorf
Heiko Glawe, Berlin
Marie-Luise Gleiser, Bad Hersfeld
Dr. Sigmar Gleiser, Bad Hersfeld
Christian Gloede, Bremen
Horst Gobrecht, Ober-Flörsheim
Joachim Gogoll, Nottuln
Dr. Jörg Goldberg, Frankfurt am Main
Sandra Goldschmidt, Hamburg
Thomas Gorsboth, Bad Orb
Arno Gottschalk, Bremen
Ralph Graf, Goslar
Gerhard Grawe, Ense
Dr. Herbert Grimberg, Kaarst
Herbert Grimm, Dortmund
Michael Große, Frankfurt/Oder
Julia Großholz-Michniok, Frankfurt am Main
Prof. Dr. Dr. Rainer Grothusen, Hamburg
Walter Gruber, Salzgitter
Günter Grzega, Treuchtlingen

Dr. Elsa Hackl, Wien
Wolfgang Haferkamp, Oberhausen
Dr. Thomas Hagelstange, Düsseldorf
Volker Hahn, Bad Gandersheim
Elke Hahn, München
Ellen Hainich, Lindenberg
Ulf Halbauer, Ilsenburg
Andreas Hallbauer, Berlin
Andreas Hammer, Östringen
Detlef Hansen, Görmin
Jürgen Hartmann, Wolfenbüttel
Rosmarie Hasenkox, Wuppertal
Rüdiger Hauff, Stuttgart
Wolfgang Haupt, Renningen
Rosi Haus, Münster
Kornelia Haustermann, Rastede
Dr. Gert Hautsch, Frankfurt am Main
Lothar Havemann, Leipzig
Helga Hecht, Bielefeld
Manfred Heidbreder, Bielefeld
Alexander Heieis, Itzehoe
Michael Hein, Schwelm
Dr. Cornelia Heintze, Leipzig
Dr. Siegward Heintze, Vaduz
Julius Heller, Tübingen
Prof. Dr. Fritz Helmedag, Chemnitz
Marita Henkel, Berlin
Jürgen Hennemann, Ebern
Prof. Dr. Peter Hennicke, Wuppertal
Dr. Detlef Hensche, Berlin
Dr. Frank W. Hensley, Dossenheim
Jürgen Hentzelt, Dortmund
Michael Hermund, Bochum
Stefan Herweg, Berlin
Markus Herzberg, Leingarten
Dr. Horst Hesse, Leipzig
Jan-Hendrik Heudtlass, Gütersloh
Dr. Ludwig Heuwinkel, Bielefeld
Olaf Hey, Hamburg
Hermann Hibbeler, Lage
Prof. Dr. Rudolf Hickel, Bremen
Frank Hiebert, Saarbrücken
Georg Hiermann, Herzogenaurach
Holger Hilbert, Hamburg
Nicolaus Hintloglou, Düsseldorf
Lieselotte Hinz, Düsseldorf
Timo Hodel, Mannheim

Bernhard Hoffmann, Eppelheim
Beate Hoffmann, Hanau
Jürgen Hölterhoff, Bielefeld
Helmut Holtmann, Bremen
Rolf Homeyer, Hannover
Heinz-Rudolf Hönings, Solingen
Günter Hoof, Wettringen
Jonas Christopher Höpken, Oldenburg
Roland Hornauer, Erlangen
Guido Hornkohl, Worpswede
Frank Hornschu, Kiel
Jürgen Horstmann, Berlin
Rainer Hübner, Lenggries
Anett Hübner, Lenggries
Gerd Huhn, Friedrichskoog
Martin Huhn, Mannheim
Frank Hühner, Frankfurt/Oder
Doris Hülsmeier, Bremen
Prof. Dr. Ernst-Ulrich Huster, Pohlheim

Horst Ihssen, Seelze
Tamer Ilbuga, Bremen
Dr. Norbert Irsch, Schwalbach

Prof. Dr. Klaus Jacob, Berlin
Nils Jacobsen, Ganderkesee
Michael Jäkel, Köln
Christoph R. Janik, Wesseling
Dr. Florian Janik, Erlangen
Dr. Dieter Janke, Leipzig
Christian Janßen, Bielefeld
Anne Jenter, Frankfurt am Main
Brigitte Jentzen, Flörsbachtal
Christoph Jetter, Darmstadt
Berith Jordan, Lübeck
Michael Jung, Hamburg
Jörg Jungmann, Wiesbaden
Luthfa Jungmann, Wiesbaden
Hermann Jürgens, Bielefeld
Regina Jürgens, Bielefeld
Herbert G. Just, Wiesbaden
Dr. Heiner Jüttner, Aachen

Armin Kaltenbach, Hamburg
Dr. Irmtraud Kannen, Cloppenburg
Tobias Kaphegyi, Tübingen
Ralf Kapschack, Witten
Dr. Bernd Kaßebaum, Frankfurt am Main
Manfred Kays, Braunschweig
Dr. Andreas Keller, Frankfurt am Main
Prof. Erich Kern, Hamburg
Karin Kettner, Münster
Dr. Gunnar Ketzler, Kerkrade
Sabine Kiel, Laatzen
Dierk Kieper, Bonn
Wolfgang Killig, Hamburg
Prof. Dr. Klaus Peter Kisker, Berlin
Ralf Kläsener, Ahlen
Manfred Klei, Bad Salzuflen
Michael Klein, Regensburg
Prof. Dr. Hans-Dieter Klein, Seegebiet Mansfelder Land
Dr. Angelika Klein, Seegebiet Mansfelder Land
Sigmar Kleinert, Frankfurt am Main
Dr. Ansgar Klinger, Krefeld
Dr. Bernhard Klinghammer, Ronnenberg
Helmut Klingl, Amstetten
Lars Klingsing, Garbsen
Pat Klinis, Heidelberg
Hans Klinker, Lohr am Main
Oliver Kloss, Leipzig
Jürgen Klute, Herne

Prof. Dr. Tassilo Knauf, Bielefeld
Dieter Knauß, Waiblingen
Reiner Harald Knecht, Berlin
Detlev Knocke, Bonn
Prof. Dr. Helmut Knüppel, Bielefeld
Dieter Knutz, Elsfleth
Anton Kobel, Heidelberg
Erich Koch, Schieder-Schwalenberg
Cornelia Koch, Braunschweig
Hajo Koch, Dortmund
Horst Koch-Panzner, Bruchköbel
Michael Kocken, Nürtingen
Sandra Kocken, Nürtingen
Lydia Kohaus, Nottuln
Thomas Köhler, Hagen
Roland Kohsiek, Hamburg
Harald Kolbe, Hannover
Otto König, Hattingen
Stefan Konrad, Herne
Prof. Christian Kopetzki, Kassel
Wilhelm Koppelmann, Bramsche
Norbert W. Koprek, Hameln
Ina Korte-Grimberg, Kaarst
Marion Koslowski-Kuzu, Salzgitter
Jörg Köther, Peine
Martin Krämer, Frankfurt am Main
Lothar Kraschinski, Wuppertal
Dr. Ute Kratzmeier, Bretten
Astrid Kraus, Köln
Prof. Dr. Jürgen Krause, Erfurt
Stefan Kreft, Essen
Jutta Krellmann, Coppenbrügge
Peter Kremer, Castrop-Rauxel
Walter Krippendorf, Hamburg
Hans Jürgen Kröger, Bremen
Diana Krohe, Bad Oldesloe
Prof. Dr. Tobias Kronenberg, Aachen
Ulrich Kröpke, Bielefeld
Manuela Kropp, Brüssel
Heinz-Jürgen Krug, Rüsselsheim
Martin Krügel, Hannover
Beate Krügel, Hannover
Dr. Stephan Krüger, Berlin
Lothar Krüger, Ascheberg
Reinhard Krüger, Hannover
Stephan Krull, Hamburg
Bernd Krumme, Kassel
Werner Kubitza, Salzgitter
Hajo Kuckero, Bremen
Michael Kuehn, Münster
Michael Kugelmann, Neu-Ulm
Lothar Kuhlmann, Bielefeld
Dr. Roland Kulke, Brüssel
Alfons Kunze, Germering
Peter Kurbjuweit, Hameln
Wilfried Kurtzke, Frankfurt am Main

Knut Langenbach, Berlin
Horst Langmaak, Feldkirchen
Winfried Lätsch, Berlin
Detlev von Larcher, Weyhe
Bernd Lauenroth, Hattingen
Jörg Lauenroth-Mago, Rätzlingen
Richard Lauenstein, Lehrte
Steven Lavan, Kassel
Dr. Angelika Leffin, Bremen
Dr. Steffen Lehndorff, Köln
Dr. Jürgen Leibiger, Radebeul
Bruno Leidenberger, Feldkirchen
Dr. André Leisewitz, Weilrod
Rainer Lemcke-Burandt, Bremen
Reiner Liebau, Minden
Christoph Lieber, Berlin
Georg Liebl, Leidersbach

Hartmut Limbeck, Zetel
Hartmut Lind, Bad Münster
Godela Linde, Marburg
Beate Lindemann, Rugensee
Hedwig Lindemann, Rugensee
Andreas Lindenberg, Hungen
Axel Lindenlaub, Teupitz
Ralf Linder, Hamburg
Axel Lippek, Bochum
Wolfgang Lippel, Nienburg
Jürgen Locher, Bad Kreuznach
Jochem Loeber, Übach-Palenberg
Prof. Gerhard Löhlein, Frankfurt am Main
Walter Lohne, Aachen
Klaus Lörcher, Frankfurt am Main
Steffen Lübbert, Lüneburg
Regine Lück, Rostock
Barbara Ludwig, Ober-Ramstadt
Prof. Dr. Christa Luft, Berlin
Jürgen Luschberger, Düsseldorf
Sibylle Lust, München

Henry van Maasakker, Nimwegen
Gerd Mack, Ulm
Peter Malcherek, Norderstedt
Carsten P. Malchow, Lübeck
Annette Malottke, Koblenz
Gerd Mankowski, Flensburg
Frank Mannheim, Hannover
Manfred Margner, Oldenburg
Dr. Peter Marquard, Bremen
Wolfgang Marquardt, Solingen
Prof. Dr. Ralf-Michael Marquardt, Lüdinghausen
Heinz Martens, Oberhausen
Heike Marx, Straußfurt
Uta Matecki, Klein Vielen
Martin Mathes, Berlin
Philipp Mattern, Berlin
Prof. Dr. Harald Mattfeldt, Fintel
Horst Maylandt, Sprockhövel
Frank Mecklenburg, Schwerin
Thomas Mehlin, Netphen
Christine Meier, Berlin
Pascal Meiser, Berlin
Dr. Heinz-Rudolf Meißner, Berlin
Gerhard Meiwald, Augsburg
Beate Mensch, Wiesbaden
Helmut Menzel, München
Reinhard Meringer, Hof
Xaver Merk, Senden
Jonas Metz, Saarbrücken
Thomas Meyer-Fries, München
Dr. Hans Mittelbach, Berlin
Dr. Wolfgang Mix, Berlin
Peter Mogga, Stolberg
Dr. Katrin Mohr, Berlin
Annegret Mohr, Bonn
Gerald Molder, Braunschweig
Margret Mönig-Raane, Berlin
Manfred Moos, Frankfurt am Main
Marc Mulia, Oberhausen
Michael Müller, Berlin
Norbert Müller, Oberhausen
Petra Müller, Hamburg
Gregor Müller, Kabelsketal
Bernhard Müller, Hamburg
Klaus Müller-Wrasmann, Hannover
Dr. Frank Mußmann, Göttingen
Uwe Myler, Bonn

Jochen Nagel, Groß-Gerau
Dr. Georg Nagele, Hannover
Martin Nees, Köln
Hans-Georg Nelles, Düsseldorf
Joachim Neu, Berlin
Bernd Neubacher, Lübeck

Wolfgang Niclas, Erlangen
Prof. Dr. Jürgen Nowak, Berlin

Ralf Oberheide, Springe
Dr. Paul Oehlke, Köln
Hans Oette, Neuenstadt
Jürgen Offermann, Neustadt am Rübenberge
Gabriele Osthushenrich, Hannover
Brigitte Ostmeyer, Holzgerlingen
Dr. Rainald Ötsch, Berlin
Dr. Silke Ötsch, Göttingen
Prof. Dr. Erich Ott, Künzell
Wilfried Ottersberg, Cremlingen/Schandelah
Walter Otto-Holthey, Telde

Pia Pachauer, Hildesheim
Heinrich Paul, Roth
Roland Pauls, Witten
Dieter Pauly, Düsseldorf
Fritz Peckedrath, Detmold
Klaus Pedoth, Recklinghausen
Josef Peitz, Krefeld
Prof. Peter Peschel, Essen
Dr. Emanuel Peter, Rottenburg
Finn Petersen, Schleswig
Jörn Pfeifer, München
Dr. Hermannus Pfeiffer, Hamburg
Dr. Wolfram Pfeiffer, Raguhn-Jeßnitz
Klaus Pickshaus, Frankfurt am Main
Michael Pilz, Hanau
Fabian Pilz, Hanau
Rainer Pink, Berlin
Gisa Prentkowski, Uetze
Dieter Prottengeier-Wiedmann, Haundorf
Patrick Prüfer, Mülheim an der Ruhr
Prof. Dr. Ralf Ptak, Wankendorf
Dieter Pysik, Walldürn

Michael Quetting, St. Ingbert

Björn Radke, Bahrenhof
Jana Rasch, Wuppertal
Andreas Raschke, Meßstetten
Wolfgang Räschke, Coppenbrügge
Dr. Paul Rath, Münster
Peter Rauscher, Nürtingen
Alexander Recht, Köln
Matthias Regenbrecht, Reutlingen
Hans-Joachim Reimann, Bremen
Jörg Reinbrecht, Hannover
Dr. Sabine Reiner, Kleinmachnow
Christian Reischl, München
Prof. Dr. Jörg Reitzig, Mannheim
Carmen Remus, St. Wendel
Thomas Ressel, Kelkheim
Dr. Norbert Reuter, Berlin
Christa Revermann, Berlin
Thomas Rexin, Regensburg
Dr. Gerhard Richter, Buckow
Dr. Fabian Richter, Chemnitz
Dr. Karsten Riedl, Essen
Anne Rieger, Graz
Siegfried Riemann, Bruchköbel
Michael Ries, Hannover
Prof. Dr. Rainer Rilling, Marburg
Juana Riquelme Ahumada, Bielefeld
Mark Roach, Hamburg
Willi Robertz, Windeck
Günter Roggenkamp, Moers
Katharina Roloff, Hamburg
Hermann Römer, Bad Nauheim
Dr. Stephanie Rose, Hamburg

Sigrid Rose, Bielefeld
Eckart Rosemann, Kaarst
Prof. Dr. Rolf Rosenbrock, Berlin
Dr. Volker Roth, Düsseldorf
Holger Rottmann, Rüthen
Franz-Josef Röwekamp, Münster
Albert Rozsai, Düsseldorf
Hajo Rübsam, Homberg
Anke Rudat, Hagen
Stefan Rudschinat, Hamburg
Dr. Urs Peter Ruf, Bielefeld
Walter Rüth, Ratingen

Robert Sadowsky, Gelsenkirchen
Prof. Dr. Wolfgang Saggau, Bielefeld
Gert Samuel, Düsseldorf
Bernhard Sander, Wuppertal
Anne Sandner, Münster
Ruth Sauerwein, Hagen
Günther Schachner, Peiting
Manfred F. G. Schäffer, Bad Oeynhausen
Remo Schardt, Mömbris
Heidi Scharf, Schwäbisch Hall
Christoph Scherzer, Düsseldorf
Dr. Egbert Scheunemann, Hamburg
Burkhard Schild, Aachen
Henning Schimpf, Stuttgart
Dominik Schirmer, Kiefersfelden
Jörg Schledorn, Hagen
Thorsten Schlitt, Mülheim an der Ruhr
Fabian Schmid, Neuss
Christian Schmidt, Olten
Thomas Schmidt, Düsseldorf
Gudrun Schmidt, Frankfurt am Main
Dr. Ingo Schmidt, Hope/Kanada
Detlev Schmidt, Duisburg
Dr. Helmut Schmidt, Maintal
Werner Schmidt, Stuttgart
Marlis Schmidt, Salzgitter
Gisbert W. Schmidt, Hamburg
Prof. Dr. Peter Schmidt, Bremen
Detlef Schmidt, Gladbeck
Gabriele Schmidt, Gladbeck
Martin Schmidt-Zimmermann, Braunschweig
Horst Schmitthenner, Niederhausen
Werner Schmitz, Bremen
Roland Schneider, Düsseldorf
Bernhard Schneider, Kronberg
Frieder Schneider, Bietigheim-Bissingen
Günter Schneider, Unna
Gottfried Schneider, Hallerndorf
Gerhard Schneider, Ellwangen
Dr. Olaf Schneider, Stuttgart
Gerald Schneider, Bremen
Michael Schnitker, Rosenheim
Dr. Wolfgang Schober, Bremen
Wilfried Schollenberger, Heidelberg
Torsten Scholz, Solingen
Andreas Schönfeld, Leipzig
Christian Schreiner, Oberursel
Prof. Dr. Mechthild Schrooten, Berlin
Dr. Ursula Schröter, Berlin
Dr. Florian Schubert, Hamburg
Dr. Michael Schuler, Tecklenburg
Katharina Schüler-Bontrup, Witten
Karin Schüller-Mirza, Frankfurt am Main
Hans-Peter Schulz, Wuppertal
Hartmut Schulz, Hannover
Guido Schulz, Freiburg
Thorsten Schumacher, Hannover

Bernd Schüngel, Berlin
Prof. Dr. Susanne Schunter-Kleemann, Bremen
Sandra Schuster, Berlin
Dr. Bernd Schütt, Friedrichsdorf
Kevin Schütze, Berlin
Ingo Schwan, Kassel
Prof. Dr. Jürgen Schwark, Krefeld
Michael Schwarz, Tübingen
Helga Schwitzer, Hannover
Reinhard Schwitzer, Hannover
Prof. Dietmar Seeck, Emden
Dr. Friedrich Sendelbeck, Nürnberg
Frank Sichau, Herne
Gerd Siebecke, Hamburg
Thorsten Sieber, Lehrte
Reinhold Siegers, Mönchengladbach
Friedrich Siekmeier, Hannover
Dr. Alexander Silbersdorff, Gleichen
Dr. Ralf Sitte, Berlin
Alfred Skambraks, Berlin
Harry Skiba, Braunschweig
Gert Söhnlein, Kist
Margarete Solbach, Helpsen
Stephan Somberg, Köln
Dr. Jörg Sommer, Bremen
Prof. Dr. Richard Sorg, Hamburg
Thomas Sorg, Altbach
Siegfried Späth, Ulm
Uwe Spitzbarth, Dortmund
Bernd Spitzbarth, Straußfurt
Gabriel Spitzner, Düsseldorf
Sonja Staack, Berlin
Martina Stackelbeck, Dortmund
Andreas Stähler, Niedernhausen
Jürgen Stamm, Stuttgart
Sybille Stamm, Stuttgart
Enrico Stange, Leipzig
Alfred Staudt, Schmelz
Theo Steegmann, Duisburg
Manfred W. Steglich, Bremen
Robert Steinigeweg, Ibbenbüren
Prof. Dr. Klaus Steinitz, Berlin
Prof. Dr. Brigitte Stepanek, Greifswald
Hartmut Stinton, Bremen
Gerd Stodollick, Arnsberg
Roland Stolze, Halstenbek
Klaus Störch, Flörsheim
Ruth Storn, Bad Vilbel
Herbert Storn, Bad Vilbel
Manfred Sträter, Dortmund
Dr. Detlev Sträter, München
Peter Stutz, Oldenburg

Ingo Tebje, Bremen
Ingo Thaidigsmann, Lindenfels
Elke Theisinger-Hinkel, Kaiserslautern
Anneliese Thie, Aachen
Andreas Thomsen, Oldenburg
Matthias Thomsen, Hamburg
Matthias Threin, Köln
Wolfgang Thurner, Dresden
Christian Thym, Ludwigsburg
Dr. Lothar Tippach, Leipzig
Ulrike Tirre, Wagenfeld
Zayde Torun, Düsseldorf
Günter Treudt, Berlin
Dr. Axel Troost, Leipzig
Antje Trosien, Ulm
Uwe Tschirner, Mülheim
Manfred Tybussek, Mühlheim am Main

Hüseyin Ucar, Bochum
Detlef Umbach, Hamburg
Marco Unger, Rottenburg

Hermann Unterhinninghofen, Frankfurt am Main
Franz Uphoff, Frankfurt am Main
Dr. Hans-Jürgen Urban, Frankfurt am Main

Dr. Kai van de Loo, Bochum
René Vits, Dresden
Willi Vogt, Bielefeld
Dr. Rainer Volkmann, Hamburg
Jan Voß, Altenstadt
Werner Voßeler, Hagen
Andreas de Vries, Hannover
Reinhard van Vugt, Siegbach

Theodor Wahl-Aust, Düsseldorf
Prof. Dr. Roderich Wahsner, Bremen
Prof. Dr. Dieter Walter, Potsdam
Rolf Walther, Ohlstadt
Veronika Warda, Bochum
Hans-Dieter Warda, Bochum
Dr. Bert Warich, Berlin
Wilhelm Warner, Hannover
Hugo Waschkeit, Ronnenberg
Georg Wäsler, Taufkirchen
Jürgen Wayand, Bremen
Dr. Roberta Weber, Frankfurt am Main
Marianne Weg, Wiesbaden
Torsten Weil, Köln
Harald Weinberg, Ansbach
Stefan Welberts, Kleve
Michael Wendl, Kirchanschöring
Heinz Georg von Wensiersky, Bad Bentheim
Markus Wente, Wedemark
Alban Werner, Aachen
Dr. Harald Werner, Bestensee
Christina Wesemann, Detmold
Ulrich Westermann, Frankfurt am Main
Markus Westermann, Bremen
Gerhard Wick, Geislingen
Jörg Wiedemuth, Berlin
Roland Wiegmann, Hamburg
Margarete Wiemer, Frankfurt am Main
Michael Wiese, Herne
Angelika Wiese, Bonn
Franziska Wiethold, Berlin
Gerd Will, Nordhorn
Sven Wingerter, Wald-Michelbach
Thomas Winhold, Frankfurt am Main
Arne Winkelmann, Engelskirchen
Burkhard Winsemann, Bremen
Johannes Wintergerst, Queidersbach
Viktor Wittke, Peine
Prof. Dr. Frieder Otto Wolf, Berlin
Hans-Otto Wolf, Dortmund
Harald Wolf, Hamburg
Jürgen Wolf, Braunschweig
Rüdiger Wolff, Berlin
Dr. Beatrix Wupperman, Bremen
Michael Wüst-Greim, Wiesbaden

Karl-Friedrich Zais, Chemnitz
Norbert Zirnsak, Würzburg
Kay Zobel, Rostock
Dietmar Zoll, Rostock
Thomas Zwiebler, Peine

II. Langfassung des MEMORANDUM

1 Sozial-ökologische Transformation der Industrie – ein Überblick

*Die Industrie befindet sich am Beginn einer fundamentalen Umwälzung. Um die in Deutschland gesetzlich verankerten Klimaziele bis 2045 erreichen zu können, bedarf es einer sozial-ökologischen Transformation, die entschlossenes und koordiniertes Handeln auf einer Vielzahl technologie-, industrie-, wirtschafts- und arbeitspolitischer Baustellen erfordert. Und dies auf allen Ebenen der Politik: von der Welthandelsorganisation über die EU, die Bundes- und die Länderregierungen bis hin zu den Kommunen. Die staatlichen Akteur*innen wiederum bedürfen des politischen Drucks aus der Gesellschaft, aber auch des aktiven Handelns gesellschaftlicher Kräfte vor allem in den Bereichen der Branchenpolitik und der regionalen Strukturpolitik. Neben den Umweltverbänden sind hier insbesondere die Gewerkschaften mit all ihren betrieblichen Erfahrungen, ihrem Fachwissen und ihrer Mobilisierungskraft gefordert.*

In den MEMORANDEN der Arbeitsgruppe Alternative Wirtschaftspolitik *wurden in den vergangenen Jahren mit den Themen Energie- und Verkehrswende sowie CO_2-Bepreisung wesentliche Politikfelder analysiert, auf denen die Weichen neu gestellt werden müssen, damit die sozial-ökologische Transformation der Industrie gelingen kann. In diesem Kapitel wenden wir uns nun dieser Transformation selbst zu. Wir geben einen Überblick über den Stand des Wissens zu den Erfordernissen und Haupttrends der Technologie- und Wirtschaftspolitik in drei großen Industriebranchen (Chemie-, Stahl- und Automobilindustrie), den Strategien der maßgeblichen Akteur*innen sowie besonders dringenden Reformen auf dem Feld der Arbeitspolitik, die das klimapolitisch Notwendige mit dem sozial Notwendigen verknüpfen helfen. Das Kapitel führt zu einigen offenen und strittigen Fragen, vor denen gewerkschaftliche und andere gesellschaftliche und politische Akteur*innen auf den Großbaustellen der Transformation stehen.*

Das Kapitel basiert auf den Studien zum Projekt „Sozial-ökologische Transformation der deutschen Industrie", das von der Rosa-Luxemburg-Stiftung kofinanziert wurde. Die Studien sind unter www.alternative-wirtschaftspolitik.de/memo-materialien-2022 abrufbar (vgl. dazu auch die Literaturangaben am Ende des Kapitels).

1.1 Keine Zeit mehr zu verlieren

Viele der politischen und medialen Debatten zum Thema klimaneutrale Industrie drehen sich vor allem um die damit verbundenen technologischen Herausforderungen. Die sind selbstverständlich gewaltig, doch es geht um noch mehr. Denn „Klimaschutz geht nur mit Guter Arbeit" (IG Metall 2021a). Der ökologische Umbau der Industrie kann gesellschaftspolitisch nur gelingen als Teil einer *sozial*-ökologischen Transformation der Industrie. Das Ökologische geht nur mit dem Sozialen, aber auch das Soziale geht nur mit dem Ökologischen.

Die Verknüpfung von Klimaschutz und Guter Arbeit ist ein Prozess, der auf der aktiven Beteiligung gesellschaftlicher Akteur*innen auf allen Ebenen beruhen muss: Gewerkschaften, Umweltverbände, Kommunen, Sozialverbände, Betriebsräte – all jene, die „Stakeholder" genannt werden, weil es sie unmittelbar betrifft und sie etwas zu sagen haben. Und wenn es um die Industrie geht, sind dies vor allem Aktive in Gewerkschaften und Betriebsräten, die im Betrieb, in der Branche oder der Region handlungs- und konfliktfähig werden müssen, um sowohl Klimaschutz als auch Gute Arbeit voranzubringen.

In diesem Kapitel geht es nicht darum, die reichhaltige theoretische und strategische Grundsatzliteratur zur sozial-ökologischen Transformation zu vertiefen, und es können auch nicht auf alle wichtigen Fragen Antworten gegeben werden. Das Thema sozial-ökologische Transformation der Industrie ist sehr komplex und hat zahlreiche Facetten, die untereinander und mit weiteren Grundsatzfragen verwoben sind (vgl. dazu die MEMORANDEN 2019, 2020 und 2021 der *Arbeitsgruppe Alternative Wirtschaftspolitik*). Hier soll eine aktuelle Zwischenbilanz zum Stand der Dinge bei der sozial-ökologischen Transformation der

Industrie gezogen werden: Was läuft bereits, wo hakt es, worauf kommt es jetzt an? Auf dieser Basis müssen die am dringendsten zu beantwortenden offenen Fragen und zu überwindenden Politikdefizite weiter diskutiert werden.

Dass die Herausforderungen groß sind, ist mittlerweile weitgehend unstrittig. Nach den erneuten, noch dramatischeren Warnungen des Weltklimarats IPCC und unter dem Druck des Bundesverfassungsgerichts hat der Deutsche Bundestag im Juni 2021 das Klimaschutzgesetz novelliert. Darin wird das Ziel der Klimaneutralität auf das Jahr 2045 vorgezogen und das Zwischenziel für 2030 von 55 auf 65 Prozent Treibhausgasminderung gegenüber dem Bezugsjahr 1990 erhöht (BMU 2021). Bis 2030 soll der Energiesektor dazu mit einer Reduzierung seiner Emissionen gegenüber 2020 um 61,4 Prozent beitragen; die Einsparziele für den Verkehrssektor betragen 43,3 Prozent, für den Industriesektor 36,6 Prozent.

Die Relevanz dieser Ziele wird daran deutlich, dass am Ende des zurückliegenden Jahrzehnts rund 23 Prozent der deutschen Treibhausgasemissionen in der Industrie entstanden. Daran hatten allein die Eisen- und Stahlindustrie sowie die Grundstoffchemie Anteile von rund 30 Prozent bzw. 14 Prozent (DEHSt 2020). Der Verkehrssektor wiederum sorgte Ende des zurückliegenden Jahrzehnts für 19 Prozent aller CO_2-Emissionen in Deutschland (vgl. dazu MEMORANDUM 2021). Die Automobilindustrie trägt deshalb nicht allein oder primär durch den Produktionsprozess selbst, sondern vor allem durch den Gebrauch ihrer Produkte massiv zu den CO_2-Emissionen bei.

Führende Forschungsinstitute haben die für das Erreichen dieses Ziels erforderlichen technologischen Voraussetzungen herausgearbeitet (Agora Energiewende/Wuppertal Institut 2019; Agora Energiewende/Agora Verkehrswende/Stiftung Klimaneutralität 2021; Prognos/Öko-Institut/Wuppertal-Institut 2021). Im Kern geht es dabei immer um drei Aufgaben: Bereitstellung klimaneutraler Energieträger, Steigerung der Energieeffizienz und Steigerung der Ressourceneffizienz, also Minderung der Nachfrage nach Primärmaterialien (vgl. dazu Kapitel 2 dieses MEMORANDUMS).

Deutschland gehört unter den entwickelten kapitalistischen Ländern zu denjenigen, in denen die Industrie weiterhin eine wirtschaftliche Schlüsselrolle einnimmt. Der sozial-ökologische Umbau der Industrie stellt für Deutschland deshalb eine besonders große Herausforderung dar. Zugleich hat Deutschland wegen seines bedeutenden Potenzials an Fachwissen und -kräften und des in Teilen der Industrie weiterhin wichtigen Einflusses von Gewerkschaften und Betriebsräten vergleichsweise gute Möglichkeiten, diese Herausforderung zu bewältigen.

Nach Angaben des Statistischen Bundesamtes lag der Anteil des verarbeitenden Gewerbes an der Bruttowertschöpfung hierzulande bis kurz vor der Corona-Krise bei rund 23 Prozent und der Anteil der dort abhängig Beschäftigten an allen Arbeitnehmer*innen bei 18,5 Prozent. Von drei hier beleuchteten Branchen arbeiten in der chemischen und pharmazeutischen Industrie 464.000 Menschen, in der Stahlindustrie 87.000 und in der Automobilindustrie 850.000 – davon 315.000 bei Zulieferern, die von der Antriebswende besonders betroffen sein werden. Hinzu kommen all jene Branchen, die zu den Wertschöpfungsketten dieser Industrien gehören, vom Maschinen- und Anlagenbau bis hin zu Transport- oder EDV-Dienstleistungen.

Vor diesem Hintergrund sind die Sorgen um den Erhalt des eigenen Arbeitsplatzes bei vielen Industriebeschäftigten nur allzu naheliegend. Ohne das glaubwürdige Angebot realisierbarer positiver Alternativen liegt die Gefahr einer Instrumentalisierung derartiger Befürchtungen von rechts auf der Hand und ist in einigen Regionen bereits konkret erfahrbar. Den Hintergrund dafür bildet die in den zurückliegenden Jahrzehnten größer gewordene soziale Ungleichheit in Deutschland. Sie hat einen objektiv unsicheren und subjektiv verunsichernden Boden geschaffen, auf dem innerhalb eines sehr kurzen Zeitraums die erforderlichen Klimaschutz-Maßnahmen in Industrie und Verkehr durchgesetzt werden müssen.

Um dies zu erreichen, muss Neuland beschritten werden, denn Transformation ist mehr als „nur“ Strukturwandel. Das Ziel der Klimaneutralität Deutschlands bis 2045 ist gesetzt, aber der Weg dorthin ist voller Ungewissheiten: „Heute werden weitreichende Entscheidungen über Ziele und neue Technologiepfade getroffen, ohne dass man schon alle Parameter dieses Umbruchs kennt“ (Bosch 2022). Es ist eine Wette auf die künftige Innovationsfähigkeit und -bereitschaft von Wirtschaft und Gesellschaft, die mit weitreichenden Veränderungen unserer Produktions- und Lebensweise verbunden sein wird, wenn das Ziel erreicht werden soll. Diese Transformation kann nur gelingen, wenn sie als *Prozess* begriffen wird, in dessen Verlauf immer wieder aus Erfahrungen zu lernen ist. Diesem Prozess muss jetzt durch konkrete, rasche und entschlossene Reformschritte der Weg gebahnt werden. Dafür sind weiterführende, auf das Gemeinsame fokussierende Diskussionen im breiten Spektrum gesellschaftlicher Akteur*innen erforderlich.

Als Input für diese Diskussionen werden im Folgenden zunächst die wirtschaftlichen und technologischen Transformationsstrategien und -maßnahmen in den drei hier betrachteten Branchen zusammengefasst. Daran anschließend steht die Arbeitspolitik als sozialer Eckpfeiler der Transformation im Zentrum. Vor diesem Hintergrund werden die Strategien der maßgeblichen Akteur*innen beleuchtet – mit besonderer Aufmerksamkeit für die Herausforderungen an die Gewerkschaften. Den Abschluss bildet eine Zusammenfassung der wichtigsten Großbaustellen der Transformation.

1.2 Am Beginn der Transformation: Der Stand der Dinge in drei Schlüsselindustrien

1.2.1 Treiber und Getriebene: Die Akteurskonstellation

In der Klimapolitik setzen Regierungen bei aller Zögerlichkeit und Widersprüchlichkeit ihres Handelns mehr und mehr die wichtigsten Orientierungsmarken für die Wirtschaft. Sie sind dabei Treiberinnen, zugleich und zunächst aber selbst Getriebene. Sie reagieren auf gesellschaftliche Strömungen und Veränderungen der öffentlichen Meinung. Das Pariser Klimaabkommen ist hier der bislang wahrscheinlich wichtigste Meilenstein.

Diese Entwicklung ist auch für Unternehmen von wachsender Bedeutung: Sie müssen zum einen die Erwartungen von Konsument*innen und die sich daraus ergebenden Marktchancen und potenziellen Wettbewerbsvorteile ernst nehmen und zum anderen die Anlagestrategien großer kapitalgebender Institutionen wie Versicherungen und Investmentfonds, die längerfristig von Wertverlust oder gar Wertlosigkeit bedrohte Anlagen („stranded assets“) in ihren Portfolios vermeiden wollen (Haas/Unmüßig 2020).

Vor diesem Hintergrund hat die allmähliche Hinwendung von Regierungen zu praktischen, über Absichtserklärungen hinausgehende Maßnahmen politisch gesetzte Orientierungspunkte und Rahmenbedingungen hervorgebracht, die die großen Unternehmen und ihre Interessenverbände in führenden Branchen zu neuen Strategien veranlasst haben. Einige Unternehmen steuern hier tatsächlich ernsthaft um, aber es handelt sich weiterhin um einen sehr widersprüchlichen Prozess.

Dies lässt sich gut an der Politik der CO_2-Bepreisung im Rahmen des EU-Emissionshandels für Energiewirtschaft und energieintensive Industrien beobachten (EU-ETS; vgl. dazu Kapitel 3 dieses MEMORANDUMS sowie Witt 2022a). Wegen der zunächst hohen Obergrenzen der zulässigen Emissionsmengen blieben die CO_2-Preise bis vor Kurzem sehr niedrig. Erst in jüngster Zeit ist nach mehreren Reformen eine Wende in der CO_2-Preisentwicklung zu beobachten.

Die Zögerlichkeit des Herangehens der EU-Kommission und der EU-Mitgliedsstaaten über einen Zeitraum von rund 15 Jahren hängt eng mit dem Einfluss der betroffenen Wirtschaftsverbände auf die EU-Kommission und – mindestens ebenso wichtig – auf nationale Regierungen zusammen. Andererseits ist aber eine allmähliche – wenn auch nicht einhellige – Umorientierung dieser Verbände und ihrer wichtigsten Mitgliedsunternehmen zu beobachten. Dies wird nun an den Beispielen der in der Stahl- und Chemieindustrie und der in der Automobilindustrie eingeleiteten technologischen Umbrüche sowie den damit verbundenen Anforderungen an die Wirtschafts- und Industriepolitik beleuchtet.

1.2.2 Die Einleitung des technologischen und wirtschaftlichen Umbruchs in der Chemieindustrie und der Stahlindustrie

Diese beiden besonders energieintensiven Branchen müssen innerhalb des Industriesektors die größten Beiträge zur Reduzierung des CO_2-

Ausstoßes bis 2030 leisten. In der Stahlindustrie betrifft dies vor allem die Erneuerung der Produktionsverfahren, in der Chemieindustrie sowohl die Produktionstechnologien als auch die Produkte. Dabei ist zu berücksichtigen, dass beides sowohl den Energieaufwand als auch die stofflichen Prozesse selbst betrifft.

Bendel/Haipeter (2022) fassen die wissenschaftlichen Analysen zusammen, die die technologische Machbarkeit der erforderlichen CO_2-Reduzierung in der *Chemieindustrie* aufzeigen, darunter insbesondere für die CO_2-intensivsten Produktionsprozesse der Grundstoffchemie. In einer an diesen Studien anknüpfenden gemeinsamen Plattform von Forschungsinstituten, Umweltverbänden, dem Verband der Chemieindustrie und der IG BCE („Roadmap Chemie 2050") wird auf der Basis eines breiten Spektrums technologischer Innovationen eine Treibhausgasneutralität der Chemieindustrie bis 2050 für erreichbar gehalten. Konkrete Projekte zur Entwicklung neuer Verfahren werden z. B. im Rahmen einer vom Bundesumweltministerium geförderten branchenübergreifenden „Dialog-Plattform" („Chemistry4Climate") entwickelt. Der Branchenverband (VCI) organisiert darüber hinaus auch Netzwerke, mit deren Hilfe z. B. Erfahrungen zur Steigerung der Energieeffizienz verbreitet werden können. Wichtig sind auch Pilotprojekte, in denen Dekarbonisierung in verschiedenen Branchen miteinander verknüpft wird. So wird in der Stahlindustrie ein Verfahren zur Abspaltung von CO_2 in Fertigungsprozessen erprobt, das dann als Rohstoff in der Kunststoffproduktion der Chemieindustrie einsetzbar ist.

Kern der technologischen Umwälzungen in der *Stahlindustrie* sind die Erhöhung der Energieeffizienz und der Umstieg auf grünen Wasserstoff mit der dafür erforderlichen Infrastruktur (zu den technischen Details sowie Praxisbeispielen zu ersten Pilotanlagen bei großen Stahlherstellern vgl. Blöcker 2022a).

Die Schlüsseltechnologien, die für die Emissionsreduzierung in der Stahl- und der Chemieindustrie erforderlich sind, können unter dafür günstigen Rahmenbedingungen ab 2025 in unterschiedlichen Zeiträumen und jeweils unterschiedlichem Umfang bis 2045 zur Verfügung stehen (Agora Energiewende/Wuppertal Institut 2019). Die dafür erforderlichen Investitionen in neue Anlagen sind mit einem wirtschaftlichen und industriepolitischen Kraftakt verbunden. So veranschlagt die „Roadmap Chemie 2050" bis zum Jahr 2050 einen zusätzlichen kumulierten Bedarf an Investitionen in die Produktionsanlagen der Chemieindustrie von 68 Milliarden Euro. Bezogen auf die derzeitige Investitionssumme von knapp sieben Milliarden Euro pro Jahr wäre dies ein Anstieg der Investitionen um über 30 Prozent im Zeitraum 2020 bis 2050 (wobei allerdings zu berücksichtigen ist, dass die Investitionsquote bezogen auf den Umsatz in den 1990er Jahren deutlich höher lag als in den vergangenen zehn Jahren). Schätzungen für die Stahlindustrie zu den zusätzlichen Investitions- und Betriebskosten, die bis zum Jahr 2030 durch den Umstieg in die Wasserstofftechnologie entstehen, belaufen sich auf einen Förderbedarf von bis zu 35 Milliarden Euro (Agora Industrie/FutureCamp/Wuppertal Institut/Ecologic Institut 2022).

Vor diesem Hintergrund stellt sich das Problem, dass die in den erneuerten Anlagen hergestellten Produkte wegen dieser Zusatzkosten zunächst nicht mit denen von anderen Herstellern oder Standorten konkurrenzfähig sind, die aus herkömmlichen, bereits abgeschriebenen Anlagen stammen. Es liegt nahe, dass die beträchtlichen Kosten des sogenannten Markthochlaufs von Teilen der Wirtschaft nicht ohne die Hilfe verschiedenster staatlicher Maßnahmen zu schultern sind (vgl. Kapitel 1.2.4 und 1.4 zur Diskussion über die Bedingungen, an die diese geknüpft werden müssen).

Zum Gesamtbild gehören jedoch auch Potenziale der Kostenminderung sowie neue Geschäftsmodelle, die sich im Prozess des technologischen Umbruchs als möglich oder gar nötig erweisen. Neue Geschäftsmodelle tun sich zum einen in der Recycling-Wirtschaft auf. Wie bereits erwähnt spielt Recycling für die Ressourceneffizienz eine Schlüsselrolle. Im Prinzip liegt hier in der Stahlindustrie ein großes Potenzial, da Stahl sich nahezu vollständig recyceln lässt (bislang wird die Schrottsammlung in Deutschland allerdings vor allem für den Schrottexport genutzt). Wichtig wird der Aufbau sogenannter grüner Leitmärkte für Stahl sein, die – so die Forderung der IG Metall – durch Mindestquoten von grünem Stahl für die Stahlabnehmer*innen vorangebracht werden können. Auch in der Chemieindustrie tun sich neue Geschäftsfelder auf –

von Rücknahme- und Recyclingdienstleistungen über das Recyceln von Drittmaterialen bis hin zu Dämmstoffen für Gebäude, Materialien für Photovoltaik und Windkraftwerke sowie Kunststoffen für die Gewichtsreduzierung von Fahrzeugen. Und grüner Wasserstoff wird zum Ausgangsmaterial für eine Vielzahl von Wertschöpfungsketten und zu einem wichtigen Energiespeicher.

Bei alledem ist zu berücksichtigen, dass in der öffentlichen Wahrnehmung der Risiken und Chancen, die mit der sozial-ökologischen Transformation der Industrie zusammenhängen, in der Regel nur die Großunternehmen im Fokus stehen. Im Falle der Stahlindustrie konzentriert sich der Kernbereich mit 68 Prozent der Beschäftigten tatsächlich auf eine relativ kleine Anzahl von großbetrieblichen Hüttenwerken, wobei andere Bereiche eher mittelständisch strukturiert sind. Auch in der Chemie- und Pharmaindustrie sind 60 Prozent der Beschäftigten in Unternehmen mit mehr als 500 Beschäftigten angestellt – die allerdings nur acht Prozent aller Unternehmen dieser Branche ausmachen. Wenn man also die Struktur der Branche insgesamt betrachtet, ist sie doch von einer vergleichsweise hohen Zahl an kleinen und mittelständischen Unternehmen geprägt. Für die sozial-ökologische Transformation der Industrie ist dies sehr relevant, da nach allen Erfahrungen davon auszugehen ist, dass kleine und mittlere Unternehmen (KMU) deutlich weniger personelle und finanzielle Ressourcen haben, um die technologischen und arbeitspolitischen Umbrüche dieser Transformation zu bewältigen. Am deutlichsten ist dies bereits jetzt ein großes Problem in der Automobilindustrie.

1.2.3 Die Einleitung des technologischen und wirtschaftlichen Umbruchs in der Automobilindustrie

Charakteristisch für die Automobilindustrie ist eine „hierarchische und pyramidenförmige Branchenstruktur“ (Blöcker 2022b): An der Spitze rangieren die wenigen Autohersteller sowie einige weltweit führende Zulieferkonzerne wie Bosch, Conti, ZF und andere Großunternehmen. Es folgen weitere Zulieferer auf mehreren Stufen – angefangen bei wichtigen Maschinenbauern und Chemieunternehmen

– bis hin zu Produzenten einfacher Massenkomponenten am unteren Ende, die weltweit ausschließlich über den Preis eingekauft werden. Es liegt auf der Hand, dass es innerhalb dieser Pyramide sehr viele kleine und mittelgroße Unternehmen gibt. Viele von ihnen sind auf einzelne Teile spezialisiert.

Diese Struktur ist vor allem deshalb besonders relevant, weil in der Automobilindustrie – weitaus stärker als selbst in der Chemieindustrie – die klima- und umweltpolitische Verantwortung nicht allein die Produktionsprozesse, sondern auch und vor allem das Produkt betrifft. Die mittlerweile dominierende Strategie zur Bewältigung dieser Herausforderung ist – wenn auch mit zahlreichen Brems- und Ausweichmanövern verbunden – der Abschied vom Verbrenner und der Umstieg auf Elektromobilität im motorisierten Individualverkehr.

Wegen des starken Interesses der Autohersteller an einem möglichst langen Aufrechterhalten besonders profitabler Geschäftsmodelle wie dem SUV gibt es allerdings weiterhin Kontroversen nicht nur über den Zeitpunkt des Ausstiegs aus der Verbrennertechnologie, sondern über alles, was darüber hinausgeht. Neben der sogenannten Technologieoffenheit hinsichtlich synthetischer Kraftstoffe (zur Kritik dieses Lobby-Arguments vgl. Hennicke et al. 2021, S. 274) betrifft dies u. a. die Frage, in welchem Umfang (grüner) Wasserstoff im Fahrzeugantrieb eingesetzt werden soll. Angesichts der Knappheit dieser Ressource erachten Fachleute jedoch den Einsatz von Wasserstoff für den Fahrzeugantrieb allenfalls für Teile des Lkw-Verkehrs als sinnvoll und realisierbar (vgl. dazu Kapitel 3 dieses MEMORANDUMS sowie Witt 2022b).

Ungeachtet aller offenen und strittigen Fragen steht jedoch fest, dass wichtige Wertschöpfungsketten im Bereich des Antriebsstrangs künftig wegfallen werden. Dies betrifft nicht allein die Motorenwerke der Autohersteller, sondern v. a. zahlreiche KMU im Zuliefersektor. Für Letztere ist zusätzlich relevant, dass die Autohersteller planen, zur Kompensation von wegfallenden Tätigkeiten in den eigenen Fabriken zukünftig insgesamt mehr Komponenten „inhouse“ zu fertigen. Umso bedenklicher ist in diesem Zusammenhang der Befund, der sich aus der Betriebsräte-Befragung der IG Metall (2019) ergibt: In nur 28 Prozent der Betriebe der Automobilindustrie gab es zu diesem Zeitpunkt nach Einschätzung der Betriebsratsmitglieder eine klar erkennbare Strategie zur Bewältigung der mit der Digitalisierung und der Umstellung auf E-Mobilität verbundenen Probleme, in 30 Prozent dagegen „gar keine“ und in 11 Prozent „eher keine“. Aus manchen Zulieferbetrieben wird berichtet, das Management oder die Investoren wollten „das Pferd reiten, bis es tot ist“ (zit. nach Candeias 2022, S. 398).

Der Verband der Automobilhersteller (VDA) schätzt die Investitionssumme, die die Branche im Zuge der bevorstehenden technologischen Umwälzungen aufbringen muss, bereits bis 2025 auf ca. 150 Milliarden Euro. In dieser Summe sind jedoch alle Innovationen enthalten, die in der Selbstdarstellung dieser Branche in irgendeiner Weise mit der Dekarbonisierung von Produktion und Produkten in Verbindung gebracht werden, also auch solche Felder wie Digitalisierung und autonomes Fahren. Daraus wird bereits deutlich, dass die anstehende Elektrifizierung des Pkw in engem Zusammenhang mit neuen Fertigungsprozessen und Geschäftsmodellen gesehen und angegangen wird. Zu Letzteren gehören umfassende digital gesteuerte neue Mobilitäts-Plattformen, die z. B. für zukünftige regionale Shuttle- oder Robo-Taxi-Netze genutzt werden können und bislang als Konkurrenz zum ÖPNV konzipiert wurden (zum Gegenmodell automatisierter regionaler Verkehrsnetze als Bestandteil des ÖPNV vgl. u. a. Bell et al. [2020], S. 16ff.).

Erst in Verbindung mit einer Verlängerung der Nutzungsdauer, einer Verringerung der Größe und des Gewichts der Fahrzeuge und einer Reduzierung des Pkw-*Bestandes* würde die Elektrifizierung des Pkw-Antriebs das Erreichen der Klimaziele im Verkehrssektor realisierbar machen (dies gilt umso mehr, als das durchschnittliche Gewicht von Neuwagen in Deutschland von 2010 bis 2020 um 12 Prozent und die durchschnittliche Motorleistung um 23 Prozent gesteigert wurden, was eine Erhöhung des durchschnittlichen Verkaufspreises um rund 50 Prozent ermöglichte – ein Trend, der auch bei E-Autos weiter verfolgt werden soll; vgl. Handelsblatt vom 07.02.2022). Denn zu bedenken ist, dass die Herstellung von Elektroautos v. a. wegen des für die Batterieproduktion erforderlichen Rohstoff- und Energieaufwands zunächst einen zusätzlichen ökologischen Fußabdruck im Vergleich zu Verbrennern verursacht, der durch Lebensdauer, Fahrleistung und Gewicht des Fahrzeugs sowie – und dies wird mehr und mehr zur strategischen Schlüsselfrage – durch umfangreiches Recycling von Rohstoffen und Fahrzeugteilen ins Positive gedreht werden muss (vgl. dazu Kapitel 2 in diesem MEMORANDUM).

Eine über die Dekarbonisierung der Antriebstechnologie hinausgehende *Verkehrs- oder Mobilitäts*wende hätte jedoch Auswirkungen auf die gesamte Wertschöpfungskette, weil z. B. die Nachfrage nach Vorprodukten aus der Stahl- und Chemieindustrie, aber auch aus dem Maschinenbau zurückgehen könnte. Allerdings werden mehr Vorprodukte aus diesen Branchen in anderen mobilitätsrelevanten Industriebranchen benötigt, und insbesondere dem Maschinenbau sowie der Chemieindustrie eröffnet der Wegfall des Verbrenner-Antriebsstrangs neue Wertschöpfungsfelder. Die Nettobilanz sowohl bezüglich der Geschäftsmodelle als auch hinsichtlich der Beschäftigungsentwicklung ist deshalb sehr stark von den jeweils zugrunde liegenden Szenarioannahmen abhängig.

Trotz all dieser Ungewissheiten lassen sich einige grundlegende – und weithin unstrittige – Voraussetzungen festhalten, die für ein Gelingen der hier skizzierten technologischen Umbaustrategien in der Stahl-, der Chemie- und der Automobilindustrie geschaffen werden müssen.

1.2.4 Zwischenbilanz: Elementare technologische und wirtschaftliche Voraussetzungen für das Gelingen

Auch wenn die Schätzungen des längerfristigen Bedarfs an Strom aus erneuerbaren Energien noch weit auseinanderliegen, ist die ausreichende Verfügbarkeit von Ökostrom als A und O sämtlicher Pläne zur Dekarbonisierung der Industrie und des Verkehrssektors unstrittig: „Elektrizität aus regenerativen Quellen wird über die klassischen Strom-Anwendungsfelder hinaus gebraucht für Prozesswärme in der Industrie, für die Nutzung von Wärmepumpen in Gebäuden, für Mobilität mit Elektroautos und im öffentlichen Nah- und Fernverkehr sowie für grünen Wasserstoff" (Witt 2022a). Besonders wichtig daran ist, dass die massive Beschleunigung des Ökostromausbaus auch die grundlegende Voraussetzung dafür ist, dass insbesondere in der Chemie- und der Stahlindustrie der Umstieg auf Wasserstoff tatsächlich zu CO_2-Einsparungen führt. Die „Roadmap Chemie 2050" unterstreicht, wie stromintensiv der Wasserstoffeinsatz ist: Danach wird allein in dieser Branche ab dem Jahr 2040 mehr grüner Strom pro Jahr benötigt, als aktuell insgesamt in Deutschland an Strom verbraucht wird. Hinzu kommt, dass selbst bei hohem Importanteil von grünem Wasserstoff die Produktionskapazitäten dafür im In- und Ausland erst noch geschaffen werden müssen (vgl. dazu Witt 2022b).

Um die Klimaziele für 2045 erreichen zu können, ist nach den Berechnungen der einschlägigen Institute bereits bis 2030 eine Verdreifachung des Ökostrom-Ausbautempos erforderlich. Diese Einschätzung hat jetzt das Wirtschafts- und Klimaschutzministerium zur Basis seiner Pläne gemacht. Dafür wird ein rascher Ausbau erforderlicher Infrastrukturen (Stromleitungen, Wasserstoffnetze u. a.) benötigt. All dies erfordert nach übereinstimmender Einschätzung v. a. deutlich vereinfachte und kürzere Genehmigungsverfahren. Auch dies hat die Ampel-Koalition zu einer ihrer vordringlichen Aufgaben erklärt. Sie wird sich an der – absehbar und notwendigerweise mit harten Konflikten einhergehenden – Realisierung ihrer Ankündigungen messen lassen müssen, die nicht zuletzt eine wesentlich stärkere Beteiligung der Kommunen an den Erträgen der grünen Stromproduktion vorsehen. Nicht zuletzt bedarf der Umstieg auf E-Mobilität der Schaffung einer flächendeckenden Ladeinfrastruktur – und dies nicht allein in Deutschland. Auch diese Zielsetzung wird im Koalitionsvertrag unterstützt: „Der Ausbau der Ladeinfrastruktur muss dem Bedarf vorausgehen."

Bezieht man darüber hinaus die Voraussetzungen einer Verkehrswende mit ein, geht es selbstverständlich um noch wesentlich größere Dimensionen – insbesondere den Ausbau des Schienennetzes, dessen Entlastungswirkungen auf den Pkw- und Lkw-Verkehr allerdings erst mittel- bis längerfristig eintreten können. Auch hier muss der Ausbau der Infrastruktur dem Bedarf vorausgehen, damit eine umzusteuernde Nachfrage überhaupt befriedigt werden kann.

Diese einfache Wahrheit gilt selbstverständlich nicht allein für Ladesäulen oder Bahnstrecken, sondern für die Infrastruktur einer sozial-ökologischen Transformation der Industrie insgesamt. Bei den öffentlichen Investitionen stellt sich das Problem, wie dies mit dem von der neuen Bundesregierung erneut bekräftigten Festhalten an der Schuldenbremse und der Verweigerung einer umverteilungsbasierten Steuerreform zu vereinbaren ist. Bei den privaten Investitionen wiederum stellt sich das oben bereits angesprochene Problem der Kosten des sogenannten Markthochlaufs. Die erforderlichen Investitionen sind deshalb zumindest teilweise ohne staatliche Unterstützung (vorzugsweise auf Kreditbasis) nicht zu realisieren – was die Anforderungen an die öffentlichen Haushalte weiter verschärft. Das Spektrum der Maßnahmen reicht von staatlichen Investitionen über direkte und indirekte Subventionen und Marktregulierungen (darunter insbesondere die CO_2-Bepreisung und die Verbilligung von Strom) bis hin zu Grenzausgleichs-Mechanismen, die das Unterlaufen hoher Öko-Standards in Deutschland und der EU durch preisgünstigere Konkurrenz aus Ländern mit niedrigen Standards verhindern sollen (vgl. dazu Fritz 2022). Zum Nulltarif sind auch einige der Reformen nicht zu haben, die auf dem Feld der Arbeitspolitik für die sozial-ökologische Transformation der Industrie ins Werk zu setzen sind.

1.3 Vorausschauende Arbeitspolitik als sozialer Eckpfeiler der Transformation

Wenn das Soziale an einer sozial-ökologischen Transformation der Industrie diskutiert wird, stehen zwei Themen im Fokus der öffentlichen (und teilweise auch gewerkschaftlichen) Diskussion: Erstens die Auswirkungen des steigenden CO_2-Preises auf die Verbraucherpreise und die Kosten individueller Mobilität (vgl. dazu MEMORANDUM 2019 und 2020, S. 149ff.; Gechert/Dullien 2021). Zweitens die Sicherheit der *bestehenden* Arbeitsplätze. Letzteres ist zwar sehr berechtigt, greift aber zu kurz, denn es müssen „die arbeitspolitischen Leitplanken für einen längeren Zeitraum entwickelt werden“ (Bosch 2022).

Kurz- bis mittelfristig geht es im Wesentlichen um die soziale Absicherung bei Übergängen in eine neue Beschäftigung sowohl innerhalb als auch zwischen Betrieben oder gar Branchen. Mittel- bis längerfristig gilt es darüber hinaus zu berücksichtigen, dass die Arbeitskräfte, die dann in heute nur ansatzweise bekanntem Wirtschafts-Neuland beschäftigt sein werden, in den vor uns liegenden Jahren bereits im Bildungs- und Ausbildungssystem für dieses Neuland fit gemacht werden müssen. Die sozial-ökologische Transformation der Industrie erfordert also ein Sofort- und ein Generationen-Programm.

1.3.1 Strukturwandel und Beschäftigungsperspektiven

Die Ungewissheiten des Neulands werden bereits mit den unterschiedlichen Schätzungen der Beschäftigungseffekte deutlich, die die sozial-ökologische Transformation der Industrie mit sich bringen kann. Die vorliegenden Szenarien unterscheiden sich in den Annahmen darüber, welcher Zeitraum betrachtet wird, wie eng oder wie breit das Spektrum der einbezogenen möglichen Veränderungen ist und welche generellen Wachstums- und Strukturwandeltrends für wahrscheinlich gehalten werden.

Besonders deutlich werden diese Unsicherheiten am Beispiel der Automobilindustrie. Generell prognostiziert wird, dass es mit der Umstellung auf E-Mobilität zu erheblichen Arbeitsplatzverlusten im Bereich des Antriebsstrangs kommen wird (die Größenordnung liegt hier bei ca. 150.000 Arbeitsplätzen). Dies betrifft vor allem Zulieferer in diesem Bereich, deren Geschäftsfelder teilweise völlig wegfallen, mittel- bis längerfristig aber auch die Autohersteller selbst, da die Montagezeit von E-Autos kürzer ist als die von Verbrennern. Mit diesen Veränderungen ist vor allem in Regionen mit starken Automobilindustrie-Clustern zu rechnen, und zwar teilweise in erheblichem Umfang. Dem stehen jedoch, wie bereits erwähnt, neue Tätigkeitsfelder gegenüber – von der Batterieproduktion über den Ausbau und Betrieb der Ladeinfrastruktur, des Stromnetzes und digital gestützter Mobilitätsdienstleistungen bis hin zum Wachstum anderer Verkehrsträger-Branchen im Zuge einer Verkehrswende. Teilweise, wie im Falle der Batterieproduktion, kann dies in denselben Regionen oder gar Unternehmen geschehen, in denen Arbeitsplätze weggefallen sind. Aber in vielen Fällen – vor allem dort, wo es sich um Verschiebungen zwischen Branchen handelt – ist damit nicht ohne Weiteres zu rechnen.

Zu bedenken ist auch die Verflechtung zwischen verschiedenen Branchen, hier v. a. die Abhängigkeit von Wertschöpfung und Beschäftigung in der Stahl- und der Chemieindustrie von der Automobilindustrie. Die Schätzungen der Gesamteffekte der Mobilitätswende rangieren deshalb zwischen minus 114.000 bis zum Jahr 2035 und plus 60.000 bis zum Jahr 2040 (Blöcker 2022b; zu unterschiedlichen Szenarien einer Verkehrswende mit Netto-Beschäftigungszuwächsen vgl. auch Candeias 2022). Hinter diesen Nettozahlen dürfen jedoch die teilweise sehr unterschiedlichen regionalen und beruflichen Effekte nicht vergessen werden.

In dieses Gesamtbild gehört auch die Globalisierung der Automobilproduktion. Die ausländischen Standorte der deutschen Endhersteller produzieren mittlerweile 11 Millionen Fahrzeuge – gegenüber 4,7 Millionen im Inland. Das Hochfahren neuer Fabriken in Marktnähe wird v. a. für den rasch wachsenden Elektroautomarkt in China relevant, der von der dortigen Regierung durch Quotenvorgaben und andere Regulierungen vorangetrieben wird. Zugleich wurden bereits vor dem Einleiten der E-Auto-Wende von den Herstellern große Restrukturierungsprogramme mit hohen Einsparvorgaben eingeleitet (Variantenreduzierung, Produktivitätsvorgaben, Personalabbau). Aus Arbeitgebersicht bietet es sich deshalb an, Personaleinsparungen – sei es bei den Endherstellern, sei es bei Zulieferern – mit dem sozial-ökologischen Umbau der Branche zu begründen, auch wenn dies im Einzelfall mehr als fragwürdig sein mag. Die Bandbreite der damit entstehenden wirtschaftlichen und (gesellschafts)politischen Konfliktfelder ist enorm.

Weniger zahlreich und divergierend sind die Schätzungen zur Chemieindustrie. Hier wird für einen Zeitraum von 30 Jahren ein Verlust von 40.000 Arbeitsplätzen prognostiziert, was einen Rückgang von rund 10 Prozent gegenüber dem heutigen Beschäftigungsstand ausmachen würde. Bedenkt man, dass 20 Prozent der Beschäftigten dieser Branche älter als 55 Jahre sind und das Qualifikationsniveau überdurchschnittlich hoch ist, sind die Probleme im Vergleich zur Automobilindustrie voraussichtlich leichter zu bewältigen.

In der Stahlindustrie sind die Dinge etwas komplizierter. Zwar ist auch hier das Qualifikationsniveau hoch, und die Beschäftigungseffekte im Zusammenhang mit dem Übergang zu emissionsarmen Technologien werden als eher gering eingeschätzt. Das Problem sind hier vor allem die weltweiten Überkapazitäten in Verbindung mit starken Produktivitätssteigerungen in dieser Branche, sodass die Beschäftigungsentwicklung in der deutschen Stahlindustrie bereits seit Jahrzehnten stark rückläufig ist (seit Anfang der 1990er Jahre gibt es einen Rückgang von rund 120.000 Beschäftigten). Deshalb wird die weitere Entwicklung in hohem Maße von der staatlichen Begleitung und Förderung des technologischen Umbruchs unter den Bedingungen der Weltmarktkonkurrenz abhängen.

Geht man jedoch von deutlicheren Einschränkungen des Ressourcenverbrauchs insgesamt aus, wird dies zu noch größeren Umstrukturierungen der Wirtschaft führen. Zunächst kann es dann u. a. durch den stärkeren Ausbau des öffentlichen Verkehrssektors und den Umbau der Städte zu einem erheblichen zusätzlichen Investitions- und Beschäftigungsbedarf kommen, bevor längerfristig das Arbeitsvolumen wieder zurückgeht. Die längerfristige Entwicklung hängt dann voraussichtlich am stärksten von der Frage ab, in welchem Umfang das Gesundheitswesen, das Bildungswesen und andere „systemrelevante" personenbezogene Dienstleistungen ausgebaut werden, die in hohem Maße Aufgaben des öffentlichen Sektors sind oder wieder werden sollten. Damit rückt nicht zuletzt die Frage noch stärker auf die Tagesordnung, wie die Einkommensschere zwischen Industrie und sozialen Dienstleistungen geschlossen werden kann.

Vor dem Hintergrund der entscheidenden Bedeutung von Politik für die *sozial*-ökologische Transformation der Industrie bleibt deshalb zweierlei festzuhalten: Zum einen werden die Strukturveränderungen nach *Branchen* und *Regionen* sehr unterschiedliche Beschäftigungswirkungen haben. Kurz- bis mittelfristig kann dies ähnlich große soziale Probleme der Regionalentwicklung aufwerfen wie in den Kohlerevieren. Zum anderen ist davon auszugehen, dass auch die *Zeiträume*, in denen positive oder negative Effekte zu erwarten sind, sehr verschieden sein werden. Aus diesem Grund erfordert die sozial-ökologische Transformation der Industrie, wie oben erwähnt, sowohl ein Sofort- als auch ein Generationen-Programm.

Diese Transformation kann deshalb nur gelingen, wenn nicht allein die Weiterbildung in den Blick genommen wird, sondern die ganze Bandbreite der „Arbeitspolitik" (Bosch 2022), also der staatlichen, tariflichen und betrieblichen Instrumente, mit denen Arbeit und Mobilitätsprozesse auf dem Arbeitsmarkt beeinflusst werden können. Die wichtigsten Politikempfehlungen werden im Folgenden zusammengefasst.

1.3.2 Die Bandbreite der Arbeitspolitik

Für die sozial-ökologische Transformation der Industrie sind fünf Dimensionen der Arbeitspolitik von besonderer Relevanz:

1. die Vorbereitung auf *inner*betriebliche Umbrüche in betroffenen Branchen und Unternehmen;
2. die „investive" Arbeitsmarktpolitik, die Strategien für *zwischen*betriebliche Übergänge im Fall drohender Entlassungen entwickeln muss;
3. die Unterstützung des freiwilligen Wechsels von schrumpfenden in wachsende Branchen und Betriebe;
4. die generationenübergreifende Modernisierung der Berufsbildung;
5. die lohnpolitische Flankierung des Strukturwandels durch Stärkung der Tarifbindung (zum Folgenden vgl. Bosch 2022).

Vorbereitung auf innerbetriebliche Umbrüche

Die Transformation *innerhalb* der Unternehmen wird bislang durch einen verbreiteten Mangel an vorausschauenden Personalstrategien behindert. Besonders ausgeprägt ist dies in kleineren und mittleren Unternehmen, die keine eigenen Personalabteilungen haben.

Dies betrifft vor allem die *Weiterbildung* als wichtige Stellschraube sowohl innerbetrieblicher als auch zwischenbetrieblicher Neuorientierung. In der bevorstehenden Umbruchphase müssen in relativ kurzer

Zeit große Teile der Belegschaften weitergebildet werden. Größere Unternehmen sind in der Lage, „die erheblichen Aufwendungen für den Umbau der Werke und die Aus- und Weiterbildung der Beschäftigten selbst zu tragen. Da sie später von den Erträgen der Transformation profitieren, gehört die Finanzierung dieser Investitionen auch ordnungspolitisch zu ihren Aufgaben und sollte nicht durch öffentliche Mittel subventioniert werden" (Bosch 2022). Kleine und mittlere Unternehmen dagegen sind zu „einer eigenständigen Weiterbildungspolitik kaum in der Lage" und deshalb auf externe Angebote sowie auf – meistens noch zu schaffende! – Netzwerke mit anderen Unternehmen angewiesen. Auch wenn dies nichts an der Verantwortung der Betriebe für die Weiterbildung ändert, können insbesondere KMU durch die Bundesagentur für Arbeit dabei finanziell unterstützt werden. Um dies besser bewältigen zu können, schlägt die IG Metall die Einrichtung eines Transformationskurzarbeitergelds vor.

Ein weiteres wichtiges Hilfsmittel sind bestimmte Formen der *Arbeitszeitverkürzung*. Viele Tarifverträge bieten mittlerweile die Möglichkeit von temporären betrieblichen oder branchenspezifischen Verkürzungen der Regelarbeitszeit (wenn auch nur vereinzelt mit Teillohnausgleich). Je nach weiterem Verlauf der Umstrukturierungen können temporäre Verkürzungen auch den Anstoß zu einer neuen Phase allgemeiner Arbeitszeitverkürzungen geben. Das Interesse an Beschäftigungssicherung im Zusammenwirken mit dem Bedarf an variablen Arbeitszeiten im Lebensverlauf kann die allmähliche Verankerung von kurzer Vollzeit als neuen gesellschaftlichen Standard vorantreiben (Lehndorff 2019).

Eine proaktive Personalstrategie muss jedoch weit im Vorfeld derartiger Umbrüche entwickelt werden. Ein Anstoß, sich mit diesen Problemen zu befassen, soll mit dem Abschluss betrieblicher *Zukunftsvereinbarungen* gegeben werden. Für die Metallindustrie ist dafür seit 2021 ein tarifpolitischer Rahmen geschaffen worden. Je nach konkreter Ausgestaltung erlangen Betriebsräte damit neue Möglichkeiten, eine wichtige Hürde zu überwinden, die der reaktiven Personalpolitik Vorschub leistet: unzureichende Informations- und *Mitbestimmungsrechte*. Betriebsräte müssen frühzeitig in die Planungen einbezogen werden, um die Chance zu bekommen, eigene Gestaltungsvorschläge zu entwickeln. Erste Ansätze in dieser Richtung bieten einige der Zukunftsvereinbarungen in der Metallindustrie, die z. B. Betriebsräten die Möglichkeit bieten, auf die Feststellung des Weiterbildungsbedarfs und den Ausbau der Berufsbildung hinzuwirken.

Strategien für zwischenbetriebliche Übergänge

Für die Vorbereitung *zwischen*betrieblicher Übergänge ist eine *„investive Arbeitsmarktpolitik"* gefordert. Vordringlich ist hier der Bruch mit dem „Work first"-Paradigma der sogenannten Hartz-Gesetze, bei dem die möglichst schnelle Vermittlung auf jeden verfügbaren Arbeitsplatz die oberste Priorität der Arbeitsmarktpolitik ist. Stattdessen müssen die vom Strukturwandel Betroffenen durch Beratung und Qualifizierung befähigt werden, eine andere gleich- oder höherwertige Tätigkeit auszuüben. An die Stelle von „work first" muss „train first" treten: Weiterbildung muss Vorrang vor schneller Vermittlung bekommen.

Hinausgehend über die ersten Schritte in diese Richtung, die in den vergangenen Jahren unternommen wurden, wäre die Wiedereinführung eines eigenen *Unterhaltsgeldes für Weiterbildungsmaßnahmen* sinnvoll. Eine weitere Brücke in neue Beschäftigung sind *Transfergesellschaften*, mit denen eine mögliche Arbeitslosigkeit um bis zu zwölf Monate verschoben wird, ohne dass sich der Anspruch auf das Arbeitslosengeld I verringert. Diese Zeit kann für Weiterbildung und Vermittlung genutzt werden – aber nur bei qualitativ hochstehenden Dienstleistungen, die bislang in etlichen Fällen nicht gegeben waren. Das „Arbeit-von-morgen-Gesetz" ermöglicht es seit 2020, Weiterbildungsmaßnahmen auch über die Dauer der Transfergesellschaften hinaus fördern zu lassen, was eine investive Ausgestaltung der Betriebsübergänge erleichtert.

Unterstützung des freiwilligen Betriebs- oder Branchenwechsels

Einen deutlich stärkeren Schub in diese Richtung geben allerdings Förderinstrumente, die Beschäftigte zu *individueller Neuorientierung* ermutigen. So wird seit einigen Jahren in Österreich mit *Fachkräftestipendien* die Ausbildung in Mangelberufen gefördert, und eine *Bil-*

dungskarenz oder eine *Bildungsteilzeit* bieten finanziell unterstützte Möglichkeiten der Weiterbildung bei Aufrechterhaltung des Beschäftigungsverhältnisses bzw. in Verbindung mit einer temporären Arbeitszeitverkürzung. Die Koalitionsvereinbarung der neuen Bundesregierung sieht die Einführung einer Bildungsteilzeit vor.

Fortschritte sind auch bei *Stipendien für individuell initiierte Aus- und Weiterbildung* angekündigt. Die hier bislang wichtigsten Instrumente – das BAföG und das sogenannte Meister-BAföG – sollten zu einem „Erwachsenen-BAföG" nach schwedischem Beispiel ausgebaut werden. Dies schlösse die Heraufsetzung der Altersgrenze beim BAföG und höhere Fördersätze für alle schon länger Berufstätige ein. In der Koalitionsvereinbarung sind zumindest Schritte in diese Richtung geplant – u. a. mit einem „Lebenschancen-BAföG", das eine deutliche Erhöhung der Altersgrenzen, eine Erhöhung der Regelsätze und den Ausbau der elternunabhängigen Förderung beinhalten soll.

Ein weiterer wichtiger Baustein ist die *Berufsberatung im Erwerbsverlauf*. Bislang war die Weiterbildungsberatung der Bundesagentur für Arbeit weitgehend auf Arbeitslose und von Arbeitslosigkeit Bedrohte konzentriert und eng mit dem Vermittlungsgeschäft verbunden. Jetzt wird in einigen Arbeitsmarkregionen in Modellversuchen eine offene Beratung für alle veränderungsinteressierten Personen im Erwerbsalter, vor allem gering Qualifizierte, ohne direkte Verknüpfung mit einer Vermittlung getestet. Die ersten Erfahrungen zeigen, dass damit viele Beschäftigte, die sich verändern wollen, erreicht werden. Dieses als „Lebensbegleitende Berufsberatung" bezeichnete Projekt ist durch Kooperation mit Unternehmen, Gewerkschaften und Betriebsräten für eine zielgenauere regionale Steuerung des Arbeitsangebots ausbaubar.

Modernisierung der Berufsbildung

Für eine generationenübergreifende *Modernisierung der Berufsausbildung* bietet das deutsche System der beruflichen Bildung günstige Voraussetzungen, da es bereits seit Längerem auf dem Konzept technologieoffener Grundberufe beruht, die Zugang zu einem breiten Spektrum von Tätigkeiten eröffnen. Im Zuge der sozial-ökologischen Transformation der Industrie kann zukünftig noch häufiger als bisher das, was früher ein Berufswechsel war, zu einem Tätigkeitswechsel in einem umfangreicheren Berufsfeld werden.

Die größte Herausforderung in der Transformation sind jedoch nicht die Ausbildungsinhalte, sondern die sinkenden Ausbildungsquoten: „Nicht die Qualität der Berufsausbildung, sondern die unzureichende Quantität ist das große Zukunftsproblem" (Bosch 2022). Die Gründe hierfür reichen von der aus Kostengründen abnehmenden Ausbildungsbereitschaft von Betrieben über die unzureichende Schulbildung vieler junger Menschen und das Abrutschen von Fachkräften in den Niedriglohnsektor bis hin zur zunehmenden Orientierung vieler Jugendlicher und ihrer Eltern auf eine akademische Ausbildung.

Unmittelbar erforderlich ist vor diesem Hintergrund zunächst eine *Umlagefinanzierung der betrieblichen Berufsbildung*, die die ausbildenden Betriebe entlastet und die Trittbrettfahrer*innen belastet. Dies allein wird jedoch „an den unzureichenden schulischen Kenntnissen vieler Jugendlicher und an der sinkenden Attraktivität einer Ausbildung in Branchen mit hohen Niedriglohnanteilen wenig ändern können. Sie muss daher eingebettet sein in eine Politik *schulischer Reformen*, der aktiven Förderung von Jugendlichen beim Übergang in den Beruf und einer lohnpolitischen Aufwertung von Facharbeit durch eine Erhöhung der Tarifbindung" (Bosch 2022).

Lohnpolitische Flankierung des Umbruchs

Die Spaltung („Dualisierung") des deutschen Arbeitsmarkts gehört zu den größten Hindernissen, die bei einer sozial-ökologischen Transformation der Industrie zu überwinden sind. Anfang der 1990er Jahre wurden noch 85 Prozent aller Beschäftigten nach Tarif bezahlt, heute sind es nur noch 53 Prozent mit abnehmender Tendenz und starkem West-Ost- sowie Industrie-Dienstleistungs-Gefälle. Letzteres ist nicht zuletzt im Hinblick auf den dringend erforderlichen Ausbau und die Schaffung wesentlich attraktiverer Beschäftigungsbedingungen sozialer Dienstleistungen ein großes Hindernis für den notwendigen Strukturwandel.

Gleichzeitig ist der Anteil nicht mitbestimmter Betriebe sowie prekärer Beschäftigungsverhältnisse gewachsen. „Wenn man im Zuge der Transformation seinen gut bezahlten Arbeitsplatz in einem tarifgebundenen Unternehmen verliert, ist selbst bei guter Ausbildung oder nach einer Weiterbildung die Gefahr sehr hoch, in diesem Segment mit niedrigen Löhnen und prekären Arbeitsbedingungen zu landen" (Bosch 2022). So ergab bereits eine 2012 durchgeführte Erwerbstätigenbefragung, dass der mittlere Bruttostundenlohn nach einem „erzwungenen Berufswechsel" bei Männern von 19,50 Euro auf 14,70 Euro und bei Frauen von 17,40 Euro auf 11,10 Euro abgesackt war. Der „erzwungene" Betriebs- oder gar Berufswechsel dürfte in Branchen mit besonders einschneidenden Umbrüchen wie der Automobilzulieferindustrie in einigen Regionen eher die Regel als die Ausnahme werden.

Die *Erhöhung der Tarifbindung* ist deshalb eine der Schlüsselaufgaben der arbeitspolitischen Flankierung der sozial-ökologischen Transformation der Industrie und wird absehbar eines der großen Konfliktfelder der kommenden Jahre.

Vor diesem Hintergrund ist die jetzt beschlossene Erhöhung des Mindestlohns auf 12 Euro pro Stunde zwar überaus wichtig und ein großer Fortschritt. Aber ebenso wichtig – und die letztlich stärksten Hebel zur Umkehrung des Deregulierungs-Trends – sind Erleichterungen der Allgemeinverbindlicherklärung (AVE) von Tarifverträgen sowie Tariftreuegesetze für öffentliche Aufträge. Letzteres soll laut Koalitionsvertrag mit der Verpflichtung in Angriff genommen werden, „die öffentliche Auftragsvergabe des Bundes an die Einhaltung eines repräsentativen Tarifvertrags der jeweiligen Branche" zu binden. Einige Bundesländer gehen hier bereits voran. Angesichts eines öffentlichen Auftragsvolumens von insgesamt rund 500 Milliarden Euro pro Jahr wäre die Wirkung noch größer, wenn diese Regelung für alle Aufträge auf bundes-, landes- und kommunaler Ebene sowie für die Sozialversicherungen obligatorisch gemacht würde (Schulten 2021a). Dies wäre ein überaus wichtiger Beitrag zum Zurückdrängen tariffreier Zonen in Industrie und Dienstleistungen.

Nur punktuell positiv und zum Teil widersprüchlicher sind die Absichtserklärungen im Koalitionsvertrag zur Stärkung der Tarifbindung. Unklar bleibt vor allem, ob und wie die Blockadehaltung von Arbeitgeberverbänden gegen Allgemeinverbindlicherklärungen überwunden werden soll. Interessant wird in diesem Zusammenhang der praktische Umgang der Bundesregierung mit dem aktualisierten Vorschlag der EU-Kommission für eine Mindestlohn-Richtlinie sein. Dieser sieht vor, dass die Mitgliedsstaaten Aktionspläne unter Beteiligung der Sozialpartner erstellen müssen, um eine nationale Tarifabdeckung von mindestens 70 Prozent zu erreichen. Letztlich unverzichtbar sind klare regulatorische Erleichterungen einer AVE. Konzepte dazu liegen vor; eine diesbezügliche Gesetzesinitiative der Länder Bremen, Berlin und Thüringen fand jedoch im Bundesrat bislang keine Mehrheit (zu den Vorschlägen vgl. auch Schulten 2021b).

All dies würde selbstverständlich die gewerkschaftlichen Organizing- und Erschließungsprojekte, die auf die Erhöhung der Organisationskraft und die Stärkung der Tarifbindung gerichtet sind, keineswegs überflüssig machen. Eher im Gegenteil: Es würde ihnen Rückenwind verschaffen – ähnlich wie sich dies bereits im Vorfeld der Erhöhung des gesetzlichen Mindestlohns auf 12 Euro abzeichnet (Bispinck 2022). Anders als bisher würde allerdings nicht das Ob eines Tarifvertrages, sondern seine Qualität im Zentrum der Kampagnen stehen. Für das Gelingen einer sozial-ökologischen Transformation der Industrie wäre dies eine wertvolle lohnpolitische Flankierung.

Alles in allem lassen sich die nächsten arbeitspolitischen Schritte für die *sozial*-ökologische Transformation der Industrie realistisch beschreiben. Auf einigen Politikfeldern wie der Bildungspolitik sind sie jedoch kostenintensiv. Auf anderen Feldern wie der Erhöhung der Tarifbindung wiederum setzen sie erhebliche Konfliktbereitschaft nicht nur der Gewerkschaften, sondern auch des Staates voraus.

Die Schlüsselrolle des Staates kann die Unternehmen nicht von ihrer Verantwortung befreien – ihre aktive und vielfältige Teilnahme am arbeitspolitischen Teil der Transformation wird von entscheidender Bedeutung sein. Und Gewerkschaften und Betriebsräte können und müssen auf Branchen- und Betriebsebene eine vorwärtsdrängende Rolle einnehmen, wofür sie auch mehr regulatorische Haltegriffe benötigen. All dies wird mehr Beschäftigte ermutigen, auch eigene Initiativen in der Vorbereitung auf neue Tätigkeiten und berufliche Anforderungen zu ergreifen. Von grundlegender und strategischer Bedeutung ist die

Zurückdrängung der Spaltung des Arbeitsmarkts, die die Hauptursache für Verlustängste vieler Beschäftigter ist und erhebliche politische Brisanz birgt. Entscheidende, äußerst konfliktreiche Schritte sind die Stärkung der Tarifbindung mithilfe einer Aufhebung der Blockaderechte der Arbeitgeberverbände gegen Allgemeinverbindlicherklärungen und einer erheblichen Ausweitung von Tariftreueregelungen bei der Vergabe öffentlicher Aufträge.

1.4 Alle Blicke richten sich auf den Staat

Der bisher vorgestellte Überblick unterstreicht, dass dem Staat bei der Bekämpfung des Klimawandels eine Schlüsselrolle zukommt. Dies ist mittlerweile weitgehend unstrittig, auch wenn Wirtschaftsverbände wie der BDI davor warnen, „in eine energetische Staatswirtschaft abzugleiten" (FAZ, 14.01.2022). Bezüglich der wichtigsten zu ergreifenden Maßnahmen gibt es mittlerweile in vielen Punkten Übereinstimmungen zwischen den einschlägigen Forschungsinstituten, den Interessenverbänden der betroffenen Unternehmen, den Gewerkschaften und den Umweltverbänden. Im Einzelnen gibt es jedoch eine Reihe von offenen Fragen und strittigen Themen. Was wird gefordert, und was plant die neue Bundesregierung?

1.4.1 Unternehmen und ihre Interessenverbände

Die Industrieverbände und ihre größten Mitgliedsunternehmen formulieren einige sehr einheitliche Grundforderungen an die Bundesregierung sowie die EU-Kommission (vgl. u. a. BDI 2021). Der gemeinsame Nenner lässt sich in folgenden Stichworten zusammenfassen:

- die Verfügbarmachung großer Mengen grünen und kostengünstigeren Stroms;
- die Bereitstellung der dafür (und für grünen Wasserstoff) notwendigen Infrastruktur;
- die finanzielle Förderung von Forschung und Produkt-/Prozess-Innovationen;

- den Schutz vor Preisdumping im Außenhandel;
- die finanzielle Entlastung im Prozess der Transformation zur Sicherung der internationalen Wettbewerbsfähigkeit;
- Planungssicherheit für längerfristig wirksame Investitions- und Produktentscheidungen.

Die ersten beiden Punkte gehören zu den elementaren technologischen und wirtschaftlichen Voraussetzungen einer sozial-ökologischen Transformation der Industrie, für deren Verwirklichung ein enormer wirtschaftlicher und politischer Kraftaufwand erforderlich sein wird. Das Bundesministerium für Wirtschaft und Klimaschutz hat in seiner „Eröffnungsbilanz" vom Januar 2022 die Einschätzung der Umweltinstitute, dass zur Erreichung der Klimaziele noch in diesem Jahrzehnt das Ausbautempo der erneuerbaren Energien verdreifacht werden müsse, zur Grundlage seiner Gesetzesplanungen erklärt.

Grundsätzlich unstrittig ist die staatliche Förderung von Forschung und Innovation. Dies ist ein Teil einer Renaissance der Industriepolitik, die von der vorigen Bundesregierung in einzelnen Bereichen eingeleitet wurde und von der neuen Regierung fortgesetzt werden soll. Dazu gehören auch das Handlungskonzept Stahl sowie die Wasserstoffstrategie, zu der VCI und IG BCE gemeinsame Vorschläge einbringen (vgl. dazu auch Kapitel 3 dieses MEMORANDUMS sowie Witt 2022b). Allerdings muss der Staat dann auch an den Innovations-Gewinnen teilhaben: „Anders als in der Finanzkrise sollen nicht nur Förderkosten und Verluste sozialisiert werden, sondern auch die Erträge" (Kajsa Borgnäs, Geschäftsführerin der Stiftung Arbeit und Umwelt der IG BCE, zit. nach IMK 2020).

Das Problem, das den Punkten 4 und 5 zugrunde liegt, ist die Aufrechterhaltung der preislichen Konkurrenzfähigkeit gegenüber Anbietern aus Nicht-EU-Regionen, die nicht am EU-Emissionshandel teilnehmen. Hier soll ein – noch in Arbeit befindlicher – sogenannter Grenzausgleichsmechanismus der EU (Carbon Border Adjustment Mechanism, CBAM) helfen. Ziel ist es, EU-Anbieter, die höhere CO_2-Kosten zu schultern haben als Anbieter aus anderen Weltregionen, vor Preisdumping-Konkurrenz zu schützen (Fritz 2022). Teile der Industrie befürworten dies grundsätzlich, kritisieren jedoch die Beschränkung auf Importe, während die Herstellung preislicher Wettbewerbsfähigkeit von Exporten aus der EU bei hohem CO_2-Preisniveau ungeklärt sei. Hauptkritikpunkt ist aber der damit verbundene Wegfall von Gratis-Zertifikaten im EU-Emissionshandel (ungeachtet der Tatsache, dass dies im zurückliegenden Jahrzehnt die Quelle von teilweise erheblichen Extraprofiten gewesen ist; vgl. hierzu und zum Folgenden Witt 2022a).

Ein zusätzliches Instrument, mit dessen Hilfe Unternehmen mit erheblichen Markthochlaufkosten beim Übergang zu CO_2-neutralen Verfahren unterstützt werden sollen, sind sogenannte Differenzverträge (Carbon Contracts for Difference, CCfD) zwischen Regierung und Unternehmen. Es handelt sich hier um eine typische Überbrückungsstrategie, deren genaue Ausgestaltung – einschließlich einer Anpassung des EU-Beihilferechts – noch in Arbeit ist.

Man mag diese starke Fokussierung auf marktbasierte Maßnahmen und finanzielle Unterstützungsleistungen für Unternehmen kritikwürdig finden. Es sollte aber klar sein, dass das zugrunde liegende wirtschaftliche Problem nicht allein durch die denkbare Alternative eines Primats des Ordnungsrechts zu bewältigen wäre. In einer kapitalistischen Weltwirtschaft lösen nationalstaatliche oder europäische Ge- und Verbote Kosten- und Preisreaktionen aus, die nicht einfach ignoriert werden können und durch gezielte Maßnahmen eingehegt werden müssen (wobei die Regeln und Normen der Welthandelsorganisation zu berücksichtigen sind). Außer Zweifel steht aber, dass umfangreiche Unterstützungsleistungen an Bedingungen des Staates geknüpft werden müssen, die von den betreffenden Unternehmen als Gegenleistungen zu erfüllen sind. Die wichtigste Voraussetzung dürfte darin bestehen, dass die betreffenden Unternehmen dieser Unterstützungen überhaupt bedürfen, was zumindest bei etlichen der involvierten Großkonzerne fraglich ist. Dennoch ist das Problem der Markthochlaufkosten sehr ernst zu nehmen – insbesondere im Hinblick auf KMU (zur konkreten Ausgestaltung von hier zu ergreifenden Maßnahmen liegen gewerkschaftliche Vorschläge vor, siehe unten).

Beim Thema öffentliche Unterstützungsleistungen und dafür erforderliche Voraussetzungen und Gegenleistungen ist erhebliche Konfliktbereitschaft staatlicher Akteure gegenüber Lobbygruppen notwendig. Dies gilt auch für die Durchsetzung der viel beschworenen Planungssicherheit. Verbände wie der VDA, die dies am lautesten fordern, sind am aktivsten beim Hinauszögern klarer Richtlinien wie z. B. beim Datum, ab dem in der EU keine Verbrenner mehr zugelassen werden, oder bei der brisanten Frage, ob das Verbrennerverbot „technologieoffen" definiert wird. Dies heißt nicht, dass die Forderung nach Planungssicherheit unbegründet wäre. Die beste Planungssicherheit entsteht jedoch durch einen allgemein verbindlichen Ordnungsrahmen, so wie dies vor über 20 Jahren mit dem FCKW-Verbot gelungen ist. Der Fokus sollte deshalb auf alle Maßnahmen gerichtet werden, die für die Schaffung elementarer Voraussetzungen für das Erreichen der klimapolitisch gebotenen Zielmarken – sowohl ordnungsrechtlicher als auch infrastrukturpolitischer Art – entscheidend sind. Einerseits Planungssicherheit zu verlangen und zugleich sowohl Steuersenkungen als auch die Rückkehr zur Schuldenbremse zu fordern, wie dies einige Interessenverbände gerne tun, lässt die Frage offen, wie denn die für die Bewältigung der Transformation erforderliche Infrastruktur geschaffen werden soll. Die Anbahnung der öffentlichen Investitionen, die z. B. in den gemeinsamen Vorschlägen von IMK und IW (Bardt et al. 2019) aufgeführt werden, würde die besten Fundamente für Planungssicherheit schaffen helfen.

1.4.2 Gewerkschaften

Die Führungsebenen der Industriegewerkschaften Metall und BCE verfolgen einen Kurs, der deutlich über die Beschäftigungssicherung in vom Industrieumbau betroffenen Betrieben hinausreicht. Dies kommt auch in stärkerer Kooperation mit Umweltverbänden zum Ausdruck, die ja seit Langem in diesen Fragen eine treibende Rolle spielen, aber die sozialen Aspekte der Transformation jetzt stärker betonen.

Die neuen, proaktiven Strategien beider Gewerkschaftsvorstände sind durchaus nicht selbstverständlich und wurden teilweise erst in den vergangenen Jahren entwickelt (vgl. dazu Boewe et al. 2021; Bendel/Haipeter 2022; Blöcker 2022a und 2022b). Hinsichtlich der Infrastruktur- und der Industriepolitik (insbesondere mit Blick auf die

Stahl- und Chemieindustrie) gibt es dabei einige grundsätzliche Gemeinsamkeiten mit den Unternehmen der betreffenden Branchen und ihren Interessenverbänden. Dazu gehören Forderungen nach staatlichen Investitionen in den Netzausbau und die Versorgungssicherheit mit erneuerbaren Energien, nach der Förderung neuer Schlüsseltechnologien, nach staatlichen Anreizen für Investitionen in sich erst mittelfristig rechnende Umwelttechnologien und nach der Schaffung stabiler EU-weiter Rahmenbedingungen für energieintensive Industrien wie „Carbon-Leakage"-Schutz und einheitliche (vorzugsweise niedrigere) Industriestrompreise. Wachsende Aufmerksamkeit insbesondere in der Chemieindustrie wird auch der Frage gewidmet, wie durch eine möglichst effiziente Anbindung an Erneuerbare-Energie-Netzwerke eine „Green Leakage" vermieden werden kann (Stiftung Arbeit und Umwelt 2021, S. 64). In diesen Fragen gibt es eine Basis für vielfältige Kooperationen wie die sogenannte Stakeholder-Plattform „Chemistry for Climate", in deren Rahmen Sachverständige aus Unternehmen, Gewerkschaften, Umweltverbänden und Politik branchenspezifische Konzepte zu den drängendsten Problemen des Industrieumbaus entwickeln.

In anderen Politikbereichen der sozial-ökologischen Transformation setzen die Gewerkschaftsvorstände jedoch eigene Akzente und gehen zum Teil deutlich über den industriepolitischen Konsens mit der Arbeitgeberseite hinaus. Ein Beispiel dafür sind die Forderungen der IG Metall an die neue Bundesregierung unter dem Titel „#Fairwandel" (IG Metall 2021a und 2021b). Neben einigen weithin unstrittigen Forderungen zur Energiewende, zur Schaffung einer Wasserstoff-Infrastruktur sowie zu massiven Investitionen in den Schienenverkehr und den ÖPNV als Kernelementen einer Mobilitätswende umfasst das Programm Forderungen zur Arbeitspolitik (z. B. Förderung einer zweiten Ausbildung und einer Vier-Tage-Woche im Rahmen von Zukunftstarifverträgen), nach Verknüpfung staatlicher Unterstützung von Unternehmen mit z. B. Beschäftigungs- und Investitionszusagen oder dem Abschluss eines Zukunftstarifvertrages, zur Förderung ressourcenschonender Recyclingwirtschaft, zur Tarifbindung als Voraussetzung öffentlicher Auftragsvergabe sowie zu umfassenden öffentlichen Investitionen mithilfe von Steuerreformen und einer „Anpassung" der Schuldenbremse.

Vergleicht man die über den Grundkonsens mit der Arbeitgeberseite hinausreichenden gewerkschaftlichen Forderungen mit dem Koalitionsvertrag, dann zeigen sich dort eine Reihe von zumindest tendenziellen Übereinstimmungen (z.B. bei der finanziellen Förderung von Weiterbildung bzw. zweiter Ausbildung, der Einführung von Quoten für grünen Wasserstoff bei der öffentlichen Beschaffung oder der Bindung von Aufträgen des Bundes an die Einhaltung von Tarifstandards), auch wenn die Pläne der neuen Bundesregierung vielfach noch konkretisiert und konsequenter gestaltet werden müssen. Deutliche Diskrepanzen gibt es jedoch in Kernfragen der sozial-ökologischen Transformation der Industrie. Hervorzuheben sind hier zunächst die gewerkschaftlichen Forderungen nach

- einer Abkehr von der schwarzen Null und einer Reform der Schuldenbremse (inklusive der Übernahme der Altschulden überschuldeter Kommunen), ohne die es unrealistisch sein dürfte, die von der IG Metall für erforderlich gehaltenen zusätzlichen öffentlichen Investitionen in Höhe von 500 Milliarden Euro bis 2030 zu schultern, sowie
- Umverteilungsmaßnahmen durch Steuerreformen (progressive Vermögensteuer, höhere Besteuerung von Unternehmensgewinnen und hohen Einkommen, Entlastung geringer und mittlerer Einkommen), die sowohl der Finanzierung der Transformation als auch der sozialen Abfederung von Transformationskosten dienen.

Es ist absehbar, dass diese Themen in den kommenden Jahren eine zentrale Rolle in den öffentlichen Kontroversen im Zusammenhang mit der Klimapolitik spielen werden. Programmatisch sind die Gewerkschaften hier gut aufgestellt, um ihr politisches Mandat in diesen Kontroversen in die Waagschale werfen zu können.

Weniger offensichtlich, aber für die praktische (!) Einleitung einer sozial-ökologischen Transformation der Industrie ebenso relevant sind weitere Themen, in denen gewerkschaftliche Konzepte über den Konsens nicht nur mit den Wirtschaftsverbänden, sondern auch mit der Regierung hinausreichen bzw. von deren Vorstellungen abweichen. Dies betrifft

- die Frage nach den Bedingungen, an die öffentliche Fördermaßnahmen für Unternehmen geknüpft werden sollen,
- die konkrete Gestaltung der regionalen Strukturpolitik, die insbesondere im Zusammenhang mit der Verkehrswende zentrale Bedeutung erlangen wird, und
- die Erweiterung von Mitbestimmungsrechten der Betriebsräte auf Fragen der Personalplanung oder gar der Investitionsstrategien.

Dies sind Themen, in denen gewerkschaftliche Handlungs- und Konfliktfähigkeit möglichst rasch zu entwickeln und aufzubauen ist. Dies setzt voraus, sich mit noch ungelösten Problemen auseinanderzusetzen und dazu auch in den eigenen Reihen Debatten zu führen. Denn unstrittig ist nur eines: Auch wenn – oder gerade weil – alle Blicke auf den Staat gerichtet sind, bedarf es eines breiten Engagements gesellschaftlicher Akteur*innen, um den Staat handlungsfähiger zu machen und die Richtung seines Handelns zu beeinflussen.

Diese Probleme und erste praktische Schritte zu ihrer Bearbeitung sollen im Folgenden kurz beleuchtet werden – ohne den Anspruch erheben zu können, bereits Antworten auf offene Fragen anzubieten.

1.4.3 Der Staat allein wird es nicht richten

Bei jedem der drei eben genannten Themen – Gegenleistungen der Unternehmen für die Förderung aus öffentlichen Mitteln, regionale Strukturpolitik inklusive Verkehrswende und Ausweitung von Mitbestimmungsrechten – gibt es einen Zusammenhang zwischen konzeptioneller Vorarbeit und Durchsetzungsfähigkeit gesellschaftlicher Akteur*innen, der sowohl die Handlungsfähigkeit des Staates als auch die Richtung seines Handelns wesentlich beeinflusst. Dies ist mit neuen Aufgabenstellungen nicht nur, aber auch für die Gewerkschaften selbst verbunden.

Beim Thema *Gegenleistungen der Unternehmen für die Förderung aus öffentlichen Mitteln* wären weitere konzeptionelle Klärungen und politische Fokussierungen hilfreich. Der Minimalkonsens aus gewerkschaftlicher Sicht dürfte hier der Gedanke sein, den Wolfgang Lemb

(2021), geschäftsführendes Vorstandsmitglied der IG Metall, in dem Satz zusammenfasst: „Wenn Unternehmen aus Steuermitteln unterstützt werden, müssen sie zur Sicherung von Beschäftigung und Standorten verpflichtet werden." In dieselbe Richtung zielen Überlegungen, die Einhaltung von Tarifverträgen, die Erweiterung von Mitbestimmungsrechten oder die Verpflichtung der Unternehmen zu klimagerechten Produktionsverfahren auch im Ausland zu Voraussetzungen öffentlicher Förderung zu machen.

Bei derartigen Forderungen stellt sich die Frage nach Möglichkeiten einer institutionellen Verankerung der betreffenden Bedingungen. Dies gilt umso mehr für wirtschaftsdemokratische Ideen, die in gewerkschaftlichen Zusammenhängen diskutiert werden. So weist Krull (2022, S. 52) auf die prinzipielle Möglichkeit des Landes Niedersachsen und der IG Metall hin, im Aufsichtsrat von VW auf den Umbau des Unternehmens zu einem Mobilitätsanbieter hinzuwirken, dessen Produktpalette auch weniger profitbringende Angebote enthält, die für eine Verkehrswende wichtig sind. Andere Überlegungen gehen in Richtung neuer Einflussmöglichkeiten öffentlicher Kreditgeber und stiftungsbasierter oder genossenschaftlicher Eigentumsformen, um Gegengewichte zu kurzfristigen Shareholder-Interessen und kapitalistischen Wachstumsdynamiken zu bilden. Insbesondere bei der Suche nach neuen Eigentumsformen wird es allerdings wichtig sein, die Frage von Wiethold (2019, S. 62) im Blick zu behalten, inwieweit „sich die Interessen Beschäftigter oder gemeinwirtschaftlicher Betriebe mit gesellschaftlichen Interessen [decken]".

Zu den bislang am konkretesten ausgearbeiteten Vorschlägen gehört derjenige zu Transformationsfonds, mit denen Unternehmen, darunter vor allem KMU, bei den Umstellungen auf Zukunftstechnologien, den damit verbundenen Markthochlaufkosten und arbeitspolitischen Neuorientierungen unterstützt werden sollen. Richtungweisend ist hier ein Gutachten, das die Stiftung Arbeit und Umwelt der IG BCE zusammen mit dem Institut für Makroökonomie und Konjunkturforschung (IMK) der Hans-Böckler-Stiftung erstellt hat (Dullien et al. 2021). Es schlägt die Schaffung eines kreditfinanzierten Transformationsfonds in Höhe von 120 Milliarden Euro vor, der Beteiligungen des Bundes mit Blick auf klimafreundliche Technologien, Produktionsprozesse sowie Produkte bündelt und renditeorientierte Großinvestitionen in den Industriesektoren fördern soll. Durch die Beteiligung kann der Bund zukünftig an den Renditen partizipieren, ein Beteiligungsvermögen aufbauen und es vermeiden, Kosten zu sozialisieren und Gewinne zu privatisieren. Zugleich kann Einfluss auf die Umsetzung der Klimaziele genommen und eine Beteiligung der Gewerkschaften eingefordert werden.

Die Beteiligung der Gewerkschaften betrifft alle Ebenen der Politik, von der Betriebspolitik bis hin zur Wirtschafts-, Industrie- und Arbeitspolitik auf Bundesebene (zum Teil auch auf EU-Ebene). Dazwischen liegt die Branchen- und Regionalpolitik, die zu einer *transformationsorientierten regionalen Strukturpolitik* gebündelt werden muss. Im Zentrum der Vorschläge und Initiativen von Gewerkschaften, Umweltverbänden und anderen Akteur*innen steht hier die Schaffung bzw. Weiterentwicklung regionaler Transformations*räte* und Transformations*fonds*. Beides ist eng miteinander verbunden, und das eine hängt vom jeweils anderen ab. Doch wie Blöcker (2022b) insbesondere mit Blick auf die Zulieferbranchen der Automobilindustrie feststellt, fehlen „für eine zielorientierte Strukturpolitik in besonders betroffenen Regionen noch viele praktische Schritte".

Hier gilt es, aus den reichhaltigen und sehr gemischten Erfahrungen in der regionalen Strukturpolitik zu lernen. „Notwendig wäre eine Fokussierung auf zentrale Themen und Herausforderungen der Transformation, dies setzt klare programmatische Schwerpunkte und Vorgaben voraus" (Gärtner/Rehfeld 2021. S. 105). Das übergreifende Thema in von der Transformation besonders betroffenen Regionen ist die Frage, wie im Zuge dieses Prozesses soziale Verwerfungen verhindert und zukunftsträchtige Strukturen geschaffen werden können. Es geht also darum, besonders betroffene Regionen zu Orten und Vorreitern des innovativen Wandels zu machen.

Vor dem Hintergrund dieser anspruchsvollen Zielsetzung lassen sowohl die Erkenntnisse, die im jahrzehntelangen Strukturwandel des Ruhrgebiets gesammelt wurden, als auch die aktuellen Auseinandersetzungen um die Zukunft der Lausitz einige neuralgische Punkte deutlich werden:

- Dreh- und Angelpunkt sind innovative regionale Akteurs-Netzwerke – nicht zuletzt vor dem Hintergrund bisheriger Erfahrungen beim regionalen Strukturwandel (Beese et al. 2019). Angesichts der Größe der aktuellen Herausforderungen hat das Umweltbundesamt (2020) ein Gesamtkonzept für „neue Allianzen für sozial-ökologische Transformationen" vorgestellt. Neu sind sie deshalb, weil die Akteur*innen heute aus sehr unterschiedlichen Milieus kommen, sehr unterschiedliche Interessen und Sichtweisen und auch unterschiedliche personelle Ressourcen einbringen. „Lokale und regionale Plattformen für systematischen Austausch zur Gestaltung von Strukturwandelprozessen" können deshalb „ein wichtiger Hebel sein, um die notwendigen Neuorientierungsprozesse in den Organisationen anzustoßen und gleichzeitig ein tiefergehendes Verständnis über die Logiken, Handlungsmöglichkeiten, aber auch Zwänge des Gegenübers zu entwickeln" (Umweltbundesamt 2020, S. 33, 14).
- Ganz entscheidend ist die Entwicklung von gemeinsamen Leitbildern, von Gemeinschaftsprojekten und von „leistungsfähigen Umsetzungsorganisationen, die in der gesamten Region bzw. Branche akzeptiert werden" (Hennicke/Noll 2020, S. 2f.). So schlagen z. B. Sittel et al. (2020, S. 171ff.) vor, in Thüringen eine „Modellregion nachhaltige Mobilität" zu entwickeln, in der viele Einzelmaßnahmen gebündelt werden – vom Betrieb über die Industriepolitik bis hin zur Hochschulforschung. Wenn derartige Leitbilder und darauf zugeschnittene Fördereinrichtungen fehlen, kann es, wie Bosch (2022) am Beispiel der Arbeitspolitik aufzeigt, in breit angelegten regionalen Transformationsfonds passieren, dass finanzielle Mittel versickern, während sie in auf spezifische Zwecke ausgerichtete Einzelfonds zielgerichtet eingesetzt werden könnten. Die gemeinsam getragenen Leitbilder werden auch regionale Daseinsvorsorge und Bildungspolitik als zentrale Bestandteile der Potenzialentwicklung einschließen müssen.
- Ebenso wichtig ist aber die Verknüpfung derartiger Leitbilder mit den „aktuellen Standortfaktoren" und den „sektoralen Kompetenzen" der betreffenden Region (Greib et al. 2019, S. 49), damit sie Bodenhaftung bekommen. Dies ist für industriell schwache wie

für industriell starke Regionen gleichermaßen relevant, da Letztere in besonderem Maße vom Umstieg auf E-Mobilität betroffen sind. Schwarz-Kocher und Stieler (2019, S. 53f.) berichten von lokalen und betrieblichen „Potenzialworkshops" zur Entwicklung von Zukunftskonzepten, die die vor Ort vorhandenen Fähigkeiten vor dem Hintergrund der zukünftigen Erfordernisse und Chancen analysieren. Ein erster Schritt in diese Richtung können auch „betriebliche Transformationsseminare" sein, die von Betriebsräten oder gewerkschaftlichen Vertrauenskörpern mit Beschäftigten durchgeführt werden. Wenn derartige Initiativen regional vernetzt werden, können auch bislang kaum existierende „Verknüpfungen zwischen Automobilproduktion und anderen Bereichen der Mobilitätswirtschaft" aufgebaut werden, um das Nachdenken über „Möglichkeitsfenster für Konversion" zu fördern (Blöcker 2020, S. 222).

- Erforderlich sind öffentliche, transparente und beteiligungsbasierte Förderstrukturen. Angesichts der Vielzahl von Programmen auf EU-, Bundes- und Landes-Ebenen fehlt eine Förderlandkarte. Hier gibt es großen Reformbedarf, wie ein vom DGB vorgelegter umfassender Sachstandsbericht aufzeigt (Hennicke 2021). Transparenz und Beteiligung sind gerade auch für Gewerkschaften und Betriebsräte wichtig, die Ressourcen für professionelle Unterstützung ihrer Betriebs- und Regionalpolitik benötigen.
- Öffentliche Institutionen sind entscheidend für die transformationsorientierte regionale Strukturpolitik, und hier kommt es vor allem auf die Kommunen an. Dies beruht zum einen auf ihrem großen Anteil – immerhin 55 Prozent! – an allen öffentlichen Investitionen. Zum anderen sind sie – zumindest potenziell – der nächstliegende „unmittelbare Ansprechpartner", an denen erfahrbar wird, „ob der Staat sich als handlungsfähig im Anpassungsprozess erweist oder eben nicht" (Hennicke/Noll 2020, S. 4). Dies erfordert eine grundsätzliche Stärkung der finanziellen Basis der Kommunen und die Entlastung hoch verschuldeter Kommunen.
- Die Kommunen spielen auch eine Schlüsselrolle bei der Verkehrswende, nicht allein innerhalb der jeweiligen Stadtgrenzen, sondern

ebenso im Verbund der Region. Die Entwicklung öffentlicher (!) regionaler Mobilitätsdienste wird ein zentraler Beitrag zur Reduzierung des Individualverkehrs und des Pkw-Bestandes sein müssen (Bell et al. 2020; Hennicke et al. 2021). Damit wird die Mobilitätswende zu einem wesentlichen Bestandteil jeder transformationsorientierten regionalen Strukturpolitik.

Erste Ansätze, mit denen die hier skizzierten Herausforderungen angegangen werden, sind z. B. der Aufbau regionaler Netzwerke zur Entwicklung von Wasserstoff-Clustern für die Stahlindustrie und die Entwicklung regionaler und örtlicher Transformationsprojekte im Rahmen des Zukunftsfonds Automobil. Ein Beispiel ist hier das von der IG Metall initiierte „Regionale Transformationsnetzwerk Südostniedersachsen zur Entwicklung einer regionalen Transformationsstrategie in der Fahrzeug- und Zulieferindustrie“ (siehe Kasten auf den Seiten 100ff.). In diesen Zusammenhängen werden auch besonders gute Möglichkeiten gesehen, sich seitens der regionalen und lokalen Gewerkschaftsorganisationen sowie der Betriebsräte in den Transformationsprozess aktiv einzubringen. Dies sind, wohlgemerkt, erste Ansätze. Entscheidend wird sein, wie der Erfahrungsaustausch sowohl zwischen den gesellschaftlichen Akteur*innen als auch innerhalb der beteiligten Verbände – und hier vor allem innerhalb der Gewerkschaften – in Gang gebracht werden kann. Konzeptionelle Vorarbeit und Akteurs-Vernetzung sind Voraussetzungen für die Entwicklung von Handlungs- und Durchsetzungsfähigkeit.

Transformationsnetzwerke in der Automobilindustrie

Mit dem Zukunftsfonds Automobilindustrie wird die Transformation dieser Branche mit einer Milliarde Euro für die Jahre 2021 bis 2025 unterstützt [1]. Davon sind 340 Millionen Euro für die Finanzierung regionaler Transformationsnetzwerke vorgesehen, die die relevanten Akteur*innen vor Ort zusammenbringen und regionale Transformationsstrategien entwickeln sollen. Weiterhin sollen Transformations-Hubs gefördert werden, die sich auf bestimmte Themenbereiche und Wertschöpfungsketten fokussieren. So soll der Wissenstransfer insbesondere hin zu KMU verbessert werden. In sogenannten Transformationsprojekten können die gewonnenen Erkenntnisse der KMU in die Praxis umgesetzt werden. Um auch die Beschäftigten bestmöglich für die Transformation vorzubereiten, wird die Entwicklung neuer Weiterbildungskonzepte in den Bereichen der Mobilität der Zukunft ebenfalls gefördert.

Ein Beispiel für ein solches Netzwerk ist das auf Initiative der IG-Metall-Geschäftsstellen Braunschweig, Wolfsburg und Salzgitter-Peine gebildete „Regionale Transformationsnetzwerk Südostniedersachsen zur Entwicklung einer regionalen Transformationsstrategie in der Fahrzeug- und Zulieferindustrie“ (ReTraSON), das vom Bundesministerium für Wirtschaft und Klimaschutz mit 7,6 Millionen Euro für den Zeitraum vom 01.01.2022 bis zum 30.06.2025 gefördert wird. Die Aufgaben werden so beschrieben: „Das Transformationsnetzwerk richtet sich an die regionale Wirtschaft, Wissenschaft, Gewerkschaften, Politik, Verwaltung, Verbände und Gesellschaft. Der Aufbau eines Netzwerkmanagements als Informations-, Kommunikations- und Koordinationsdrehscheibe aller Projektbeteiligen und Partner sei dabei der erste konkrete Schritt im Projektverlauf. Eine wesentliche Aufgabe liegt in einem effizienten Schnittstellenmanagement, das sich auf alle Handlungs-, Akteurs- und Organisationsebenen bezieht. So fungiert die Allianz für die Region unter anderem als zentraler Ansprechpartner für alle externen und internen Anfragen, koordiniert die Beziehungen der Akteure sowie der strategischen Partner untereinander und führt die verschiedenen Aufgabenstellungen aus den geplanten Arbeitspaketen zusammen, die in den weiteren fünf Projektphasen anstehen. Insbesondere im Aktionsfeld ‚Zukunftsbild‘ befassen sich die Akteure mit den vier Bereichen Kommune, Wirtschaft, Arbeit und Gesellschaft. Für jeden Bereich entwickeln sie einen Leitfaden und eine Handlungsempfehlung, die zusammen mit den vorgelagerten Aktionsfeldern die zentrale Transformationsstrategie bildet. Die Strategie stellen die Projektpartner auf einer Abschlussveranstaltung voraussichtlich Mitte Juni 2025 der Öffentlichkeit vor." [2]

Das Netzwerk ist bei der „Allianz für die Region" angesiedelt, einem breiten Netzwerk mit 40 Partnern, die Kommunen, Gewerkschaften, Arbeitgeberverbände, Kammern, Wissenschaft, Arbeitsbehörden und einzelne Unternehmen einschließen. Durch diese Verknüpfung mit einem schon bestehenden regionalen Netzwerk, das gleichzeitig mehrere andere regionale Projekte koordiniert, geht die erste Projektphase nicht durch den Aufbau einer neuen Struktur verloren.

[1] „Eine Milliarde Euro für die Zukunft der Automobilindustrie", Pressemitteilung des Bundesministeriums für Wirtschaft und Energie vom 18.08.2021.
[2] www.allianz-fuer-die-region.de.

Dieser Zusammenhang ist auch beim dritten der hier behandelten Themen entscheidend, bei denen gewerkschaftliche Konzepte über den Konsens mit Wirtschaftsverbänden und Regierung hinausreichen: der *Ausweitung von Mitbestimmungsrechten*. Hier ist zunächst genauer zu klären, worauf die z. B. von der IG BCE geforderte Ausweitung der Mitbestimmung in der Gestaltung von Transformationsprozessen fokussiert werden soll und in welcher Weise die Mitbestimmungsrechte des Betriebsrats und der gewerkschaftlichen Seite im Aufsichtsrat berührt sind. Mitbestimmung kann sich auf mehrere Aspekte dieser Prozesse beziehen: „die Auswahl von Technologien, die Einführung der Technologien und die Bearbeitung ihrer Folgen für Arbeitsorganisation, Arbeitsbedingungen oder Qualifikationsbedarfe. […] Für

Mitbestimmungsrechte in diesen Fragen wäre eine Ausweitung der Unternehmensmitbestimmung erforderlich, die sich auf neue Schlichtungsverfahren beziehen kann, aber auch auf die erforderlichen Quoren für die Verlagerung von Produktion oder Standorten. Hier könnte man sich die Regelung der VW AG zum Vorbild nehmen, nach der solche Verlagerungen einer Zustimmung von zwei Dritteln der Aufsichtsratsmitglieder bedürfen" (Bendel/Haipeter 2022).

Ungeachtet der weiteren Präzisierung derartiger Forderungen ist es völlig klar, dass diese in enger Wechselwirkung mit den soeben skizzierten Initiativen einer regionalen Strukturpolitik stehen: Das eine ist auf das andere angewiesen. Außer Frage steht auch, dass bereits mit dem Anspruch auf proaktive Betriebsratspolitik erhebliche Anforderungen an die innergewerkschaftliche Qualifizierung verbunden sind: „Für die Initiierung von ökologischen Produktinnovationen fehlt den Betriebsräten oftmals die Kompetenz, für viele Entwicklungen wäre auch technisches Fachwissen zentral, das bei einer Gruppe in den Betrieben konzentriert ist, zu der Betriebsräte und Gewerkschaften oftmals wenig Zugang haben. [...] Öko-Innovationen werden sehr oft in enger Zusammenarbeit mit Vertretern aus technischen Abteilungen initiiert" (Blöcker 2014, S. 133). Der Förderung genau dieser Zusammenarbeit und der Mobilisierung dieses Fachwissens dienen die oben erwähnten, vom Stuttgarter IMU-Institut untersuchten betrieblichen „Potenzialworkshops" zur Entwicklung von Zukunftskonzepten.

Selbstverständlich können Gewerkschaften und Betriebsräte auch ohne erweiterte Mitbestimmungsrechte bereits heute eine vorwärtsdrängende Rolle auf betrieblicher Ebene spielen, wie erste Erfahrungen im Zusammenhang mit Zukunftstarifverträgen in der Metallindustrie zeigen (Bosch et al. 2020). Sie bieten der IG Metall einen wichtigen Ansatzpunkt, um in strategische Gespräche mit Arbeitgeber*innen zu kommen, aber „die Verhandlungen und die Zukunftstarifverträge müssen noch mit Inhalten, mit Leben gefüllt werden" (IMU 2021).

Alle Erfahrungen sprechen dafür, dass aus einzelnen Vorreiterbeispielen am ehesten eine verbreitete Praxis werden kann, wenn sich eine Wechselwirkung zwischen errungenen Rechten einerseits und gewerkschaftlichem Engagement für deren Nutzung andererseits entwickelt.

Doch der Ausgangspunkt dafür ist notwendigerweise die Förderung von Kompetenzen gewerkschaftlicher Akteur*innen auf betrieblicher und örtlicher Ebene, aus denen der Druck für erweiterte Rechte erwächst.

Um hier voranzukommen, hat die IG Metall damit begonnen, viele ihrer Funktionär*innen zu „Veränderungsmoderator*innen" auszubilden, die Betriebsratsmitglieder in partizipativen Projekten unterstützen. Dennoch bleibt die unzureichende Ressourcenausstattung für eine echte Partizipation eine große Leerstelle. Die Gewerkschaften werden mit ihren begrenzten Ressourcen Betriebsräte nicht ähnlich intensiv beraten können, wie dies mit externen Berater*innen in Modellprojekten gelingt. „Angesichts der enormen Forschungs- und Entwicklungsmittel, die den Unternehmen und ihren Netzwerken durch die großen Technologieprogramme zur Verfügung gestellt werden", wäre „eine öffentliche Finanzierung von Transformationsagenturen, die diese Beratung leisten können" hilfreich (Bosch 2022). Die Stärken und Schwächen des früheren Großprogramms „Humanisierung der Arbeitswelt" sollten hierfür auf mögliche Anregungen überprüft werden.

Sowohl das Beispiel der Entwicklung regionaler Transformationsräte als auch das der Mitbestimmung machen darauf aufmerksam, wie sehr es auf die Stärkung der Handlungsfähigkeit gesellschaftlicher Akteur*innen auf allen Handlungsebenen ankommt. Nur daraus kann sich die erforderliche Wechselwirkung mit staatlichem Handeln ergeben. Dies ist auch bei dem nun abschließenden Überblick über die politischen Weichenstellungen im Hinterkopf zu behalten, die vor allem auf den Ebenen der Bundesregierung und der EU vorgenommen werden müssen – den wichtigsten aktuellen Baustellen der sozial-ökologischen Transformation der Industrie.

1.5 Abschließender Überblick: Ein Großprojekt mit vielen Baustellen

Die sozial-ökologische Transformation der Industrie wird meistens als eine in erster Linie technologische Herausforderung betrachtet.

Dass diese Betrachtungsweise zu kurz greift, deutet bereits das Wort *sozial*-ökologisch an. Nicht allein aus gewerkschaftlicher Sicht ist die Verbindung von technologischen und wirtschaftspolitischen Innovationen mit Guter Arbeit eine Schlüsselfrage. Denn nur wenn diese Verbindung gelingt, bekommen die bevorstehenden Umwälzungen eine gesellschaftliche Basis, die die Transformation politisch durchsetzbar macht.

Was die für das Erreichen der Klimaziele notwendigen technologischen Erneuerungen betrifft, halten die einschlägigen Forschungsinstitute diese im Prinzip für möglich. Doch die Institute heben immer hervor, dass die technologischen Herausforderungen nur mit noch nie dagewesenen politischen Anstrengungen gemeistert werden können. Diese Anstrengungen müssen auf sehr verschiedenen Politikfeldern in Angriff genommen oder verstärkt werden, wie in der Finanz- und der Industriepolitik, dem Ordnungsrecht, der Arbeitspolitik oder der Regionalpolitik. Etliches davon ist kontrovers, und wie beim Beschreiten von Neuland zu erwarten: Nicht wenige zentrale Fragen sind noch offen. Tabelle 1 vermittelt einen immer noch unvollständigen und notwendigerweise vereinfachenden Eindruck von den Großbaustellen der sozial-ökologischen Transformation der Industrie (zu genaueren Informationen vgl. die Studien des Projekts „Sozial-ökologische Transformation der Industrie“, siehe die Literaturhinweise am Ende dieses Kapitels).

In der Übersicht ist auch die komplexe Akteurskonstellation erkennbar: Unternehmen und deren Interessenverbände, Gewerkschaften und Betriebsräte, Umweltverbände und staatliche Akteur*innen auf allen Ebenen – von der Kommune über Land und Bund bis hin zur EU-Kommission und supranationalen Institutionen wie der Welthandelsorganisation. Nach Jahrzehnten des Neoliberalismus und nach dem Intermezzo der Weltwirtschaftskrise von 2008ff., als der Staat zunächst als Retter in der Not und Lückenbüßer akzeptiert wurde, wird dem Staat heute wieder weithin eine Schlüsselrolle als strategischer Investor und regulatorischer Wegbereiter zuerkannt. Was und wie im Einzelnen dazu gehört und wessen Interessen dabei Vorrang genießen, bleibt selbstverständlich umstritten. Kern dieses Konflikts ist es immer wieder,

Tabelle 1: Baustellen, Probleme, Konfliktthemen – ein grober Überblick

Politikfelder	Baustellen	Probleme/Konflikte
Infrastrukturpolitik/-investitionen Vgl. dazu Kapitel 3 in diesem MEMORANDUM sowie Bendel/Haipeter 2022, Blöcker 2022a und 2022b sowie Witt 2022a und 2022b	Ökostrom- und Netzausbau: Verdreifachung des Ausbautempos (Koalitionsvertrag)	Flächen und Akzeptanz Beschleunigung von Genehmigungsverfahren mit demokratischer Beteiligung Beteiligung der Kommunen: Wie genau ausgestalten?
	Grüner Wasserstoff (H_2): Wasserstoff-Infrastruktur (H_2-Netze) Markthochlauf von klimaneutralem H_2 Startnetz von den Produktionsstätten zu zentralen Industrie-Clustern	*Kontrovers* v. a.: Welche Einsatzbereiche von H_2 haben Priorität? Probleme: Ökosozial nachhaltige H_2-Importe: 70 Prozent ab 2030? Woher, unter welchen Bedingungen? Wie werden ineffiziente Beimischungen von H_2 ins Erdgasnetz verhindert? Übergangslösungen mit grauem oder blauem H_2 bis zur ausreichenden Verfügbarkeit von grünem H_2?
	Verkehrswende: – ÖP(N)V-Investitionen – Öffentliche (!) regionale Mobilitätsplattformen	Zeithorizont, Finanzierung, Trägerschaft *Kontrovers:* fast alles
Industriepolitik Vgl. dazu Bendel/Haipeter 2022, Blöcker 2022a und 2022b sowie Witt 2022a und 2022b	Forschungspolitik	Beteiligung des Staates an Innovationsgewinnen
	Abbau umweltschädlicher Subventionen (Koalitionsvertrag)	Folgt die Regierung den Kriterien des Umweltbundesamts (UBA)? Gestaltung von Alternativregeln (z. B. Pendlerpauschale)

Politikfelder	**Baustellen**	**Probleme/Konflikte**
(Fortsetzung Industriepolitik)	Förderung von Technologie-Innovationen (v. a. bei KMU) Vorschlag: Transformationsfonds verknüpft mit Gegenleistungen der Unternehmen	*Kontrovers:* Wer trägt welche Kosten? Wer benötigt Förderung? Welche Gegenleistungen der Unternehmen? Wie werden bei Subventionen bisherige Extraprofite aus dem Emissionshandel gegengerechnet?
	Neue Geschäftsmodelle der Unternehmen (inkl. Recycling)	Bei Gegenleistungen für Subventionen zu berücksichtigen
	Öffentliche Beschaffungspolitik mit Klima-Kriterien …	… auf allen Ebenen!
CO_2-Reduzierung über den Preis Vgl. dazu Kapitel 3 und 4 in diesem MEMORANDUM sowie Witt 2022a und Fritz 2022	EU-ETS: Wirksamkeit stärken Sozialausgleich für CO_2-Preis-induzierte Belastung von Haushalten Preisliche Wettbewerbsfähigkeit (CBAM/CCfD, s. u.)	Wo werden bei welchem Preis Lenkungswirkungen erzielt? Welche Verteilungseffekte haben sie? Wie ist der Sozialausgleich für Haushalte zu gestalten? Wo sind Ordnungsrecht und öffentliche Förderpolitik wirksamer und gerechter?
CO_2-Reduzierung über Ge- und Verbote Vgl. dazu Bendel/Haipeter 2022, Blöcker 2022a und 2022b sowie Witt 2022a	Vorgezogenes Enddatum für den Einsatz fossiler Energieträger rechtlich verankern CO_2-Grenzwerte in weiteren Bereichen verbindlich festschreiben (inkl. Bonus-Malus-System)	Neue Entschädigungszahlungen an Kohlekraftwerksbetreiber bei früherem Ausstieg? Auch Ge- und Verbote haben (indirekte) Preiseffekte *Kontrovers:* fast alles

Politikfelder	Baustellen	Probleme/Konflikte
Energie- und Ressourceneffizienz Vgl. dazu Kapitel 2 in diesem MEMORANDUM sowie Bendel/Haipeter 2022, Blöcker 2022a und 2022b sowie Witt 2022a	Verlängerung der Lebensdauer von Produkten Mobilitätswende inkl. Verringerung des Pkw-Bestandes Kreislaufwirtschaft (laut Koalitionsvertrag werden verbindliche Recyclingquoten und Mindestquoten für den Einsatz von Rezyklaten auf EU-Ebene angestrebt) EU-Ökodesign-Richtlinie und Energieeffizienz-Richtlinie: ausweiten, verpflichtend machen Ökologischen Fußabdruck in Lieferkettengesetz einbeziehen	Export von recyclingfähigen Produkten in nicht regulierte Weltregionen Wirksamere Gestaltung von Regulierungen für Reduzierung des Ressourcenverbrauchs und mehr Ressourceneffizienz (durch Ordnungsrecht und/oder wirtschaftliche Anreize) Rohstoffbedarf der Elektrifizierung!
Handelspolitik/globale Implikationen Vgl. dazu Kapitel 1.3 und 2.4 sowie Fritz 2022 und Witt 2022b	CO_2-Grenzausgleich (CBAM) oder mögliche Alternativen; Verhinderung von Carbon Leakage (CL)	Wer ist wie stark von CL betroffen? Wie CBAM genau ausgestalten (Treffsicherheit, Verhinderung neuer *windfall profits*)? Regionale und Produkt-Reichweite
	Ergänzung von CBAM durch Differenzverträge (CCfD)	WTO-Konformität EU-Beihilferecht Mögliches Ausbremsen des CO_2-Preisanstiegs
	H_2-Import aus dem globalen Süden	Konkurrenz zum Aufbau grüner Infrastruktur in Afrika/Lateinamerika

Politikfelder	Baustellen	Probleme/Konflikte
Arbeitspolitik: Gute Arbeit in der Transformation Vgl. dazu Bosch 2022	Innerbetriebliche Mobilität: Zukunftsvereinbarungen, betriebliche Weiterbildung, Transformations-Kurzarbeitergeld (KuG), temporäre Arbeitszeitverkürzung, Mitbestimmung	Ansätze vorhanden, Ausbau ist zum Teil kostenintensiv *Kontrovers:* v. a. Mitbestimmung
	Investive Arbeitsmarktpolitik: Vorrang von Weiterbildung, Transfergesellschaften	In Arbeit
	Individuelle Neuorientierung: Bildungsteilzeit, Erwachsenen-Bafög	In Arbeit, aber Ausbau zum Teil kostenintensiv
	Berufsbildung als Mehrgenerationen-Projekt; Erhöhung der Ausbildungsquote!	Ausbildungsquote => Bildungspolitik!
	Tarifbindung stärken: Allgemeinverbindlicherklärungen (AVE), flächendeckende Tariftreuegesetze	*Kontrovers:* alles
Gesellschaftliche Mobilisierung	Stärkung und Beteiligung der Kommunen (inkl. finanzielle Vorteile) – im Koalitionsvertrag vorgesehen	
	Regionale und Branchen-Transformationsräte; Entwicklung von gemeinsamen Leitbildern der regionalen Strukturpolitik	Transformationsräte im Prinzip unstrittig, aber praktische Relevanz, Konzepte und Kompetenzen vielfach unklar
	Betriebliche Mitbestimmung über Transformationsplanung Bindung von öffentlichen Mitteln z. B. an Zukunftstarifverträge, Beschäftigungssicherung oder Mitbestimmungsrechte	Kontrovers: fast alle Verknüpfungen mit Ausweitung gewerkschaftlicher Rechte; konzeptionell zum Teil noch nicht fokussiert; Kompetenzentwicklung erst am Anfang

Politikfelder	Baustellen	Probleme/Konflikte
(Fortsetzung Gesellschaftliche Mobilisierung)	Ausbau der innergewerkschaftlichen Kompetenzentwicklung und -mobilisierung für Betriebs-, Branchen- und Regionalpolitik (z.B. IG Metall: „Veränderungsmoderatoren")	Personelle/finanzielle Ressourcen

Quelle: Eigene Darstellung.

wie „stark" der Staat insbesondere im Verhältnis zu privatwirtschaftlichen Gewinninteressen werden soll.

So richtig und wichtig diese Kontroverse ist, so wenig darf sie eine dahinterliegende Frage verdecken: Wie kann aus einem „starken" ein „handlungsfähiger" Staat werden? Klarheit, Zielstrebigkeit, Transparenz und Verlässlichkeit staatlichen Handelns sind Bedingungen gesellschaftlichen Vertrauens in den Staat, das hat die Corona-Krise in häufig negativer Weise demonstriert. Klarheit, Zielstrebigkeit, Transparenz und Verlässlichkeit setzen aber Handlungsfähigkeit voraus. Zur (Wieder-)Herstellung von Handlungsfähigkeit bedarf es nicht allein einer gründlichen Abwendung vom Privatisierungskurs und von dem Glauben, der Markt regle alles am besten. Ebenso wichtig ist die finanzielle Handlungsfähigkeit durch umverteilungsbasierte Stärkung der Steuereinnahmen. Und schließlich: die demokratische Verankerung.

Für die sozial-ökologische Transformation der Industrie ist die Demokratie von ganz besonderer Bedeutung. Das A und O für das Gelingen dieser Transformation, die in den Alltag von Millionen Menschen eingreifen wird, ist die Entwicklung einer gesellschaftlichen Basis der Veränderung. Hier stehen vor allem die Gewerkschaften vor großen Aufgaben. Industrie- und branchenpolitische – gerne als „sozialpartnerschaftlich" bezeichnete – Foren auf Bundesebene sind zweifellos unverzichtbar, um strategische Weichenstellungen beeinflussen zu können. Und wie der Überblick über die Großbaustellen zeigt, muss hier das politische Mandat der Gewerkschaften in enger Kooperation mit Umweltverbänden in die Waagschale geworfen werden, um aus marktwirtschaftlich dominierten technologischen Innovationen eine sowohl soziale als auch ökologische *Transformation* zu machen.

Doch ebenso selbstverständlich hängt der politische Erfolg der Gewerkschaften davon ab, welche Bodenhaftung die Bemühungen auf zentraler Ebene in den Betrieben und Regionen haben. Die Mobilisierung von Fachwissen und Ideen, die Entwicklung von Konzeptionen und Kompetenzen, die Ermutigung zu Veränderungsbereitschaft beginnen im Betrieb. Die darauf aufbauende Vernetzung geschieht vor Ort, in der Region und in der Branche. Wichtige erste Schritte sind hier getan.

Abschließend kann resümiert werden, dass sich zwar zu Recht alle Blicke auf den Staat richten. Doch die sozial-ökologische Transformation der Industrie ist eine gesellschaftliche Aufgabe, die von gesellschaftlichen Akteur*innen vorangetrieben werden muss. Die dafür erforderliche Entwicklung *konkreter* Konzepte kann nicht an staatliche Stellen delegiert werden, auch wenn sie deren umfassender Unterstützung bedarf. Umgekehrt wird der Staat erst dann handlungsfähig, wenn er sich auf dieses Engagement gesellschaftlicher Akteur*innen stützt.

Literatur

Die folgenden Studien des Projekts „Sozial-ökologische Transformation der Industrie" sind ein von der Rosa-Luxemburg-Stiftung gefördertes und vom Verein Arbeitsgruppe Alternative Wirtschaftspolitik *unterstütztes Projekt. Herausgeber der insgesamt acht Teilstudien ist die Rosa-Luxemburg-Stiftung in Zusammenarbeit mit dem* Arbeitsgruppe Alternative Wirtschaftspolitik e.V. *Sie lassen sich unter www.alternative-wirtschaftspolitik.de/memo-materialien-2022 abrufen.*

Bendel, Alexander/Haipeter, Thomas (2022): Zwischen Globalisierung und Industriepolitik: Herausforderungen und Chancen einer sozial-ökologischen Transformation der chemischen Industrie in Deutschland.

Blöcker, Antje (2022a): Branchenstudie zum Forschungsstand „Sozial-ökologische Transformation der Stahlindustrie".

Blöcker, Antje (2022b): Branchenstudie zum Forschungsstand „Sozial-ökologische Transformation der Automobilindustrie".
Bosch, Gerhard (2022): Arbeitspolitik in der Transformation.
Fritz, Thomas (2022): Wettbewerb im Treibhaus. Kompetitive Dekarbonisierung der deutschen Industrie: Die Diskussion um den EU-Emissionshandel und einen CO_2-Grenzausgleich.
Lehndorff, Steffen (2022): Sozial-ökologische Transformation der deutschen Industrie: Was läuft, wo es hakt, worauf es jetzt ankommt. Ein Überblick.
Witt, Uwe (2022a): Klimapolitischer Rahmen.
Witt, Uwe (2022b): Wasserstoff – zentrales Element für Industrieumbau.

Weitere verwendete Literatur

Agora Energiewende/Agora Verkehrswende/Stiftung Klimaneutralität (2021): Das Klimaschutz-Sofortprogramm. 22 Eckpunkte für die ersten 100 Tage der neuen Bundesregierung, Berlin.
Agora Energiewende/Wuppertal Institut (2019): Klimaneutrale Industrie: Schlüsseltechnologien und Politikoptionen für Stahl, Chemie und Zement, Berlin.
Agora Industrie/FutureCamp/Wuppertal Institut/Ecologic Institut (2022): Klimaschutzverträge für die Industrietransformation: Kurzfristige Schritte auf dem Pfad zur Klimaneutralität der deutschen Grundstoffindustrie, Berlin/München/Wuppertal.
Bardt, Hubertus/Dullien, Sebastian/Hüther, Michael/Rietzler, Katja (2019): Für eine solide Finanzpolitik: Investitionen ermöglichen, IMK Report 152, basierend auf einem gemeinsamen Forschungsprojekt des Instituts der deutschen Wirtschaft (IW) und des Instituts für Makroökonomie und Konjunkturforschung (IMK) der Hans-Böckler-Stiftung, Düsseldorf.
BDI (2021): Kommentierung des Koalitionsvertrags von SPD, Bündnis 90/Die Grünen und FDP, Bundesverband der Deutschen Industrie, 25.11.2021.
Beese, Birgit/Dörre, Klaus/Röttger, Bernd (2019): Von Seilschaften zu innovativen Netzwerken? Strukturwandel, regionale Industriepoli-

tik und die Gewerkschaften, in: Rosa-Luxemburg-Stiftung (Hrsg.): Nach der Kohle. Alternativen für einen Strukturwandel in der Lausitz, Berlin, S. 113–135.

Bell, Hans Günter et al. (2020): Thesen zur sozialökologischen Transformation und wie sie organisiert werden sollte, Supplement der Zeitschrift Sozialismus, Nr. 6, Hamburg.

Bispinck, Reinhard (2022): 12 Euro Mindestlohn: Wer profitiert, was bleibt zu tun? DGB Gegenblende vom 24.01.2022, www.gegenblende.dgb.de.

Blöcker, Antje (2014): Arbeit und Innovationen für den sozialökologischen Umbau in Industriebetrieben, edition Hans-Böckler-Stiftung, Düsseldorf.

Blöcker, Antje (2020): Auf dem Sprung in die E-Mobilität? Transformationsdynamiken im Autoland Sachsen, in: Dörre et al. (Hrsg.): Abschied von Kohle und Auto? Sozial-ökologische Transformationskonflikte um Energie und Mobilität, Frankfurt a. M., S. 181–222.

BMU (2021): Novelle des Klimaschutzgesetzes vom Bundestag beschlossen, Pressemitteilung des Bundesministeriums für Umwelt, Naturschutz und nukleare Sicherheit vom 24.06.2021.

Boewe, Jörn/Krull, Stephan/Schulten, Johannes (2021): „E-Mobilität – Ist das die Lösung?“ Eine Befragung von Beschäftigten zum sozialökologischen Umbau der Autoindustrie, Rosa-Luxemburg-Stiftung, Berlin.

Bosch, Gerhard/Schmitz, Jutta/Haipeter, Thomas/Spallek, Anne-Christin (2020): Gestaltung von Industrie 4.0 durch gewerkschaftliche Betriebspolitik, Arbeit – Zeitschrift für Arbeitsforschung, Arbeitsgestaltung und Arbeitspolitik, Nr. 29 (1), S. 3–23.

Candeias, Mario (2022): … das braucht unglaublich viel Arbeitskraft! Beschäftigungspotenzial alternativer Produktion als Basis der Mobilitätswende, in: Candeias, Mario/Krull, Stephan (Hrsg.): Spurwechsel. Studien zu Mobilitätsindustrien, gerechten Übergängen und alternativer Produktion, Hamburg, S. 386–405.

DEHSt (2020): Treibhausgasemissionen 2019 – Kurzfassung. Deutsche Emissionshandelsstelle (DEHSt) im Umweltbundesamt (Hrsg.), Berlin.

Dullien, Sebastian/Rietzler, Katja/Tober, Silke (2021): Ein Transformationsfonds für Deutschland. Gutachten des Instituts für Makroökonomie und Konjunkturforschung (IMK) für die Stiftung Arbeit und Umwelt der IG BCE, Düsseldorf/Hannover.

Gärtner, Stefan/Rehfeld, Dieter (2021): Strukturpolitische Impulse für Industriepolitik, in: Lemb, Wolfgang (Hrsg.): Perspektiven eines Industriemodells der Zukunft, Marburg, S. 97–107.

Gechert, Sebastian/Dullien, Sebastian (2021): Steigender CO_2-Preis: Warum der Klima-Bonus ideal für den sozialen Ausgleich ist, IMK-Kommentar 2/2021, Düsseldorf.

Greib, Martina et al. (2019): Struktur- und industriepolitische Alternativen für die Lausitz, in: Rosa-Luxemburg-Stiftung (Hrsg.): Nach der Kohle. Alternativen für einen Strukturwandel in der Lausitz, S. 9–72.

Haas, Jörg/Unmüßig, Barbara (2020): Die „Carbon Bubble“: Finanzwirtschaft am Kipppunkt? Wie Umweltbewegung und BlackRock die Klimakrise bekämpfen könnten, Blätter für deutsche und internationale Politik, Nr. 9, S. 101–113.

Hennicke, Martin (2021): Präventive Strukturpolitik und regionale Transformationsprozesse. Diskussionspapier zum Stand in Wissenschaft und Praxis im Auftrag des DGB Bundesvorstands, Berlin.

Hennicke, Martin/Noll, Wulf (2020): Strukturwandel im Ruhrgebiet. Was wir für zukünftige Transformationsprozesse daraus lernen können, Friedrich-Ebert-Stiftung, WISO DIREKT 02/2020.

Hennicke, Peter et al. (2021): Nachhaltige Mobilität für alle. Ein Plädoyer für mehr Verkehrsgerechtigkeit, München.

IG Metall (2019): Transformationsatlas – Wesentliche Ergebnisse. IG Metall-Vorstand, Frankfurt a. M., www.igmetall.de.

IG Metall (2021a): #Fairwandel – Deutschland muss Industrieland bleiben, www.igmetall.de.

IG Metall (2021b): Eine gerecht finanzierte Investitionsoffensive für die Transformation, metallpositionen 2021–3, www.igmetall.de.

IMK (2020): Sozial-ökologische Transformation – „Wer frühzeitig dabei ist, erschließt riesige Technologiemärkte“, Tagungsbericht vom 04.12.2020, www.boeckler.de.

IMU (2021): Die Weichen sind gestellt. Transformation in der Umsetzung! IMU-Akzente Nr. 32, IMU-Institut, Stuttgart.

Krull, Stephan (2022): Management by Stress. Die Angstmacher von Volkswagen, Sozialismus, Nr. 1, S. 49–52.

Lehndorff, Steffen (2019): Erste Schritte auf einem langen Weg: kurze Vollzeit als Element eines neuen Normalarbeitsverhältnisses, in: Ludwig, Carmen/Simon, Hendrik/Wagner, Alexander (Hrsg.): Entgrenzte Arbeit, (un-)begrenzte Solidarität? Bedingungen und Strategien gewerkschaftlichen Handelns im flexiblen Kapitalismus, Münster, S. 32–46.

Lemb, Wolfgang (2021): Ein massiver Strukturwandel steht an, OXI, 7/2021, S. 18.

Prognos/Öko-Institut/Wuppertal-Institut (2021): Klimaneutrales Deutschland 2045. Wie Deutschland seine Klimaziele schon vor 2050 erreichen kann. Zusammenfassung im Auftrag von Stiftung Klimaneutralität, Agora Energiewende und Agora Verkehrswende, Berlin/Wuppertal.

Schulten, Thorsten (2021a): Stärkung des Tarifvertragssystems – was bringen die Vorschläge der neuen Bundesregierung?, spw, Nr. 6, S. 48–51.

Schulten, Thorsten (2021b): Reform der AVE – Schlüssel zur Stärkung der Tarifbindung, WSI-Blog vom 03.06.2021, www.wsi.de.

Schwarz-Kocher, Martin/Stieler, Sylvia (2019): Die Bedeutung regionaler Wertschöpfungscluster der Automobilindustrie im Prozess fortschreitender Globalisierung und der Transformation zur Elektromobilität, Arbeits- und Industriesoziologische Studien 12 (2), S. 35–56.

Sittel, Johanna et al. (2020): Vor der Transformation. Der Mobilitätskonflikt in der Thüringer Automobilindustrie- und Zulieferindustrie, in: Dörre et al. (Hrsg.): Abschied von Kohle und Auto? Sozial-ökologische Transformationskonflikte um Energie und Mobilität. Frankfurt a. M./New York, S. 129–180.

Umweltbundesamt (Hrsg.) (2020): Neue Allianzen für sozial-ökologische Transformationen, Dessau.

Wiethold, Franziska (2019): Wirtschaftsdemokratie gegen den Strich gebürstet, spw, Nr. 5, S. 62–69.

2 Klimapolitik – Potenziale der Ressourceneinsparung

Die Arbeitsgruppe Alternative Wirtschaftspolitik *plädiert dafür, den exorbitanten Ressourcenverbrauch durch das Konzept der Circular Economy drastisch zu verringern. Vorrangig geht es dabei darum, Abfälle zu vermeiden, wo dies nicht sinnvoll möglich ist, sollen sie wiederverwendet oder als letzte Option recycelt werden. Wenn die strategische Vermeidung von unnötigem Ressourcenverbrauch mit der klimapolitisch notwendigen Verringerung des Energieverbrauchs verbunden wird, ist dies auch aus ökonomischer Perspektive besonders vorteilhaft. So kann das Konzept der Circular Economy die Dekarbonisierungsstrategien signifikant beschleunigen.*

Eine besondere Herausforderung besteht darin, das gesamtwirtschaftlich vorteilhafte Konzept der Circular Economy auch auf einzelwirtschaftlicher Ebene attraktiv zu machen. Den ernüchternden Zustand des Status Quo zeigen die Beispiele Pkw- und Batterierecycling. Am konkreten Beispiel lassen sich gleichzeitig konkrete Ansatzpunkte für eine Strategie der Circular Economy identifizieren, etwa eine globale Herstellerverantwortung, die gesetzliche Vorgabe von Rezyklatquoten und eine umfassende Ressourcensteuer.

Dieser Text vertieft einen Beitrag von Peter Hennicke, der unter dem Titel „Der Klimanotstand lässt sich abwenden – wenn Strategien der Ressourcen- und Klimapolitik kombiniert werden“ auf der Internetseite der Arbeitsgruppe Alternative Wirtschaftspolitik *zu finden ist (www.alternative-wirtschaftspolitik.de/memo-materialien-2022).*

2.1 Einleitung

„Klimaneutralität“ und „Circular Economy“ (CE) sind weltweite Top-Themen, die oft isoliert in unterschiedlichen wissenschaftlichen Kreisen und Politikprogrammen behandelt werden, zwischen denen aber enge Wechselbeziehungen bestehen. Diese gilt es herauszuarbeiten, um gemeinsame Lösungsansätze zu finden.

Wir benutzen den von der Ellen-McArthur-Stiftung geprägten und von der EU über-nommenen Begriff der „Circular Economy", weil der deutsche Begriff „Kreislaufwirtschaft" oft nur mit der engen Konnotation von Abfallmanagement verbunden wird. Eine Übersicht zu den Arbeiten der Ellen-McArthur-Stiftung gibt es auf deren Internetseite (www.ellenmacarthurfoundation.org, Introduction); für die EU liegt ein Aktionsplan vor (European Commission 2020).

Im ersten Teil dieses Kapitels wird der Nexus zwischen Klima und Ressourcen auf der globalen Ebene beleuchtet. Hintergrund dafür ist die weltweite Debatte über beschleunigten Klimaschutz und darüber, ob eine forcierte Umsetzung in Richtung eines 1,5-Grad-Pfades noch möglich ist. Es stellt sich dabei die Frage: Wird durch eine *integrierte Klima- und Ressourcenschutzpolitik* eine ambitioniertere Dekarbonisierungspolitik erleichtert? Die Antwort lautet eindeutig: Ja!

Der zweite Teil fragt am Beispiel Deutschlands nach dem Stand und den Konzepten der Ressourcenpolitik und was Strategien einer Circular Economy zum Klimaschutz beitragen können. Am Beispiel konkreter Stoffströme und strategisch bedeutsamer Anwendungsfälle wird dies verdeutlicht. Pkw-Recycling und Batterien stehen dabei im Mittelpunkt.

2.2 Klimanotstand und der Klima-Ressourcen-Nexus

Das Europäische Parlament hat im November 2019 den Klimanotstand ausgerufen (Europäisches Parlament 2019). In vielen Städten wurden weltweit, auch in Deutschland, ähnlich alarmierende Beschlüsse gefasst. Die globale Betroffenheit durch die Häufung und Intensität sogenannter Wetteranomalien (z. B. extreme Dürren, Hitzewellen oder Starkregen) hat die Aufmerksamkeit von Medien und Öffentlichkeit sprunghaft gesteigert: Der Klimawandel ist bereits jetzt für Millionen Bürger*innen spürbar und drastisch fühlbar; er ist zudem eindeutig messbar – und er wird sich, darin stimmen verschiedene

Szenarien überein, bei unveränderten Trends katastrophal verstärken (IPCC 2021).

Vor diesem Hintergrund könnte die 26. Weltklimakonferenz von Glasgow (UNFCCC 2021a) als Wendemarke in die Geschichte der bis dato quälend langsamen Klimadiplomatie eingehen. Zumindest die verkündeten Selbstverpflichtungen von Staaten wie z. B. Indien und China sowie von der EU und überraschende Ankündigungen (wie etwa direkte chinesisch-amerikanische Gespräche über verstärkte Klimaschutzaktivitäten) könnten eine globale Trendwende einleiten (vgl. beispielsweise die optimistische Bewertung durch die Internationale Energieagentur, IEA 2021)

Die Kernforderung des Klimaabkommens von Paris aus dem Jahr 2015, den Klimawandel und den globalen Temperaturanstieg auf „möglichst unter 2 Grad zu begrenzen" wurde in Glasgow rhetorisch zugespitzt auf „das 1,5-Grad-Ziel in Reichweite halten" (UNFCCC 2021b und 2021c).

Interessant ist die Wechselwirkung zwischen den zunehmend alarmierenden Fakten über den Klimawandel und den veränderten wirtschaftlichen Perspektiven sowie dem wachsenden Ambitionsniveau von Politik und Unternehmen. Hinsichtlich der Wirtschafts- und Fiskalpolitik wird deutlich, dass sich in vielen Industriestaaten ein neues „Klimanarrativ" zu etablieren beginnt. Diese neue Erzählung lautet kurz zusammengefasst, dass ambitionierter Klimaschutz in wirtschaftlicher Hinsicht kein Opfer, sondern eine Chance darstellt. Ähnliche Formulierungen sind inzwischen in vielen nationalen Klimaschutzprogrammen quasi als Präambel vorangestellt. Das gilt besonders für Grundsatzdokumente der EU, aber z. B. auch für Japan, Deutschland und die USA.

Als Ergebnis früherer globaler Kosten-Nutzen-Analysen des Klimawandels insbesondere von US-Ökonom*innen (vgl. zur Kritik Hennicke/Becker 1999) galt noch der eherne Grundsatz: „Anpassen (an den Klimawandel) ist billiger als vermeiden". Die heutige fast einmütige Umkehr des Narrativs mag einigen angesichts der bereits eingetretenen Milliardenschäden des Klimawandels als trivial, anderen als Greenwashing traditioneller Wachstumspolitik oder schlicht als Marketing erscheinen, um die Zumutungen einer ambitionierten Politik der Dekarbonisierung besser zu verpacken.

Damit sind aber die *realen Triebkräfte* eines potenziell äußerst wirksamen wirtschaftlichen Paradigmenwechsels nicht hinreichend erfasst. Denn es ist eine Tatsache, dass die wirtschaftlichen und technologischen Profiteure klimaschutzorientierter Industriepolitik (z. B. die Branchen für erneuerbare Energien, für Technologien der Energie- und Ressourceneffizienz, für E-Mobilität oder auch der Wasserstoffwirtschaft) die notorischen Bremserfraktionen des fossil-industriellen Komplexes, z. B. Öl-, Erdgas- und Kohlekonzerne, aber auch die „Verbrennerfraktion" der Automobilität, immer mehr in den Hintergrund drängen. Da dieser Strukturwandel in allen führenden Industrieländern in Gang ist, kann dies vermittelt über Profiterwartungen und globale Weltmarktkonkurrenz tatsächlich zu einem mächtigen wirtschaftlichen Treiber einer *neuen Klimaschutzdynamik* werden. Die Technologieführerschaft für Klimaschutz- und Umwelttechnologien kann weltweit zu einem herausragenden Standortfaktor werden.

Es wäre allerdings eine fatale Illusion, bei der Überwindung des Klimanotstandes auf die Selbstheilungskräfte der kapitalistischen Weltmarktkonkurrenz zu hoffen, also auf die unregulierten Prozesse und Profitmechanismen zu setzen, die den Notstand erst herbeigeführt haben.

Die eigentliche Dramatik der nun anstehenden beschleunigten Dekarbonisierung der gesamten Weltwirtschaft und der zu lösenden gravierenden Probleme wird erst jetzt klarer erkennbar. Um nur vier zu nennen:

1. Eine seit 150 Jahren auf der Ausbeutung fossiler Energieträger aufgebaute Weltwirtschaft muss in knapp 30 Jahren vollständig dekarbonisiert werden. Ist ein solches *Tempo der Umstrukturierung* von langlebigen Infrastrukturen, Produktionsprozessen und der Änderung von Verhaltensmustern überhaupt denkbar?
2. Der damit verbundene, extrem beschleunigte wirtschaftliche Strukturwandel ist historisch beispiellos. Können die traditionellen wirtschafts- und fiskalpolitischen Instrumente zu einer sozial-ökologischen, gerechten Governance („Just Transition") und für eine *auf*

quantifizierte Klimaziele gerichtete Steuerung des Strukturwandels weiterentwickelt werden?

3. Bevölkerungswachstum, Armutsüberwindung und Steigerung des Lebensstandards im globalen Süden sowie wachsende Mittelklassen in Schwellenländern können nicht mehr den verschwenderischen Wachstumsmodellen des heutigen globalen Nordens folgen. Inwieweit ermöglicht und begünstigt der heutige Stand technologischer und sozialer Innovationen *nachhaltigere und dekarbonisierte Entwicklungsmodelle*?
4. Der Klimawandel ist Teil eines komplexen Geflechts multipler Krisen; in ökologischer Hinsicht bestehen z. B. enge Wechselwirkungen zum Verlust der Artenvielfalt und der Rohstoffverknappung. Welche *integrierten politischen Lösungskonzepte* lassen sich aus dieser stärker systemischen Perspektive ableiten?

Dieses Kapitel konzentriert sich auf Punkt 4. Genauer gesagt geht es dabei um Fragen wie: Was haben die Extraktion, die Verarbeitung und die (Über-)Nutzung von natürlichen Ressourcen mit dem Klimawandel zu tun? Wie kann Ressourcenpolitik mit Klimaschutzpolitik verbunden werden? Kann Ressourcenpolitik in stofflicher und wertschöpfungsrelevanter Sicht zu einer umfassenden zirkulären Wirtschaft weiterentwickelt werden? Das Kapitel gibt darauf eine eindeutige Antwort: *Mehr langfristige Politikintegration wagen!* Das ist angesichts kurzatmiger Ressortegoismen und mangelnder Vernetzung bei Querschnittsthemen anspruchsvoll, aber eine, wenn nicht *die* entscheidende Voraussetzung für die Eindämmung der Klima- *und* der Ressourcenkrise.

2.3 Klima- und Ressourcenkrise integriert bekämpfen

Unter Trendbedingungen steuert die Weltwirtschaft nach Studien der OECD (2019) bis Mitte des 21. Jahrhunderts auf einen Zustand der katastrophalen Übernutzung von natürlichen Ressourcen und gleichzeitig nach den aktuellen Szenarien des Weltklimarats IPCC auf wahrscheinlich irreversible Prozesse beim Klimawandel zu (IPCC 2021). Vor diesem Hintergrund lässt sich die folgende These formulieren: Der Klimawandel, die Überbelastung der Atmosphäre und die Verknappung der Ressourcen sind unter Trendbedingungen sich wechselseitig verstärkende globale Krisenbeschleuniger. Schon deshalb haben integrierte politische Lösungsstrategien höchste Priorität. Ein womöglich noch überzeugenderes Argument für die Integration von Klima- und Ressourcenschutzpolitik ist aber, dass dadurch eine Dekarbonisierungsstrategie erleichtert wird.

International vergleichend ist es üblich, den Ressourcenverbrauch (bzw. Materialverbrauch) durch vier dominierende Stoffströme zu erfassen und in Tonnen zu aggregieren: 1. nichtmetallische Mineralien (Sand, Kies, Kalkstein, Gips etc.), 2. Biomasse (Feldfrüchte, Holz, Futterpflanzen, lebende Tiere, Fleisch und Fleischprodukte etc.), 3. fossile Energieträger (Kohle, Erdöl, Erdgas) und 4. Metallerze (Eisenerze, Kupfer, Nickel, Blei, Zinn etc.).

Die Abbildung auf S. 125 zeigt, dass sich der Materialverbrauch zwischen 1970 und 2017 absolut mehr als verdreifacht hat. Wegen der steigenden Materialproduktivität (schwarze Linie) konnte aber zunächst eine relative Entkopplung vom Wirtschaftswachstum stattfinden.

Die globale Materialproduktivität – definiert als Quotient des realen weltweiten Bruttosozialprodukts in Bezug auf die in Tonnen aggregierte Menge des Materialverbrauchs – stagniert bzw. sinkt aber seit der Jahrhundertwende. Würde dieser Trend anhalten, dann wäre eine weitere Entkopplung unmöglich, und der Materialverbrauch würde mit dem Wirtschaftswachstum bis zum Kollaps zunehmen. Technischer Fortschritt und der Strukturwandel können diesen Kollaps hinauszögern, aber nicht auf Dauer verhindern. Dies zeigt die folgende Projektion der OECD.

Nach dem Global Material Resources Outlook (OECD 2019) müsste weltweit *im Trend* im Zeitraum von 2011 bis 2060 mit mehr als einer *Verdopplung des Ressourcenverbrauchs* gerechnet werden. Die OECD-Studie quantifiziert daher bei ihrer Projektion auch die zum Wirtschaftswachstum gegenläufigen Effekte des Strukturwandels und

Die Entwicklung des Materialverbrauchs und der Material-produktivität (1970–2017)

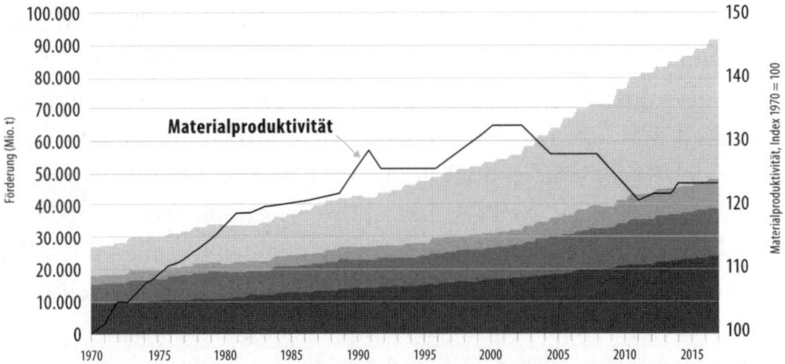

- nichtmetallische Mineralien
- Metalle
- fossile Energieträger
- Biomasse

- **Globaler Ressourcenverbrauch:** seit 1970 mehr als verdreifacht
- **Globaler Pro-Kopf-Verbrauch:** 7,4 Tonnen in 1970; 12,2 Tonnen in 2017
- **Materialproduktivität:** begann um 2000 zu sinken und stagnierte in den vergangenen Jahren

Quelle: European Environment Agency (2018).

des technischen Wandels mit folgendem Ergebnis: Der Zuwachs des Ressourcenverbrauchs ergibt sich aus der Saldierung des Zuwachses von 283 Gt bedingt durch die angenommene Vervierfachung des Welt-BIP. Dieser Zuwachs wird durch Effekte des Strukturwandels (–112 Gt; z. B. wachsender Anteil von Dienstleistungen) und des technischen Wandels (–84 Gt; z. B. Effizienzsteigerung in der Produktion) reduziert, aber nicht kompensiert. Hieraus lässt sich schließen: Technik und Strukturwandel allein reichen für die notwendige weltweite Entkopplung von Wirtschaftsentwicklung und Naturverbrauch nicht aus. Ein durch Suffizienzpolitik unterstützter Wandel zu naturschonenden Lebensstilen ist notwendig (Linz 2015; Sachs 1993). Hinzu kommt die Option, dass eine zirkuläre Wirtschaft (Circular Economy) zu dieser Entkopplung erheblich beitragen kann (siehe unten).

In Verbindung mit dieser sich zuspitzenden Ressourcenkrise folgt der Klimawandel derzeit noch immer einem Katastrophentrend: Wirken die klimawirksamen Emissionstrends weiter fort, dann wird es immer wahrscheinlicher, dass es zu selbstverstärkenden und damit irreversiblen Kippmomenten („Tipping Points") kommt, wie z. B. dem Verlust aller Korallenriffe, dem Abschmelzen von Polkappen und Gletschern, dem drastischen Anstieg des Meeresspiegels, der Zunahme der Häufigkeit und Intensität von Hitzewellen und Überflutungen, dem Verlust des Regenwaldes oder dem Auftauen von Permafrostböden, um nur einige zu nennen (IPCC 2021). Kurz zusammengefasst bedeutet dies: Bleibt es bei der derzeitigen Entwicklung der alarmierenden Klima- und Ressourcentrends, dann steht die Zukunft der Weltgesellschaft grundsätzlich in Frage. Wie könnte eine Lösung aussehen?

Das Wissen über Ursachen und Folgen des Klimawandels sowie über die notwendigen Gegenmaßnahmen explodierte förmlich in den letzten Jahrzehnten, wissenschaftlich fundiert durch sechs Sachstandsberichte des IPCC (2021), durch die weltweite Verabschiedung der Klimarahmenkonvention UNFCCC (vgl. BMU 2021c) im Jahr 1992 und geopolitisch angetrieben durch inzwischen 25 Weltklimakonferenzen. Die Ressourcenfrage fristete und fristet dagegen bis heute im Vergleich dazu ein Schattendasein. Erst die Gründung des International Resource Panel durch das Umweltprogramm der Vereinten Nationen (UNEP) im Jahr 2007 brachte die Ressourcenfrage wieder zurück auf die weltweite wissenschaftliche Agenda. Spätestens seit den Arbeiten von Johan Rockström et. al. (2009) zu den „planetaren Grenzen" („Planetary Boundaries") werden jedoch die Wechselwirkungen beider Trends sowie möglicher Auswege wieder stärker systemisch zusammengedacht.

Die Eindämmung beider Trends und deren Entkopplung von der globalen wirtschaftlichen Entwicklung ist *die Jahrhundertaufgabe*, die nicht morgen, sondern sofort mit größtem Nachdruck angepackt werden muss – zumal sie eine optimistische globale Perspektive eröffnen kann. Diese lautet kurz zusammengefasst: Der *systemische* Blick auf die Ressourcen- und Senkenproblematik zeigt *bei unveränderten Trends* nicht nur eine näher rückende Weltkatastrophe, sondern eröffnet auch neue und hoffnungsvolle Perspektiven für prinzipiell mögliche Lösungsansätze. Man kann diese nur scheinbar widersprüchliche Feststellung aus ökonomischer Sicht so erklären: Da Ressourcen *und* Senken immer knapper werden, entsteht prinzipiell für das globale Finanz- und Produktivkapital ein bisher nicht gekannter, aber weltweit wirkender Anreiz für neue profitable Kapitalanlagen für Technologien und für Geschäftsfelder, die der Eindämmung der Knappheit entgegenwirken. Damit es unter dem enormen Zeitdruck für die Eindämmung des Klimanotstandes zu einem rechtzeitigen sozial-ökologischen Umbau kommt, müssen allerdings neue, klimazielkongruente Rahmenbedingungen etabliert werden: Das bisherige zukunftsblinde Vertrauen auf unregulierte Märkte muss durch demokratisch legitimierte Klima- und Ressourcenschutzziele, durch eine vorausschauende Wahrnehmung des Primats der (Industrie-) Politik, durch eine konsequente Politikintegration sowie durch eine transformative sozial-ökologische Governance und eine zielorientierte Regulierung abgelöst werden.

2.4 Das Schlüsselkonzept heißt Politikintegration

Die Erreichung ambitionierterer Ziele der Klima- *und* Ressourcenpolitik *wird erleichtert*, wenn nicht zweigleisig oder gar konsekutiv – erst Klima- und dann Ressourcenpolitik – gehandelt wird, sondern so weit wie möglich strategische Maßnahmen, Förderprogramme und Projekte integriert konzipiert und implementiert werden. Die *Governance* einer integrierten Klima- und Ressourcenpolitik wird zwar erheblich anspruchsvoller, aber die Zielerreichung wirtschaftlich attraktiver und gesellschaftlich akzeptanzfähiger. Warum und wie ist das möglich?

Das Umweltprogramm der Vereinten Nationen (UNEP) und das International Ressource Panel (IRP) haben ermittelt, dass insgesamt etwa 90 Prozent des Verlustes an Biodiversität und etwa 50 Prozent des Klimawandels ursächlich mit der Gewinnung und Verarbeitung natürlicher Ressourcen verbunden sind (IRP 2020). Die Abbildung auf S. 128 vermittelt einen Überblick: Für jeden der vier globalen Stoffströme wird dabei zunächst der enorme Zuwachs im Zeitraum

Die Extraktion und Verarbeitung natürlicher Ressourcen und ihr Beitrag (in %) zu globalen Umwelteffekten

Vergleich extrahierter Rohstoffe 1990–2017 in Milliarden Tonnen

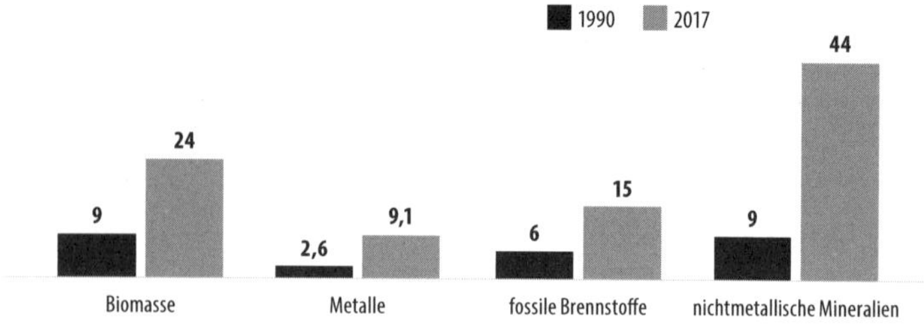

Negative Einflüsse von Rohstoffen

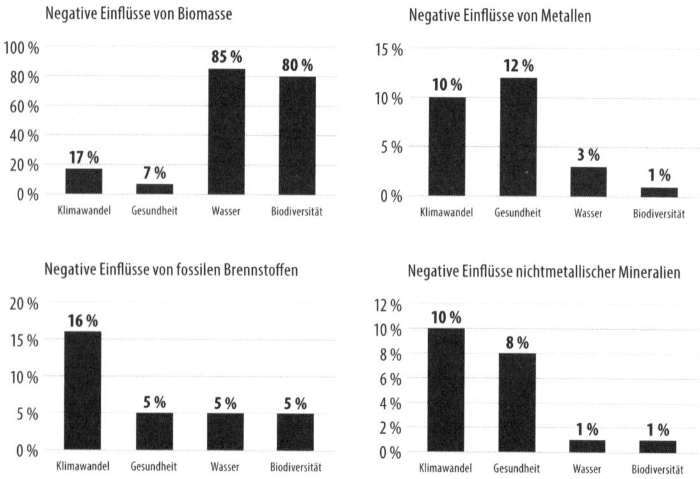

Quelle: Eigene Darstellung angelehnt an IRP (2019).

1990–2017 aufgezeigt (oberer Teil der Grafik). Darüber hinaus zeigt der untere Teil der Grafik den jeweiligen Beitrag zum Klimawandel, zu Gesundheitseffekten (durch Feinstaub), zu Wasserstress und zum Artenverlust (durch Landnutzungsänderung). Die Prozentsätze geben dabei an, in welchem Ausmaß *allein die Gewinnung und Verarbeitung* der jeweiligen Rohstoffe zu negativen Umweltauswirkungen (z. B. zum Klimawandel) beigetragen haben. Zum Beispiel tragen allein die Gewinnung und die Verarbeitung von Öl, Kohle und Erdgas schon 16 Prozent zum Treibhauseffekt bei, vor der Verbrennung dieser fossilen Energien im Energiesystem. Der durch die Verbrennung der fossilen Energien verursachte Klimawandel wird daher durch die steigenden Mengen verstärkt. Gelingt die drastische Reduktion der extrahierten und verarbeiten Menge fossiler Rohstoffe, dann wird umgekehrt eine Beschleunigung des Klimaschutzes erreicht (siehe unten).

Deshalb gilt: Gelingt es, durch gezielte Ressourceneffizienzpolitik und durch eine konsequente zirkuläre Wirtschaft (Circular Economy) eine (absolute) Entkopplung dieser vier Stoffströme von der wirtschaftlichen Entwicklung zu erreichen, dann trüge eine konsequente Ressourceneinsparpolitik ganz maßgeblich auch zum Klimaschutz bei.

Klimaschutzszenarien und -politiken (und erst recht Politiken zum Schutz der Artenvielfalt!) *sollten also im systemischen Zusammenhang* mit der Ressourcenproblematik konzipiert werden. Wenn es um politische und unternehmerische Maßnahmen geht, sollte – wo immer möglich – nach Maßstäben einer *Politikintegration geplant und gehandelt werden.*

Auf der globalen Ebene hat eine Studie von UNEP/IRP (IRP 2020) die erheblichen Synergieeffekte einer Integration von Klimaschutzpolitik und einer Steigerung der Materialeffizienz z. B. für die Sektoren Gebäude und Verkehr quantifiziert. Die Emissionen von Treibhausgasen (THG) in den G7-Ländern können – bezogen auf den Lebenszyklus – im Gebäudebereich nach dieser Studie zwischen 2016 und 2050 *allein mit Maßnahmen klimaneutralen Bauens und Sanierens* in etwa halbiert werden. *Zusammen* mit einer integrierten Strategie zur Steigerung der Materialeffizienz – insbesondere durch leichtere Gebäude, den Einsatz von Holz anstelle von Beton, eine reduzierte Nachfrage nach Wohnfläche und verbessertes Recycling – wäre bis 2050 eine THG-Reduktion sogar um etwa zwei Drittel möglich.

In Bezug auf den Lebenszyklus der Autoflotte in den G7-Ländern zwischen 2016 und 2050 ermittelt die Studie für die Herstellungs- und Nutzungsphase ein THG-Reduktionspotenzial von etwa 60 Prozent allein durch Maßnahmen einer fokussierten Klimaschutzpolitik. Werden gleichzeitig Strategien zur Steigerung der Materialeffizienz umgesetzt – dazu gehören Leichtbau, Downsizing, Car-and-Ride-Sharing und höhere Recyclingquoten –, dann kann die THG-Reduktion auf etwa 75 Prozent gesteigert werden.

Zu einem vergleichbaren Ergebnis kommt eine neuere Studie (Pauliuk et al. 2021), die weltweit ebenfalls für Wohngebäude und Pkw die Einsparung von Ressourcen und Emissionen durch die Steigerung der Materialeffizienz untersucht. Die Studie quantifiziert in umfassender Form neben der Energieeffizienz und dem erneuerbaren Energieangebot *die Materialeffizienz* als „die dritte Säule einer deep decarbonisation für diese Sektoren“. Durch höhere Erträge, ressourcenleichtes Design, Materialsubstitution (z. B. Beton durch Holz), erweitertes Produktleben, höhere Nutzungseffizienz, Wiederverwendung und Recycling können nach diesen Szenarien die *kumulativen* THG-Emissionen bis 2050 je nach Szenarioannahmen weltweit zusätzlich um 20–50 Gt CO_2-Äquivalent (Wohngebäude) und 13–26 Gt CO_2-Äquivalent (Pkw) reduziert werden. Zum Vergleich: Im Zeitraum von 1990 bis 2017 stiegen die *jährlichen* THG-Emissionen weltweit von 30,74 Gt CO_2-Äquivalent auf 46,77 Gt CO_2-Äquivalent. Insofern erbringt die „dritte Säule Materialeffizienz“ durchaus einen wichtigen Beitrag zum Klimaschutz. Die Studie resümiert die Effekte einer kombinierten Strategie mit Materialeffizienz und Elementen einer Circular Economy wie folgt: „Die Anhebung der Materialeffizienz (ME) auf eine ähnliche Bedeutung wie die Energieeffizienz erhöht die Machbarkeit, das Pariser Ziel zu erreichen, die globale Erwärmung auf deutlich unter 2 Grad zu begrenzen, und kann die Abhängigkeit von negativen Emissionstechnologien verringern. ME weist einen starken Zusatznutzen bei der Einsparung von Rohstoffen, Energie und THG-Emissionen auf, und seine technische und skalierbare Machbarkeit ist hoch. Diese Vorteile gegenüber

Negativ-Emissions-Technologien sind ein zwingender Grund, ME in der Klimapolitik einen höheren Stellenwert einzuräumen“ (Pauliuk et al. 2021; zitiert und übersetzt aus der Internetversion).

Ein Schwerpunkt der internationalen Klimadiplomatie muss also darauf gerichtet sein, nicht nur mit Appellen und politischem Druck, sondern möglichst mit plausiblen ökonomischen und ökologischen Vorteilen für ambitionierteren Klimaschutz zu werben. Da es nach der UN-Klimakonferenz in Glasgow (COP26) vor allem um eine weit ambitioniertere Umsetzung der Klimaschutzmaßnahmen geht, kann die vorgeschlagene integrierte Ressourcen- und Klimaschutzstrategie dazu beitragen, die Bereitschaft für die Umsetzung verschärfter THG-Reduktionsziele zu erhöhen.

Auf nationaler Ebene verfügt Deutschland über eine auch im internationalen Vergleich imponierende Vielfalt von langfristigen *energiebezogenen Klimaschutzszenarien* bis 2050. Aber nur das Umweltbundesamt (UBA) hat sich bisher systematisch der Aufgabe gewidmet, eine *gleichzeitige Klima- und Ressourcenwende* in einer Szenarienanalyse zu konzeptualisieren (UBA 2019a). Deren Implikationen gilt es näher zu untersuchen.

2.5 Die Umsetzungsdefizite beim Klimaschutz durch Politikintegration abbauen

Jugendproteste (wie von Fridays for Future), Extremwetterereignisse (Flut- und Hitzekatastrophen), das richtungweisende Urteil des Bundesverfassungsgerichts vom 29.04.2021 und auch die Bundestagswahl am 26.09.2021 haben bereits die alte Bundesregierung veranlasst, für das Jahr 2045 Klimaneutralität anzustreben. Dabei wird Klimaneutralität wie folgt definiert: „Klimaneutralität bedeutet, ein Gleichgewicht zwischen Kohlenstoffemissionen und der Aufnahme von Kohlenstoff aus der Atmosphäre in Kohlenstoffsenken herzustellen. Als Kohlenstoffsenke wird ein System bezeichnet, das mehr Kohlenstoff aufnimmt als es abgibt. Die wichtigsten natürlichen Kohlenstoffsenken sind Böden, Wälder und Ozeane. Bisher gibt es keine künstlichen Kohlenstoffsenken, die Kohlenstoff in dem Maße aus der Atmosphäre entfernen können, wie es zur Bekämpfung der globalen Erwärmung notwendig wäre (Europäisches Parlament 2021).

Die Bürde der Umsetzung liegt nun bei der neuen Ampel-Koalition. Und diese Bürde ist groß! Wie abzusehen war, sind nach dem coronabedingten Rückgang im Jahr 2020 die Treibhausgasemissionen in Deutschland im Jahr 2021 wieder deutlich angestiegen. Mit einem Zuwachs von 33 Millionen Tonnen CO_2 (4,5 Prozent Zuwachs gegenüber 2020) übernimmt die neue Regierung eine große Erblast, die aus den Versäumnissen der Vorgängerregierungen herrührt. Zugleich wird mit 38 Prozent Emissionsminderung gegenüber 1990 das Ziel für das Jahr 2020 von 40 Prozent wieder verfehlt. Das ambitionierte Reduktionsziel für 2030 (65 Prozent gegenüber 1990) wird damit noch schwerer erreichbar (vgl. Agora Energiewende 2022).

Der Koalitionsvertrag der Ampel-Koalition legt daher die Latte für den Hochlauf erneuerbarer Energien hoch. Grundlage dafür sind vorliegende Szenariorechnungen, von denen hier eine repräsentative Analyse näher beleuchtet wird (vgl. Prognos/Öko-Institut/Wuppertal-Institut 2021).

Die möglichen Synergiepotenziale einer integrierten Steigerung der Energie- und Materialeffizienz spielen allerdings in dieser Studie nur eine marginale Rolle. Stattdessen wird eine grüne Elektrifizierungsstrategie hinsichtlich des Umfangs und Tempos errechnet, die einerseits enorme gesellschaftliche Akzeptanzprobleme aufwirft und andererseits zu Problemverlagerung großen Ausmaßes – *Risikoreduktion* bei fossilen Energien vs. *Risikozuwachs* durch eine forcierte globale Konkurrenz und Importabhängigkeit von natürlichen Rohstoffen (z. B. hoher Importbedarf für Lithium, Kobalt, Selen, Neodym, vgl. DEITI 2021) – führen kann.

Um nur einige Beispiele zu nennen: Für den forcierten Ausbau der E-Mobilität, den massiven Einsatz von Wärmepumpen in Gebäuden und die Produktion von grünem Wasserstoff sowie von wasserstoffbasierten synthetischen Treibstoffen muss gegenüber der im Vergleich zur Vergangenheit schon recht ambitionierten Referenzperiode (2021–2030) im darauffolgenden Zeitraum von 2030 bis zum Zieljahr 2045:

- der Bruttozubau an Wind- und Photovoltaik (PV)-Kapazität *pro Jahr* noch einmal um 70 Prozent (auf dann *pro Jahr* plus 19 GW PV bzw.10 GW Wind!),
- der Bruttozubau von Elektrolyseuren pro Jahr um mehr als das Dreifache (auf dann *pro Jahr* plus 2,7 GW!) und
- die mittlere Neuzulassung von E-Pkw auf 2,41 Millionen Fahrzeuge *pro Jahr* angehoben werden.

Vor diesem Hintergrund ist zu verstehen, warum sich die Regierungsparteien im Koalitionsvertrag bereits bis 2030 beim Ausbau erneuerbarer Energien ambitionierte Ziele setzen mussten:

- Bis 2030 sollen bei einem projektierten Bruttostrombedarf von 680–750 TWh 80 Prozent aus erneuerbarer Energie erzeugt werden.
- Bei den für 2030 anvisierten 30 GW Offshore-Wind und 200 GW PV erfordert dies eine Kapazität von 100–125 GW Onshore-Wind (vgl. Matthes 2021).
- In der „Nationalen Wasserstoffstrategie" – mit Priorität für die einheimische Erzeugung von grünem Wasserstoff – soll das nationale Elektrolyseziel bis 2030 von 5 auf 10 GW erhöht werden.

Die technischen Potenziale für diese *stark angebotsfokussierten* Elektrifizierungsstrategien sind vorhanden, aber jede durch Energie- und Materialeffizienz vermiedene Kilowattstunde würde dazu beitragen, die immensen Umsetzungsprobleme (z. B. Flächenbedarf, Netzausbau, Ressourcenverbrauch, Importbedarf, Akzeptanz) zu reduzieren. Insofern ist auch kritisch zu hinterfragen, warum im Koalitionsvertrag 2021 das Thema Energie- und Materialeffizienz nur am Rande behandelt und die Kopplung von Klima-und Ressourcenschutzpolitik praktisch ignoriert wird (vgl. Interview im Deutschlandfunk [2021] anlässlich eines offenen Briefs von 60 Professor*innen).

Es besteht allerdings Hoffnung, dass im Bundesministerium für Wirtschaft und Klimaschutz neue Akzente gesetzt werden. Minister Robert Habeck hat am 11.01.2022 unter der vielsagenden Überschrift „Eröffnungsbilanz" sowohl eine Analyse der massiven Defizite der

Großen Koalition beim Klimaschutz vorgelegt als auch hochambitionierte Zielsetzungen und konkreten Handlungsbedarf der Ampel-Koalition benannt. Hier ist nicht der Platz, um eine kritische Würdigung dieses durchaus bemerkenswerten Dokuments vorzunehmen. Stattdessen soll nur das Narrativ zum gestiegenen Ambitionsniveau zitiert werden, das sich von der Vorgängerregierung erheblich unterscheidet: „Wir müssen jetzt in den nächsten Jahren effizienter und schneller werden. Das Tempo und die Konsequenz müssen zunehmen. Im Prinzip kann man über den groben Daumen sagen: Wir müssen dreimal besser sein in allen Bereichen" (BMWK 2022, Rede von Minister Habeck vom 11.01.2022). Die zentrale makroökonomische Botschaft des Dokuments lautet: „Gute Klimapolitik modernisiert das Land und sichert den Industriestandort Deutschland. Die wichtigsten Wirtschaftsregionen der Welt haben sich der Klimaneutralität bis Mitte des Jahrhunderts verschrieben, jetzt beginnt der globale Wettlauf um die besten Technologien. Um unseren Wohlstand zu sichern, muss Deutschland vorn dabei sein und wieder zum Zugpferd werden."

Das oben zitierte Szenario von Prognos, Öko-Institut und Wuppertal-Institut bildet dabei den Bezugsrahmen für den ambitionierten Ausbau erneuerbarer Energien und dessen angebotszentrierte, technologisch konzipierte Grundphilosophie wird nur ansatzweise erweitert. Suffizienzpolitik (siehe unten) ist kein Thema, und auch die hier diskutierten Chancen einer integrierten Klima- und Ressourcenschutzpolitik werden nur am Rande gestreift. Gleichwohl verfolgt das Papier einen stärker holistischen Ansatz und vermittelt ermutigende Aufbruchssignale für eine ambitioniertere Klima- und Ressourcenpolitik, an dem die zukünftige Regierungspolitik zu messen sein wird.

Es ist dafür auch notwendig, dass die bisher auf „Transformation durch Energietechnik" fokussierten Szenarien und Strategien um Aspekte der Ressourceneffizienzpolitik, aber auch der Verhaltensänderungen (Suffizienzpolitik) erweitert werden. Dafür gibt es zwei beispielhafte Studien auf globaler und deutschlandweiter Ebene, auf die hier kurz eingegangen werden soll.

Das globale Szenario ist insofern interessant, als hier der Versuch unternommen wurde, Prozesse der *sozialen Transformation und der*

Suffizienzpolitik als Treiber einer ambitionierteren Klimaschutzpolitik zu quantifizieren. Im sogenannten globalen Societal Transformation Scenario (STS) heißt es: „Die [...] Ergebnisse für das STS zeigen einen starken Rückgang der Energienachfrage im globalen Norden und eine Reduzierung der globalen Treibhausgasemissionen um etwa 50 Prozent ab 2020 bis 2030 und weitere 22 Prozent (12,7 Gt CO_2-Äquivalent) bis 2050. [...] Die kumulativen CO_2-Emissionen bleiben innerhalb des Kohlenstoffbudgets, das uns eine Zwei-Drittel-Chance gibt, innerhalb des Temperaturanstiegs von 1,5 °C zu bleiben" (Kuhnhenn et al. 2020, S. 10, eigene Übersetzung). Die dabei im STS-Szenario angenommene Umverteilung von Reichtum, Macht, Konsum und Produktion mag utopisch sein, bietet aber Denkanstöße, um Chancen und Risiken der Einbeziehung von Suffizienzpolitiken in technisch fokussierte Szenarien genauer zu analysieren.

Auf der nationalen Ebene soll weiterhin auf die Rescue-Studie des Umweltbundesamtes (UBA 2019b) Bezug genommen, die vor allem die Integration von Klima- und Ressourcenschutzpolitik in den Mittelpunkt stellt, aber auch einige Aspekte von Verhaltensänderung berücksichtigt. Diese Studie zeigt, dass in den sechs integrierten Klima- und Ressourcenschutz-Szenarien (mit jeweils unterschiedlichen Annahmen und „Green Supreme" als dem ambitioniertesten) bis 2050 eine Reduktion des RMC (Raw Material Consumption, d. h. inländischer Rohstoffbedarf für Konsum und Investition) zwischen 56 bis 70 Prozent möglich ist und gleichzeitig eine Reduktion der Treibhausgase um etwa 96 bis 97 Prozent erreicht werden kann.

Diese kombinierte Analyse beschreibt also Varianten für Strategien bis 2050 mit *fast vollständiger Dekarbonisierung* und mit einer gleichzeitig eindrucksvollen *absoluten Entkopplung* des Rohstoffbedarfs vom – teilweise immer noch moderat um jährlich ca. 0,7 Prozent wachsenden – Bruttosozialprodukt. Die wesentlichen Faktoren für den Rückgang der Rohstoffnachfrage sind dabei (UBA 2019b):

- die Substitution der fossilen Rohstoffe durch erneuerbare Energien bzw. synthetische Rohstoffe,
- die Substitution von Primärrohstoffen durch biotische Rohstoffe, durch leichtere Rohstoffe und/oder durch Sekundärrohstoffe,

Die Reduktion des Materialkonsums (RMC) in den RESCUE-Szenarien

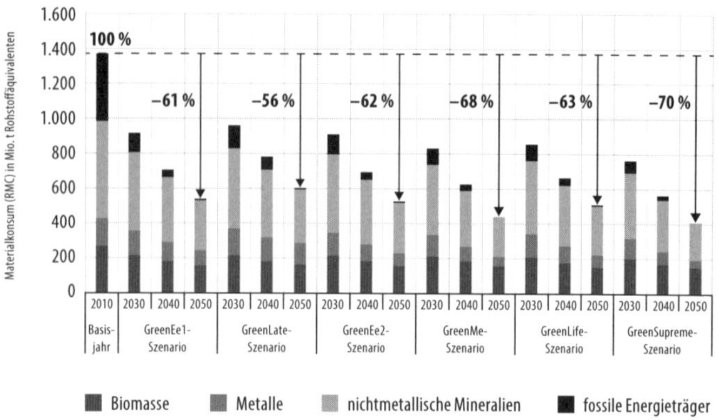

Quelle: UBA (2019).

- die Steigerung der Materialeffizienz in Industrien und Dienstleistungen,
- die Nutzung rohstoffsparender Technologien und die Verlängerung der Lebensdauer von Produkten.

Hinzu kommen im Szenario „Green Supreme“ die Annahmen „Nullwachstum“ (ab 2030) und starke Verhaltensänderungen bei der Ernährung und Mobilität.

Als Zwischenfazit lässt sich zusammenfassen: Sowohl das globale STS-Szenario als auch die differenzierte Rescue-Studie für Deutschland quantifizieren zukünftige Transformationspfade mit Politikintegration zu einer dekarbonisierten Wirtschaft. Nach diesen Modellierungen ergeben sich technisch mögliche, erhebliche Chancen für eine *absolute* Entkopplung der wirtschaftlichen Entwicklung vom Energie- und Ressourcenverbrauch, wobei bereits deren *Möglichkeit* in wachstumskritischen Ansätzen oft bestritten wird. Aus Sicht der *Arbeitsgruppe Alternative Wirtschaftspolitik* ist es an der Zeit, die wirtschaftlichen Auswirkungen des hierbei unterstellten staatlich forcierten Strukturwandels in Form einer sozial-ökologischen Transformation zur Dekarbonisierung in Bezug auf potenzielle Gewinner und Verlierer – Unternehmen, Beschäftigte, Regionalwirtschaft – genauer zu untersuchen. Die Entwicklung des BIP ist dabei nicht die Steuergröße, sondern das BIP ist nur die aggregierte quantitative Resultante dieses ökologisch-sozialen Strukturwandels in Richtung Dekarbonisierung.

Für die Frage der (absoluten) Entkopplung spielt dabei die Entwicklung der Energie- und Materialeffizienz eine herausragende Rolle. Vor diesem Hintergrund sollte das Prinzip „Energy Efficiency First" (postuliert durch die IEA Paris) zu *„Energy and Resource Efficiency First"*, also zu einer umfassenderen *„Ökonomie des Vermeidens"* (vgl. Hennicke et al. 2022) verallgemeinert werden.

Auch deren Aktualität liegt auf der Hand. Denn es gibt kein wirksameres Mittel, weitere preisinduzierte Kostensteigerungen bei Energie und Rohstoffen zu dämpfen, als durch eine veritable Energie- und Materialeffizienzrevolution, wie sie in den Rescue-Szenarien simuliert wird. Diese Revolution ist der dynamische Treiber einer „Ökonomie des Vermeidens" unnötigen Energie- und Materialverbrauchs.

Der unerwartet starke Anstieg der Energiepreise in jüngster Zeit und dessen deutlicher Effekt auf das allgemeine Inflationsniveau hat ein neues Schlagwort – „Greenflation" – kreiert. Sachlich ist dieses Schlagwort unhaltbar und in der Konnotation gefährlich, weil es tief sitzende Inflationsängste gegen die Energiewende und gegen eine grüne Dekarbonisierungsstrategie mobilisiert. Durch technologische Lernkurveneffekte sinken die Preise für grüne Transformationstechnologien (wie z. B. erneuerbare Energien, Batterien, LED, E-Mobilität), während sie für fossile Energien wie Erdgas und Öl derzeit vor allem marktinduziert massiv gestiegen sind. Dass sie zukünftig durch politische Intervention (CO_2-Bepreisung) zwecks Internalisierung der externen Kosten steigen werden, ist erwünscht und lässt sich durch Rückführung der Einnahmen, z. B. durch ein „Bürgergeld" oder gezielte Energiesparprogramme, sozial abfedern. Es ist daher gerade die bisher blockierte „Ökonomie des Vermeidens fossiler Energien“, die die Preise fossiler Energien und damit das allgemeinen Preisniveau nach oben treibt. Das heißt: Es handelt sich um eine „Fossilflation“ statt um eine „Greenflation (vgl. Vargas 2022 sowie Kapitel 4 in diesem MEMORANDUM).

Es muss zudem betont werden, dass nicht nur die fossilen Energiepreise relevant sind, sondern auch die für die Energiewende und Dekarbonisierung wichtigen Rohstoffe sehr teurer werden können, wenn nicht rechtzeitig durch eine „Ökonomie des Vermeidens von riskanten Rohstoffen“ gegengesteuert wird. In einer Studie des IW Consult (2021) werden beispielsweise von 45 Rohstoffen 22 als „riskant“ klassifiziert: „Als besonders kritisch werden [...] jene Rohstoffe eingestuft, ohne die weitere Fortschritte bei aktuell relevanten wirtschaftlichen Trends wie der Elektromobilita t oder der Dekarbonisierung der Wirtschaft nicht denkbar sind“ (Vargas 2022, S. 3).

Eine „Ökonomie des Vermeidens“ könnte also zwei zentrale Bremsblöcke der Energiewende und der Dekarbonisierung strategisch beseitigen helfen: Erstens können rohstoffrelevante kritische Verlagerungseffekte (Verfügbarkeitsrisiko und steigende Preise) begrenzt werden. Zweitens muss durch einen Sozialausgleich verhindert werden, dass politisch beabsichtigte und/oder über den Markt getriebene Energiepreissteigerungen die Energiewende mangels Akzeptanz scheitern lassen.

Eine so verstandene „Ökonomie des Vermeidens“ ist also nicht etwa eine Mangelwirtschaft, sondern durch die strategisch orientierte Vermeidung unnötigen Energie- und Ressourcenverbrauchs wird es vielmehr erleichtert, den Übergang zur Dekarbonisierung mit der Sicherung des bisherigen Lebensstandards und mit neuen Wohlstandsmodellen zu verbinden.

Damit ähnelt diese Vision dem weiter unten zitierten Zielbild einer Circular Economy. Allerdings fehlt bei beiden Zielkonzepten noch der analytische Teil dafür, wie und welche Maßnahmen des „gerechten Wohlstandes“ damit verbunden werden. Ansatzpunkte für den Verkehrssektor (Verkehrsgerechtigkeit) enthalten zum Beispiel die MEMORANDEN 2020 und 2021 sowie Hennicke et al. (2021).

Mangels integrierter Systemanalysen der gesamtwirtschaftlichen

Effekte einer gemeinsamen Klima- und Ressourcenwende ist jedoch noch der Konjunktiv angebracht, wenn netto von einer insgesamt positiven gesamtwirtschaftlichen Bilanz ausgegangen würde. Aber plausible Argumente und vorliegende Systemanalysen sprechen für die These einer ökonomischen Vorteilhaftigkeit (zu einer Übersicht makroökonomischer Systemanalysen für die Transformation des Energiesystems siehe MEMORANDUM 2019).

Ein Beispiel: In einer Studie von Acatech et al. (Acatech/Circular Economy Initiative Deutschland/SYSTEMIQ 2021) wurde aufbauend auf den Rescue-Szenarien ein weiteres kombiniertes Szenario vorgelegt. Dabei wurde ein „ambitioniertes" Klimaschutzszenario als Referenzszenario mit einem „CE-Scenario" verglichen, das starke Elemente einer zirkulären Wirtschaft simuliert.

Vergleich eines klimapolitisch ambitionierten Referenzszenarios mit einem Circular-Economy-Szenario

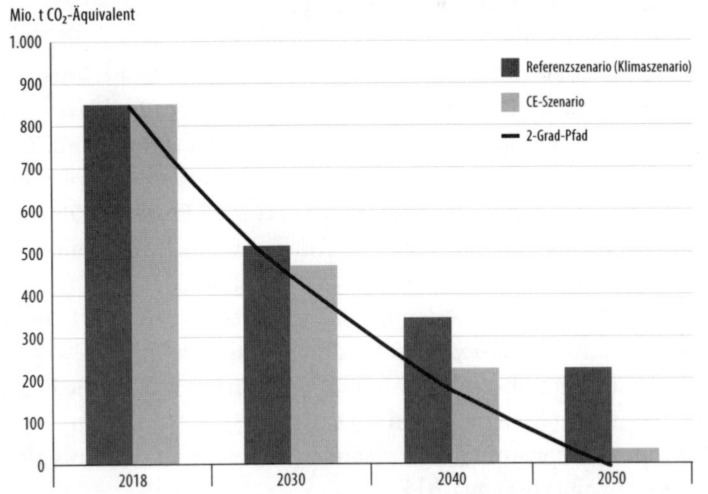

Quelle: Acatech et al. (2021).

Die Studie geht davon aus, dass von der gesamten Menge reduzierter Treibhausgase (858 Millionen Tonnen CO_2-Äquivalent) bis zum Jahr 2050 etwa 45 Prozent auf CE-Strategien zurückzuführen ist. Der Ressourcenverbrauch (RMC) – im Referenzszenario im Jahr 2050 noch 1.241 Millionen Tonnen – wurde dabei durch Strategien einer Circular Economy auf 420 Millionen Tonnen, d. h. auf ca. ein Drittel gesenkt.

Das Ergebnis der Rescue-Szenarien wurde also nicht nur bestätigt, sondern durch eine umfassendere Nutzung von CE-Strategien auf ein sehr ermutigendes Zielsystem im Jahr 2050 verstärkt. Insofern erstaunt es auch nicht, dass in der „Circular Economy Roadmap für Deutschland" ein überaus optimistisches Zielbild formuliert wird:

„Eine systemisch gedachte und nachhaltige Circular Economy trägt umfassend zu dem EU-Ziel von Netto-Null-Treibhausgasemissionen bis 2050 bei und ermöglicht eine absolute Entkopplung des Wirtschaftswachstums vom Ressourcenverbrauch. Sie stellt die Einhaltung der planetaren Grenzen und der Nachhaltigkeitsziele sicher und trägt durch kollaborative, unternehmensübergreifende Wertschöpfung und Innovation zur Steigerung der Lebensqualität und Sicherung eines gerechten Wohlstands bei" (Acatech et al. 2021, S. 1).

Gibt es ökonomische Treiber dafür, ein derart optimistisches Zielbild zu formulieren? Die Studie verweist auf ein umfangreiches makroökonomisches Potenzial zur Reduktion von Materialkosten, das dabei eine wesentliche Rolle spielen könnte: Der durchschnittliche Anteil der Materialkosten am Bruttoproduktionswert im verarbeitenden Gewerbe ist in Deutschland von etwa 38 Prozent (1993) auf etwa 47 Prozent (2008) gestiegen und dann bis 2017 wieder auf etwa 43 Prozent gesunken. Absolut betrugen damit die Materialkosten im Jahr 2017 ca. 917 Milliarden Euro. Der Energiekostenanteil am gesamten Bruttoproduktionswert lag durchschnittlich im Jahr 2017 bei etwa 1,6 Prozent, d. h. absolut bei ca. 34 Milliarden Euro, die in den oben genannten Materialkosten mit enthalten sind. Der Lohnanteil am Bruttoproduktionswert lag im gesamten Zeitraum von 1993 bis 2017 im Durchschnitt bei etwa 20 Prozent.

Aus diesen Zahlen lassen sich zwei wesentliche Schlüsse ziehen: Erstens ist die Senkung der Materialkosten für die internationale

Wettbewerbsfähigkeit der Industrie vom Umfang her wesentlich interessanter als eine Energiekostensenkung oder als der gesellschaftlich konfliktreiche Versuch, die Lohnkosten zu senken. Zweitens erfordert eine Materialkostensenkung zwar einen zusätzlichen Kostenaufwand für Investitionen und Materialkostenmanagement. Nach der Acatech-Studie steht dem aber ab dem Jahr 2030 eine jährliche Kosteneinsparung von bis zu 300 Milliarden Euro pro Jahr entgegen (vgl. Acatech et al. 2021). Es kann davon ausgegangen werden, dass die eingesparten Materialkosten den für Investition und Management notwendigen erhöhten jährlichen Kostenaufwand bei Weitem überkompensieren.

Für die gesamtwirtschaftlichen Vorteile einer integrierten Ressourcen- und Klimaschutzpolitik ist dies ein wesentlicher Indikator: Die in den Rescue- und Acatech-Szenarien errechneten umfangreichen stofflichen Reduktionspotenziale für Rohstoffe bis 2050 können offenbar mit einer erheblichen Senkung der gesamtwirtschaftlichen Materialkosten verbunden werden. Damit trüge Politikintegration nicht nur zur Eindämmung der Klima- und Ressourcenkrise bei, sondern auch in gesamtwirtschaftlicher Hinsicht zu Kostensenkung, Steigerung der Wettbewerbsfähigkeit und Entwicklung neuer Geschäftsfelder auf den globalen Leitmärkten Energie- und Materialeffizienz. Der aktuelle Umwelttechnik-Atlas des Bundesministeriums für Umwelt, Naturschutz und nukleare Sicherheit (BMU) geht davon aus, dass sich das Marktvolumen der globalen Leitmärkte für Umwelttechnik und Ressourceneffizienz von 4.628 Milliarden Euro (2020) bis zum Jahr 2030 auf 9.382 Milliarden Euro mehr als verdoppelt (vgl. BMU 2021b)

Durch zirkuläre Strategien (wie z. B. Design for Circularity, Recycling, Langlebigkeit, Reparaturfähigkeit, Wiederverwendung) und generell durch maximale Ressourceneffizienz kann demnach flankierend zur Energie(kosten)einsparung auch die Einsparung von Rohstoffverbrauch und Rohstoffkosten vorangetrieben werden. Das hat auch wesentliche Implikationen für das Ausbautempo und den Ausbaugrad der Angebotsseite der Stromwende von fossilem zu grünem Energieangebot. Gelingt es im Rahmen einer sozialökologischen Circular Economy und durch Steigerung der Ressourceneffizienz, den Rohstoffverbrauch und die Materialkosten deutlich zu senken, dann wird der genannte Substitutionsprozess fossiler Energien durch Rohstoffe/Metalle nicht nur physikalisch und hinsichtlich Flächen-, Landschafts- und Ressourcenverbrauch sowie hinsichtlich nationaler wie auch internationaler gesellschaftlicher Akzeptanz erleichtert, sondern auch durch die massive Einsparung von Kosten ökonomisch attraktiver.

Die Acatech-Studie kommentiert die Notwendigkeit dieser Strategiekopplung sehr dezidiert: „Hier zeigt sich deutlich, dass ohne den Einsatz von Circular-Economy-Hebeln die für das Erreichen eines zwei-Grad-kompatiblen Entwicklungspfades notwendigen radikalen Reduktionen der Treibhausgasemissionen keinesfalls erreichbar wa ren" (Acatech et al. 2021, S. 38). Gesamtwirtschaftlich und aus einer Systemperspektive spricht also alles für eine möglichst weitgehende und rasche Integration von Klima- und Ressourcenschutzpolitik im Rahmen einer Circular Economy.

Um zu veranschaulichen, wie eine Circular Economy den gesamten Wirtschaftskreislauf und das Investitions- und Konsumverhalten revolutionieren könnte, wird nachfolgend das Beispiel Pkw-Recycling und Batterien genauer untersucht. Dabei werden die Chancen sichtbar. Aber auch der weite Weg bis zu einer Circular Economy wird überdeutlich.

2.6 Konzeptualisierung einer Circular Economy

Vor dem Hintergrund der ökologischen Notwendigkeit einer absoluten Reduktion der Ressourcenverbräuche, der Erschließung von Synergien für forcierten Klimaschutz und der damit verbundenen sozio-ökonomischen Potenziale steht die Transformation zu einer Kreislaufwirtschaft mittlerweile oben auf der politischen Agenda. Das Grundprinzip ist dabei weder neu noch sonderlich überraschend: Anstatt mit hohem Aufwand produzierte Produkte und die in ihnen enthaltenen Produkte am Ende ihrer Nutzungsphase zu Abfall werden zu lassen, sollen diese möglichst lange genutzt und anschließend in hochwertig geschlossene Stoffkreisläufe geführt werden.

Die Idee klingt simpel und überzeugend, erfordert für die Umsetzung jedoch fundamentale und koordinierte Veränderungen kompletter Wertschöpfungsketten. Insofern ist es verständlich, dass im visionären Zielbild der Acatech-Studie in Bezug auf die Akteurskonstellation ein Begriff besonders häufig vorkommt, nämlich jener der *Kollaboration*. So heißt es in der Studie mit Blick auf den Weg zu einer prosperierenden Circular Economy bereits für das Jahr 2030 schon fast schwärmerisch: „Kollaborative, intersektorale Akteurskonstellationen und der Zugang zu gemeinsamen Datenplattformen haben zu transparenten, regionalen bis globalen Wertschöpfungsnetzwerken geführt, in denen Menschen- und Arbeitsrechte (zum Beispiel im Kontext eines ‚Responsible Sourcing' und ‚Responsible Recycling') eingehalten werden. Die Integration externer Kosten in die Wirtschaftsrechnung hat die Entwicklung zirkulärer Geschäftsmodelle und vermehrte Investitionen in Circular-Economy-Strategien unterstützt. Dadurch sind neue Wertschöpfungsketten für Unternehmen entstanden, die eine konsequent nachhaltige Unternehmensführung ermöglichen" (Acatech et al. 2021, S. 35f.).

Die Frage, ob und ggf. wie dieses kollaborative Zielbild unter Bedingungen einzelwirtschaftlicher Kapitalverwertung umgesetzt werden kann, bedarf aber offensichtlich weiterer Analyse. Diese Analyse muss dabei ganz am Anfang des Produktlebens beginnen.

Bereits beim Design von Produkten ist darauf zu achten, dass und wie diese am Ende auch sinnvoll recycelt, wiederverwendet, repariert oder aufbereitet werden können. Ebenso müssten Geschäftsmodelle darauf ausgelegt sein, nicht primär davon zu profitieren, dass Produkte möglichst frühzeitig defekt sind, damit die Konsument*innen gezwungen werden, Geld für Ersatz auszugeben. Und selbstverständlich müsste in Recyclingprozessen auch viel stärker auf die Qualität der am Ende gewonnenen Sekundärrohstoffe geachtet werden, damit die Industrie sie ohne Funktionsverlust wieder einsetzen kann.

Im Fokus der Kreislaufwirtschaft steht also die Koordination verschiedener Akteure, die bislang in erster Linie ihre Teilprozesse zu optimieren versuchen, ohne dabei die Effekte auf das Gesamtsystem im Blick zu haben. Ein hier einschlägiges Beispiel sind Kunststoffverpackungen: Zur Vermeidung von Verpackungsabfällen (und natürlich zur Minimierung von Materialkosten) haben viele Designer auf immer dünnere Verpackungen gesetzt; damit werden sie aber immer schwieriger zu reinigen und zu sortieren, sodass schließlich viel Material in der Müllverbrennung landet, anstatt recycelt zu werden – mit insgesamt also zweifelhaften ökologischen Effekten, weil es viel zu lang praktisch keinen Austausch zwischen Produktdesigner*innen und Abfallakteur*innen gab.

Das Konzept der Circular Economy ist eigentlich eine Kombination unterschiedlicher Ansätze, die häufig auch als „R-Strategien" bezeichnet werden: Primär sollten Abfälle vermieden werden (reduce); wenn das nicht sinnvoll möglich ist, sollten sie wiederverwendet (reuse) und nur als letzte Option Recyclingprozessen zugeführt werden (recycling). Häufig werden diese Grundoptionen noch weiter differenziert, neben den dargestellten drei Rs gibt es auch Konzepte mit sieben oder neun R-Strategien. Insgesamt zeichnet sich das Feld durch eine hohe Dynamik an neuen Konzepten und Begriffen aus: Kirchherr hat bei einem Literatur-Screening insgesamt 114 unterschiedliche Definitionen für den englischen Begriff „Circular Economy" identifiziert. Neben analytischen Unterschieden spielen hier häufig auch harte wirtschaftliche Interessen eine wichtige Rolle beim Versuch, bestimmte Definitionen durchzusetzen. So ist beispielsweise nicht immer eindeutig, auf welcher räumlichen Ebene Kreisläufe geschlossen werden sollen: Auf der einen Seite plädieren viele Akteur*innen dann für ein Verbot der Exporte von Abfällen, während andere auf mögliche Vorteile des internationalen Handels hinweisen. Ähnliche Diskussionen gibt es beispielsweise zur Rolle der Abfallverbrennung oder zur Rolle biobasierter Alternativen. Schon diese Beispiele machen deutlich, dass (Anreiz-)Regulierung auf nationaler und – so weit wie möglich – auch auf EU- bzw. internationaler Ebene eine zentrale Voraussetzung für eine Circular Economy darstellt.

Fast allen Ansätzen gemein ist daher auch der Verweis auf die Notwendigkeit der Etablierung neuer, zirkulärer Geschäftsmodelle, um stoffliche Kreisläufe zu schließen: Welches Interesse sollte ein Unternehmen sonst haben, möglichst langlebige Produkte zu produzieren, wenn es damit riskiert, seinen zukünftigen Umsatz zu reduzieren? Hier liegen die Hoffnungen vor allem auf der Idee der sogenannten Produkt-Service-Systeme: Anstatt klassisch ein Produkt zu verkaufen, wird seine Nutzung oder der damit erreichbare Nutzen selbst verkauft – also nicht die Waschmaschine, sondern die Nutzung oder im Endeffekt gereinigte Wäsche. In solchen Systemen hat der Hersteller einen klaren ökonomischen Anreiz, seine Waschmaschine so langlebig und reparabel wie möglich zu produzieren. Prominent geworden ist das Beispiel des Flugzeugturbinenherstellers Rolls Royce, der längst nicht mehr seine Turbinen verkauft, sondern nach effektiven Betriebsstunden abrechnet. Ein ähnliches Angebot hat das Unternehmen Philips entwickelt, das z. B. am Flughafen Amsterdam nicht mehr Lampen, sondern Licht verkauft – mit entsprechenden Anreizen, dass die Lampen auch möglichst lange und zuverlässig funktionieren.

Solchen neuen Geschäftsmodellen sowie der Circular Economy insgesamt wird ein enormes Potenzial an Kosteneinsparungen und zusätzlicher Wertschöpfung zugesprochen: Die englische Ellen MacArthur Foundation spricht von möglichen Netto-Kosteneinsparungen im Bereich mehrerer hundert Milliarden Euro, wenn ganz Europa zur Kreislaufwirtschaft würde; die Europäische Kommission verspricht sich durch die „Anwendung der Grundsätze der Kreislaufwirtschaft in der gesamten Wirtschaft der EU [...], das BIP der EU bis 2030 um zusätzliche 0,5 Prozent zu steigern und etwa 700.000 neue Arbeitsplätze zu schaffen" (vgl. Europäische Kommission 2020, S. 1).

Entscheidend dabei ist, dass der dahinterstehende Strukturwandel nachhaltigen Wachstumsmustern folgt und die Klima- und Naturverträglichkeit unterstützt. Dazu gehört insbesondere auch, dass die Auswirkungen dieses Umbruchs auf die Arbeitsplätze antizipiert und durch flankierende Maßnahmen abgefedert werden. Denn erst dadurch entstehen wirklich nachhaltige Arbeitsplatz-Potenziale, wenn die reine Nutzung und anschließende Entsorgung von Ressourcen tatsächlich durch intelligente Formen der gemeinsamen Nutzung, des Reparierens oder der Schließung von Stoffkreisläufen ersetzt werden könnte.

2.7 Circular Economy: Attraktives Konzept – empirischer Status ernüchternd

Vor dem Hintergrund solcher makroökonomisch attraktiven Perspektiven ist es auf den ersten Blick überraschend, dass der Übergang zur Circular Economy noch ganz am Anfang steht, die Formen des Produzierens und Konsumierens noch ganz überwiegend linear geprägt sind und die Integration mit dem Klimaschutz weder konzeptionell noch in der Praxis eine wichtige Rolle spielt. Die Regel ist noch immer: Produkte werden nach Kriterien kurzfristiger Kapitalverwertung hergestellt, häufig nur kurz genutzt und anschließend ohne Wiederverwertung entsorgt. Obwohl Deutschland bereits 1996 ein Kreislaufwirtschafts- und Abfallgesetz verabschiedet hat, ist insbesondere die damit erhoffte Reduktion von Abfällen durch Vermeidung bislang weitgehend gescheitert (das Abfallaufkommen steigt etwas langsamer als die Wirtschaft) – der Fokus lag auf nachgeschalteten technischen Lösungen wie der Abfallverbrennung.

Betrachtet man Kernindikatoren für die Transformation zur Kreislaufwirtschaft wie die „Circular Material Use Rate“ (Zirkularitätsrate), im Prinzip den Anteil recycelter Materialien in der Industrie, so ergibt sich für Europa ein Anteil sekundärer Rohstoffe von etwa 12 Prozent, d. h. 88 Prozent der hier eingesetzten Rohstoffe sind noch immer primäre Rohstoffe, die mit enormem Aufwand produziert und häufig importiert werden müssen. Deutschland, das sich lange Zeit als „Recycling-Weltmeister“ verstanden hat, hat hier seine führende Rolle längst eingebüßt und liegt nur noch knapp über dem EU-Durchschnitt. Vorreiter sind Länder wie die Niederlande, die hier mittlerweile bei knapp 30 Prozent liegen. Die Abbildung auf S. 147 zeigt, dass die Situation in Deutschland eher von Stagnation und maximal inkrementellen Verbesserungen geprägt ist, eine echte Transformationsdynamik ist jedenfalls nicht erkennbar.

Die Circular Material Use Rate lenkt den Blick u. a. auf die Qualität von Recyclingprozessen: Wird in erster Linie gesammelt und recycelt, um gesetzliche Vorgaben zu erfüllen, oder steckt dahinter tatsächlich die Vorstellung, Stoffe so hochwertig im Kreis zu führen, dass da-

Zirkularitätsrate (CMUR) in Deutschland und anderen europäischen Staaten, 2012–2020

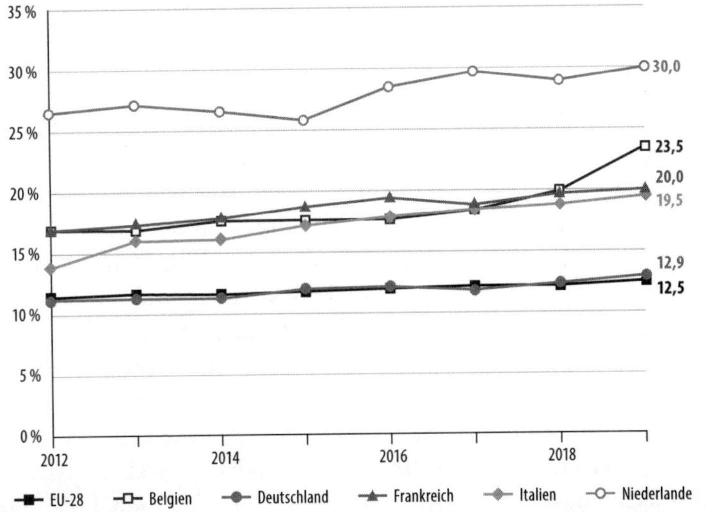

Quelle: Acatech et al. (2021).

raus wieder neue Produkte werden können? Genau hier liegt eine der Schlüsselherausforderungen: Auf dem Papier verfügt Deutschland nach wie vor über die höchsten Recyclingquoten der Welt, seit 2006 werden keine Abfälle mehr unbehandelt auf Deponien entsorgt, wie es in weiten Teilen der Welt noch immer die übliche Praxis ist. Am Ende handelt es sich aber zu oft um Downcycling, bei dem z. B. aus hochwertigem Kunststoff am Ende nur eine Parkbank wird oder große Anteile am Ende doch nur thermisch verwertet, sprich verbrannt werden. In die deutschen Recyclingquoten hineingerechnet werden dabei auch Exporte ins Ausland – ohne dass dabei bisher vergleichbare Umweltstandards eingefordert wurden, wie sie hierzulande gesetzlich definiert sind.

Das gesetzliche Regelwerk in Deutschland fokussiert in weiten Teilen auf die Gewährleistung einer zuverlässigen und sicheren Entsorgung: Abfälle sollen keine direkte Bedrohung für den Menschen darstellen oder wild in die Umwelt entsorgt werden. Aus einer solchen Perspektive ist z. B. die Müllverbrennung eine sinnvolle Option, weil sie mit entsprechender Filtertechnik Abfälle zuverlässig und sicher in Asche und Schlacke verwandelt, die dann deponiert werden können. Nicht ausreichend im Blick ist dabei allerdings die Frage, ob ein hochwertiges Recycling der Abfälle nicht viel mehr Ressourcen hätte einsparen können, was dann indirekt einen viel relevanteren Beitrag zum Umwelt- und Klimaschutz hätte leisten können.

Hierbei findet auch eine nicht triviale Risikoabwägung statt: Die Schließung von Stoffkreisläufen kann durchaus auch dazu führen, dass giftige Substanzen weiterhin in der Umwelt verbleiben, anstatt in der Müllverbrennung neutralisiert zu werden. Auch aus Sicht des Verbraucherschutzes ist es nachvollziehbar, dass teilweise so extrem hohe Anforderungen an Stoffe gestellt werden, dass hierfür praktisch nur neue Rohstoffe infrage kommen: Wer seinem Kind einen Schnuller aus Plastik kauft, möchte natürlich absolut sicher sein, dass dieses Material keinerlei Schadstoffe enthält – was bei recyceltem Material aber nicht immer vollständig ausgeschlossen werden kann. Die lineare Wirtschaft mit anschließender Entsorgung kann also in Abhängigkeit von Prozess und Produkt auch Risiken minimieren. Das ändert aber, wie oben gezeigt, nichts daran, dass die globalen Folgen des ungebremsten Ressourcenverbrauchs umso katastrophaler sein können. Vor allem die Fragen der globalen Verantwortung für die auf andere Länder und den globalen Süden externalisierten Schäden nicht nachhaltiger Produktions- und Konsummuster in Industrieländern werden noch allzu oft vollständig ausgeklammert.

Viele nach Deutschland importierte Rohstoffe stammen zum Beispiel aus Ländern wie Chile oder dem Kongo, die unter den enormen ökologischen Belastungen des Bergbaus leiden. Ein verbessertes Recycling dieser Rohstoffe in Deutschland würde also primär zu Umweltentlastungen außerhalb der Landesgrenzen führen – ein Effekt, der im politischen Diskurs nur schwer vermittelbar ist, wenn damit nicht auch ökonomische Vorteile für den einheimischen Industriestandort verbunden sind.

Gleichwohl ist es an der Zeit, dass nicht nur die Material- und Ingenieurwissenschaften das Thema Circular Economy von der stofflichen Seite aufgreifen, sondern auch die Wirtschaftswissenschaften. Die zentrale Herausforderung besteht für diese darin, über zirkuläre Verwertungsbedingungen für Einzelkapitale, neue Kooperationen und Wertschöpfungsketten nachzudenken und gleichzeitig das Interesse von gewinnorientierten Einzelinvestor*innen und uninformierten Konsument*innen für zirkuläre Prozesse und Produkte in den Blick zu nehmen und dafür neue Rahmenbedingungen zu entwickeln. Denn zwischen stofflichen Analysen und deren Umsetzung in konkreten und wirklich in der Fläche funktionierenden neuen Geschäftsfeldern klafft wie dargestellt noch eine gewaltige Lücke. Interessant ist, dass vor allem in Schweden intensiv und bottom up in einer Kooperation von Wissenschaft und Wirtschaft an der Entwicklung tatsächlich funktionierender Geschäftsfelder zur systematischen Verbesserung der Ressourceneffizienz gearbeitet wird (vgl. das Forschungsprojekt Mistra REES, www.mistrarees.se).

Das Dilemma ist: Der Neoklassik, der Keynes'schen Makrotheorie, aber auch marxistischen Theorieansätzen liegt in der Regel das klassische Muster einer linearen Ökonomie zugrunde. Eine Wirtschaftstheorie über eine zirkuläre Wirtschaft gilt es daher erst noch zu entwickeln. Sicher ist, dass die neoklassisch verstandene sogenannte Internalisierung der externen Kosten (z. B. in der Form einer Energie und Ressourcensteuer) dafür nicht ausreichen wird (zum Begriff der Externalisierung und zum gesellschaftlichen Naturverhältnis im Verständnis von Friedrich Engels vgl. Hennicke 2020). Insbesondere die Frage, ob und ggf. wie das beschriebene, durchaus wünschenswerte kollaborative Zielbild in weniger als zehn Jahren und unter Bedingungen privatwirtschaftlicher Kapitalverwertung umgesetzt werden kann, bedarf offensichtlich weiterer Analyse – die damit verbundenen Herausforderungen sollen daher im Folgenden an einem praktischen Beispiel dargestellt werden.

2.8 Politikintegration in der Praxis: Das Beispiel Pkw-Recycling und Batterien

Die verschiedenen Perspektiven einer geordneten Abfallentsorgung im Gegensatz zu einer echten Kreislaufwirtschaft lassen sich exemplarisch am Beispiel des Recyclings von Pkw demonstrieren. In Deutschland werden jedes Jahr etwa 3,5 Millionen Fahrzeuge außer Betrieb gesetzt, u. a. weil den Besitzer*innen klar ist, dass sie ohne massive Reparaturkosten keine neue TÜV-Plakette bekommen würden. Die Verwertung solcher Fahrzeuge ist in Deutschland sehr detailliert in der Altautoverordnung geregelt, die unter anderem festlegt, dass die Kosten der Entsorgung durch die Hersteller der Fahrzeuge getragen werden sollen. Die Idee war, damit zum einen zu verhindern, dass Autobesitzer*innen es vorziehen, ihr Altauto illegal im Wald zu entsorgen, anstatt es für hohe Kosten beim Recycler abzugeben. Zum anderen sollte ein Anreiz für die Hersteller gesetzt werden, die Recyclingfähigkeit ihrer Fahrzeuge schon beim Produktdesign zu berücksichtigen. Auf dem Papier hat das auch hervorragend funktioniert: Für das Jahr 2019 gibt das Umweltbundesamt eine Verwertungsquote von 93,6 Prozent an (UBA 2021) – vermittelt wird also der Eindruck eines fast vollständig geschlossenen Stoffkreislaufs.

Die tatsächliche Praxis ergibt aber eine andere Perspektive: Von den in Deutschland abgemeldeten Fahrzeugen wird nur etwa eine halbe Million tatsächlich hier recycelt, der überwiegende Anteil wird als Gebrauchtfahrzeug exportiert: klassischerweise für eine zweite Nutzungsphase in die osteuropäischen EU-Mitgliedsstaaten, anschließend dann in Länder wie Ghana oder Kasachstan. Dort können sie genutzt werden, weil die Umweltstandards nicht so hoch sind wie in Deutschland – und natürlich gelten dort auch nicht die strengen Vorgaben der deutschen Altautoverordnung für das Recycling dieser Fahrzeuge. In die von Deutschland berichtete Recyclingquote gehen aber nur die hier recycelten Fahrzeuge ein – ob und unter welchen Standards der überwiegende Anteil der exportierten Fahrzeuge tatsächlich recycelt wird, spielt dabei keine Rolle. Hierbei zeigt sich durchaus ein Dilemma: Verschärfte Vorgaben zur Demontage einzelner Bauteile oder zum Umgang mit gefährlichen Komponenten wie z. B. Airbags minimieren hier die Umweltrisiken, sie erhöhen gleichzeitig aber den Anreiz, Fahrzeuge zum Recycling hinter die Grenze z. B. nach Polen oder Tschechien zu verbringen, um so den kostenintensiven Vorgaben der Altautoverordnung zu entgehen. In der Recyclingquote spiegeln sich solche Umgehungstaktiken tatsächlich nicht wider.

Diese Strukturen werden umso problematischer, je stärker in Deutschland der Übergang von den Verbrennungsmotoren hin zur Elektromobilität gelingt. Die Elektromobilität ist mit Sicherheit ein wichtiger Baustein auf dem Weg zur Klimaneutralität, sie stellt aber gleichzeitig neue Anforderungen an die Kreislaufführung von Rohstoffen: Die Produktion der Batterien ist mit enormen CO_2-Emissionen für die Gewinnung z. B. von Lithium oder Kobalt verbunden. Die Klimaintensität lässt sich deutlich reduzieren, wenn die Batterien anschließend recycelt und die Rohstoffe zurückgewonnen werden. Sollten die Batterien aber auch in Zukunft mit den Fahrzeugen exportiert werden, ist völlig unklar, ob in den finalen Zielländern die entsprechende Infrastruktur gegeben ist, um die Batterien zu sammeln und entsprechend hochwertig zu recyceln.

Im Rahmen der Circular Economy Initiative Deutschland (CEID) hat das Wuppertal Institut Modellierungen vorgenommen (vgl. Acatech et al. 2021), denen zufolge durch den Einsatz hochwertiger Recyclingtechnologie bis zum Jahr 2050 insgesamt 109.000 Tonnen Lithium, 180.000 Tonnen Kobalt und 576.000 Tonnen Nickel zurückgewonnen werden könnten; diese Mengen entsprächen zu heutigen (!) Preisen einem Marktwert von ca. 13,8 Milliarden Euro. Bereits im Jahr 2029 werden in Deutschland über eine halbe Million Elektrofahrzeuge das Ende ihrer Nutzungsphase erreichen – ohne dass es bisher klare Vorgaben für die Entwicklung einer entsprechenden Sammel- und Verwertungsstruktur gäbe. Hinzu kommen unterschiedliche Strategien einzelner Hersteller, ob solche Batterien direkt recycelt oder alternativ noch einer Nachnutzung zugeführt werden sollten, sobald sie die für die Hochleistungsansprüche eines Pkw-Antriebs notwendige Batteriekapazität verlieren, aber ggf. noch für andere Funktionen eingesetzt werden könnten.

Denkbar wäre es z. B., für eine solche „2nd use"-Strategie ausrangierte Traktionsbatterien als Stromspeicher für die Wiederaufladung von E-Bussen im ÖPNV zu nutzen. Damit ergibt sich aber ein neues Problem, nämlich dass die Batterien und die in ihnen enthaltenen Rohstoffe schwieriger zentral erfasst werden können und in unterschiedlichsten Funktionen irgendwann zu Abfall werden – mit entsprechenden Herausforderungen an die Logistik, sie alle zu erfassen und einem Recycling zuzuführen. Ein alternativer Ansatz wäre das sogenannte Remanufacturing der Batterien, also der Austausch einzelner Module, um sie in einen „So gut wie neu"-Zustand zurückzuversetzen. Sowohl aus ökologischer als auch aus ökonomischer Sicht wäre ein solcher Ansatz deutlich besser als der Einsatz neuer Batterien: Würden ab dem Jahr 2030 25 Prozent der Batterien, die das Ende ihrer Nutzungsphase erreichen, einer Instandsetzung zugeführt, dann ergäbe sich unter der Annahme eines Durchschnittspreises von 55 Euro pro Kilowattstunde und eines konstanten Einsparpotenzials von 33 Prozent der Kosten einer Primärbatterie eine Einsparung von circa 5,3 Milliarden Euro und 282 Petajoule Energiebedarf (vgl. Acatech et al. 2021). Gleichzeitig stellen sich damit neue Herausforderungen, wie Industriestandards gestaltet werden müssen, damit solche Batterien auch in zukünftigen Fahrzeugen sinnvoll wieder eingesetzt werden können.

Das Beispiel verdeutlicht die Vielfalt und Komplexität an Fragestellungen, die sich bei der Umsetzung kreislauforientierter Konzepte in die Praxis ergeben. Die theoretischen volkswirtschaftlichen Nettovorteile führen in der Regel nicht automatisch dazu, dass diese auch aus betriebswirtschaftlicher Perspektive allen Akteur*innen in der Praxis zugutekommen. Bei dem oben beschworenen Kooperationsmodell fehlt es häufig noch an einer gemeinsam geteilten Zielvision, wie eine konkrete Umsetzung zum Nutzen aller Beteiligten aussehen soll – solche Rahmenbedingungen wären aber insbesondere für die Investitionsbereitschaft von Unternehmen notwendig, wenn diese in eine kostenaufwendige Umstellung ihrer Produktionsprozesse investieren sollen. Fehlende Industriestandards oder an Primärrohstoffen ausgerichtete Qualitätsvorgaben führen dabei häufig zu Transaktionskosten, die viele der möglichen Kosteneinsparpotenziale wieder egalisieren.

Zum anderen wird die Transformation zur Circular Economy auch eine massive Veränderung der Wertschöpfungsstrukturen bewirken: Neben Gewinnern wird es dabei zwangsläufig auch Verlierer geben, z. B. in der klassischen Rohstoffindustrie. Da das Konzept der Kreislaufwirtschaft wie dargestellt signifikant von der gemeinsamen Abstimmung vieler Akteure abhängt, ergeben sich hier auch Vetomöglichkeiten, die solche Veränderungsprozesse aufgrund der Interessen Einzelner blockieren, obwohl sowohl die Volkswirtschaft insgesamt als auch der Klima- und Ressourcenschutz davon profitieren würden. Notwendig wären daher integrierte Strukturwandelkonzepte, die einen fairen Ausgleich zwischen Gewinnern und Verlierern sicherstellen würden, auch mit Blick auf den Aufbau neuer zirkulärer Qualifikationen. Hinter den oben zitierten positiven Netto-Arbeitsplatzeffekten werden zahlreiche Erwerbstätige stehen, die erst einmal ihren bisherigen Job in der linearen Wirtschaft verlieren werden, um dann im Rahmen einer Qualifizierungs- und Umschulungsinitiative wieder „Gute Arbeit“ in einer zirkulären Wirtschaft zu finden. Hier ist es die Aufgabe des Staates – von der kommunalen bis zur nationalen Ebene –, durch die Gestaltung des regulatorischen Rahmens, durch soziale Flankierung, geeignete Anreizstrukturen und Innovationen eine sozial-ökologische Zukunft des Industriestandorts Deutschland als Vorreiter der Kreislaufwirtschaft im globalen Wettbewerb zu sichern.

2.9 Kernstrategien eines integrierten Policy Mix

Mit Blick auf die in 2.1 dargestellte Verknüpfung der Materialeffizienz und des Klimaschutzes und die in 2.2 beschriebene, dafür notwendige Transformation zur Kreislaufwirtschaft bedarf es eines neuen, wesentlich stärker integrierten Politikansatzes, der deutlich über das Umwelt- und Abfallrecht hinausgeht. Analog zum Klimaschutz muss auch der Ressourcenschutz zukünftig als Querschnittsaufgabe in einer Vielzahl von Politikfeldern verankert werden. Mit dem Programm Ressourceneffizienz hat die Bundesregierung hierzu einen Ansatz entwickelt, in dem seit 2012 zentrale Handlungsfelder und mögliche Instrumente benannt werden (BMU 2021a). Evaluationen des Programms verweisen jedoch auf das Fehlen verbindlicher Ziele bzw. möglicher Sanktionen bei Nichterreichen sowie insbesondere auf den unzureichenden Einsatz marktbasierter Instrumente, die für eine Ressourcenwende bzw. absolute Reduktion des Ressourcenverbrauchs notwendig wären.

Im Koalitionsvertrag der Ampel-Koalition ist erstmals ein eigenständiger Abschnitt zum Thema Kreislaufwirtschaft enthalten, der u. a. die Entwicklung einer nationalen Kreislaufwirtschaftsstrategie ankündigt. Ein solcher Schritt ist absolut überfällig und sollte die verschiedenen, bisher isoliert nebeneinanderstehenden Strategien integrieren, z. B. das Abfallvermeidungsprogramm des Bundes und der Länder, den Aktionsplan Nachhaltiger Konsum oder auch die Rohstoffstrategie der Bundesregierung. All diese Strategien bilden bisher weniger ein konsistentes Zielbild, sondern vielmehr einen Flickenteppich an häufig sogar widersprüchlichen Einzelmaßnahmen. Ein zweites notwendiges Element ist die Verknüpfung mit dem Schutz des Klimas: Übergeordnetes Ziel einer Kreislaufwirtschaftsstrategie sollte nicht die Steigerung von Recyclingquoten oder der Anteil sekundärer Rohstoffe sein. Denn das sind – wie die Kreislaufwirtschaft insgesamt – keine Ziele an sich, sondern letztlich Mittel und Strategien, die zum Ressourcen- und Klimaschutz beitragen sollen.

Der Koalitionsvertrag benennt kaum konkrete Inhalte einer solchen Kreislaufwirtschaftsstrategie, deshalb ist genau jetzt der Zeitpunkt gekommen, über Politikmaßnahmen nachzudenken, die zu einer hinreichend schnellen Transformation der Wirtschaft beitragen können. U. a. die OECD hat hierzu auf Basis internationaler Erfahrungen zentrale Prinzipien beschrieben und insbesondere auf den Punkt der Politikintegration hingewiesen („align sectoral policies with resource efficiency objectives“, OECD 2020). Für die konkrete Umsetzung sollen im Folgenden einzelne spezifische Instrumente beschrieben werden, hier am oben gewählten Beispiel zirkulärer Fahrzeuge. Selbstverständlich braucht es ähnliche oder andere Instrumentenbündel für zahlreiche Wertschöpfungsketten, die folgenden drei Vorschläge soll daher vor allem einen Diskussionsprozess über notwendige Instrumente einer klimaneutralen und ressourcenleichten Kreislaufwirtschaft anstoßen.

2.10 Konkrete Ansatzpunkte – das Beispiel eines „zirkulären Automobils"

2.10.1 Mindestrezyklatquoten

Die Entwicklung eines zirkulären Systems für Fahrzeuge wird massive Investitionen in neue Produktionsanlagen und -prozesse erfordern, um die heute überwiegend primären Rohstoffe durch recycelte Materialien zu ersetzen. Für den Einsatz im Automobilbereich müssten sämtliche Komponenten extrem hohe und spezifische Qualitätsstandards erfüllen, u. a. mit Blick auf Sicherheitsaspekte. Der Aufbau entsprechender Sammel- und Aufbereitungsstrukturen ist kostenintensiv und in der Vergangenheit nicht mit der notwendigen Ernsthaftigkeit angegangen worden, weil auf der Abnehmerseite der Fahrzeughersteller und ihrer Zulieferer keine verlässliche Nachfrage herrschte: Sobald beispielsweise der Ölpreis und damit auch der Preis für Primärkunststoff wieder sank, wechselten viele Akteure wieder von recyceltem Material zu dann billigerem Primärmaterial. Ein notwendiges Instrument, dieses Dilemma zu adressieren, sind Mindestrezyklatquoten, also die verbindliche Vorgabe, dass ein Fahrzeug insgesamt oder einzelne Komponenten darin zu einem bestimmten Anteil aus recyceltem Material bestehen (Rezyklatquoten sind nicht zu verwechseln mit Recyclingquoten, die festlegen, wieviel von einem Produkt am Ende seiner Lebensdauer wiederverwertet werden muss). Damit wird eine verlässliche Marktnachfrage geschaffen, die Investitionssicherheit bietet, um neue Prozesse zu entwickeln oder notwendige Infrastrukturen aufzubauen. In vielen Fällen wäre zu überlegen, solche Mindestrezyklatquoten zeitlich zu befristen, wenn sich der Einsatz von recycelten Abfällen nach einer Phase entsprechender Investitionen eigentlich von alleine billiger gestalten sollte als der Einsatz neuer Rohstoffe.

2.10.2 Globale Herstellerverantwortung

Eines der Schlüsselhemmnisse für die Kreislaufführung von Fahrzeugen ist ihr Design: Die Auswahl von Materialien, die Art und Weise ihrer Verarbeitung und die Konstruktion der Fahrzeuge macht das Recycling einzelner Rohstoffe extrem schwierig. Um hier ökonomische Anreize für ein „Design for Recycling" zu setzen, sind per Gesetz die Hersteller für die Kosten der Verwertung verantwortlich. Diese erweiterte Herstellerverantwortung wird aber systematisch unterlaufen, wenn der Großteil der Fahrzeuge überhaupt nicht in Deutschland als Abfall anfällt. Notwendig wäre daher ein Ansatz einer globalen Verantwortung, bei der für jedes individuelle Fahrzeug die entstehenden Kosten dem Hersteller in Rechnung gestellt werden können. Das würde ermöglicht durch die Einführung digitaler Produktpässe, wie sie aktuell z. B. schon für Batterien vorgesehen sind: Hier wäre exakt vermerkt, wer das Fahrzeug in Umlauf gebracht hat und welche Rohstoffe enthalten sind. Ein solches System würde es auch erlauben, anstatt der bislang aus Sicht der Kreislaufwirtschaft wenig aussagekräftigen Recyclingquoten den tatsächlichen Anteil zurückgewonnener Rohstoffe anzugeben. Es würde massive Investitionen in bessere Produkte und Sammelstrukturen auslösen; notwendig wäre jedoch die Definition der konkreten Anforderungen an solche digitalen Produktpässe durch die Politik. Eine Alternative wären umfassende Exportverbote, wie sie insbesondere im Bereich der Kunststoffabfälle diskutiert werden. Ein solches Instrument verhindert natürlich Umweltbelastungen; gleichzeitig werden damit aber auch globale Wertschöpfungsketten durchbrochen. Wenn importierte Produkte aber in Zukunft aus mehr recyceltem Material bestehen sollen, müssen Sekundärrohstoffe auch an den Ort der Produktion gelangen können.

2.10.3 Ressourcensteuer

Letzten Endes wird sich das Konzept einer Kreislaufwirtschaft nur dann durchsetzen können, wenn die ressourcenverschwenderische Wegwerfgesellschaft die Kosten der durch sie verursachten Umweltschäden nicht länger auf die Gesellschaft abwälzen kann. Die Preise insbesondere für in Ländern des globalen Südens abgebaute Rohstoffe entsprechen einfach nicht der ökologischen Wahrheit und setzen damit für uns in Deutschland Anreize für Überkonsum und einen leichtfertigen Umgang mit Produkten. Hier bedarf es einer umfassenden Ressourcensteuer, welche die ökologischen Rucksäcke einzelner Rohstoffe berücksichtigt, damit auch Sekundärrohstoffe wettbewerbsfähiger macht und einen wohlfahrtsmaximierenden Marktmechanismus überhaupt erst ermöglicht. Die EU-Kommission hat mit der Einführung einer Plastiksteuer einen wichtigen ersten Schritt in eine solche Richtung übernommen, aber selbstverständlich ist der Umwelt nicht geholfen, wenn statt Plastik jetzt noch stärker umweltschädigende Stoffe (wie z. B. Verpackungen aus Aluminium) eingesetzt werden. Notwendig ist daher der Blick auf die Gesamtheit der benötigten Ressourcen. Die Diskussion über die Einführung von CO_2-Steuern hat gezeigt, dass solche Prozesse komplex und langwierig sind; ein möglicher erster Schritt wäre daher die Abschaffung umweltschädlicher Subventionen für den Einsatz von Rohstoffen: Das Umweltbundesamt beziffert beispielsweise die Befreiung von Rohöl für die Kunststoffherstellung von der Energiesteuer auf 1,6 Milliarden Euro, mit denen jedes Jahr Plastik künstlich verbilligt wird (UBA 2016).

Die hier vorgeschlagenen drei Instrumente allein werden mit Sicherheit nicht ausreichen, um die Transformation zur Kreislaufwirtschaft zu bewerkstelligen. Sie verdeutlichen aber die Herausforderung, durch intelligente Anreizsetzung Investitionen in die zirkuläre Wertschöpfung zu lenken. Genau hier liegen die Potenziale für die Integration von Klima- und Ressourcenschutz, die zentral über die erfolgreiche Einhaltung der gesetzten Klimaziele entscheiden werden.

Literatur

Acatech/Circular Economy Initiative Deutschland/SYSTEMIQ (2021): Circular Economy Roadmap für Deutschland.

Agora Energiewende (2022): Die Energiewende in Deutschland: Stand der Dinge 2021. Rückblick auf die wesentlichen Entwicklungen sowie Ausblick auf 2022.

BMU – Bundesministerium für Umwelt, Naturschutz und nukleare Sicherheit (2021a): Deutsches Ressourceneffizienzprogramm III

2020–2023. Programm zur nachhaltigen Nutzung und zum Schutz der natürlichen Ressourcen, www.bmu.de.

BMU (Hrsg.) (2021b): GreenTech made in Germany 2021. Umwelttechnik-Atlas für Deutschland, Berlin.

BMU (2021c): Klimarahmenkonvention, Online-Beitrag vom 18.08.2021, www.bmu.de.

BMWK – Bundesministerium für Wirtschaft und Klimaschutz (2022): Eröffnungsbilanz Klimaschutz, www.bmwk.de.

DEITI – Deutschland Extractive Industries Transparency Initiative (2021): Deutscher Rohstoffsektor/Energiewende, www.rohstofftransparenz.de.

Deutschlandfunk (2021): Energieeffizienzpotentiale besser nutzen. Interview mit Peter Hennicke vom 22.10.2021, www.dlf.de.

Europäische Kommission (2020): Ein neuer Aktionsplan für die Kreislaufwirtschaft. Für ein saubereres und wettbewerbsfähigeres Europa, COM(2020) 98 final, Brüssel.

Europäisches Parlament (2019): Europäisches Parlament ruft Klimanotstand aus, Pressemitteilung vom 29.11.2019.

European Commission (2020): Circular Economy Action Plan. For a cleaner and more competitive Europe, www.ec.europa.eu.

European Environment Agency (2018), Presentation, Copenhagen.

Hennicke, Peter/Becker, Ralf (1999): Is adaptation cheaper than prevention? The applicability of cost-benefit analysis to global warming, in: Man-made climate change: economic aspects and policy options; proceedings of an international conference held at Mannheim. ZEW Economic Studies, Heidelberg.

Hennicke, Peter (2020): Würde Engels heute für Postwachstum kämpfen? Eine Entdeckungsreise zum gesellschaftlichen Naturverhältnis, Marburg.

Hennicke, Peter/Rasch, Jana/Schröder, Judith/Lorberg, Daniel (2019): Die Energiewende in Europa, München.

Hennicke, Peter et al. (2021): Nachhaltige Mobilität für alle. Ein Plädoyer für mehr Verkehrsgerechtigkeit, München.

Hennicke, Peter/Bierwirth, Anja/Wagner, Oliver (2022): Die Ökonomie des Vermeidens von Energie und Material. Eine Win-Win-Strategie für Städte und Gemeinden, erscheint in: Ökologisches Jahrbuch 2022, Stuttgart.

IEA – International Energy Agency (2021): COP26 climate pledges could help limit global warming to 1.8 °C, but implementing them will be the key. Kommentar von IEA-Exekutivdirektor Fatih Birol vom 04.11.2021, www.iea.org.

IPCC – Intergovernmental Panel on Climate Change (Hrsg.) (2021): Summary for Policymakers, in: Climate Change 2021: The Physical Science Basis. Contribution of Working Group I to the Sixth Assessment Report of the Intergovernmental Panel on Climate Change, Cambridge.

IRP – International Resource Panel (2019): Global Resources Outlook 2019: Natural Resources for the Future We Want. A Report of the International Resource Panel/United Nations Environment Programme, Nairobi.

IRP (2020): Resource Efficiency and Climate Change: Material Efficiency Strategies for a Low-Carbon Future. International Resource Panel/United Nations Environment Programme, Nairobi.

IW Consult (2021): Rohstoffsituation der bayerischen Wirtschaft. Gutachten im Auftrag der Vereinigung der Bayerischen Wirtschaft, München.

Kuhnhenn, Kai/Costa, Luis et al. (2020): A Societal Transformation Scenario for Staying Below 1.5 °C, Heinrich Böll-Stiftung, Economic & Social Issues, Vol. 23.

Linz, Manfred (2015): Suffizienz als politische Praxis: Ein Katalog, Wuppertal Institut für Klima, Umwelt, Energie.

Matthes, Felix (2021): Energie- und Klimapolitik in der 20. Legislaturperiode. Der Koalitionsvertrag – Eine Schnellanalyse der verschiedenen Projekte. Version 4, Öko-Institut, www.oeko.de.

OECD (2019): Global Material Resources Outlook to 2060: Economic Drivers and Environmental Consequences. OECD Publishing, Paris.

OECD (2020): Improving resource efficiency and the circularity of economies for a greener world. OECD Environment Policy Papers, No. 20, OECD Publishing, Paris.

Pauliuk, Stefan et al. (2021): Global scenarios of resource and emission savings from material efficiency in residential buildings and cars. Nature Communications, Nr. 12(1), 5097.

Prognos/Öko-Institut/Wuppertal Institut (2021): Klimaneutrales Deutschland 2045. Wie Deutschland seine Klimaziele schon vor 2050 erreichen kann. Gutachten im Auftrag von Stiftung Klimaneutralität, Agora Energiewende und Agora Verkehrswende.

Rockström, Johan et al. (2009): Planetary Boundaries: Exploring the Safe Operating Space for Humanity, Ecology and Society, Nr. 14(2).

Sachs, Wolfgang (1993): Die vier E's: Merkposten für einen maß-vollen Wirtschaftsstil, Politische Ökologie, Jg. 11, Nr. 33, S. 69–72.

UBA – Umweltbundesamt (Hrsg.) (2016): Umweltschädliche Subventionen in Deutschland. Aktualisierte Ausgabe 2016, Dessau-Roßlau.

UBA (Hrsg.) (2019): A resource efficient pathway towards a greenhouse gas neutral Germany, Dessau-Roßlau.

UBA (Hrsg.) (2019): Wege in eine ressourcenschonende Treibhausgasneutralität. RESCUE - Studie, Climate Change 36/2019, 2. Auflage Juni 2021, Dessau-Roßlau

UBA (2021): Altfahrzeugverwertung und Fahrzeugverbleib, Online-Beitrag vom 02.08.2021, www.uba.de.

UNFCCC – United Nations Framework Convention on Climate Change (2021a): COP 26 Speeches and statements, www.unfccc.int.

UNFCCC (2021b): Glasgow Climate Pact, www.unfccc.int.

UNFCCC (2021c): UN Chief Calls for Immediate Global Action to Phase Out Coal, Beitrag vom 02.03.2021, www.unfccc.int.

Vargas, Mauricio (2022): Warum das Gerede von der „grünen" Inflation sachlich falsch ist. Beitrag vom 16.02.2022, www.makronom.de.

Wilts, Henning/Berg, Holger (2017): Digitale Kreislaufwirtschaft. Die Digitale Transformation als Wegbereiter ressourcenschonender Stoffkreisläufe, brief 04/2017, Wuppertal Institut.

3 Wasserstoff – Möglichkeiten und Grenzen

Die Verschärfung des EU-Klimaschutzziels um 15 Prozentpunkte ist eine Reaktion auf das Pariser Klimaschutzabkommen. Sie erfordert von allen EU-Mitgliedsstaaten, ihre nationalen Ziele deutlich zu verschärfen. Obgleich sowohl die EU als Ganzes als auch die Bundesrepublik Deutschland ihre Ambitionen nun deutlich erhöhen, sind ihre Beiträge noch davon entfernt, die Erderwärmung in einem erträglichen Rahmen zu halten. Dennoch bedürfen selbst diese Ziele enormer Anstrengungen. Sollten die Minderungspfade tatsächlich so beschritten werden, so werden neue und komplexe Konflikte um materielle Ressourcen und Flächen – und natürlich um Verteilungsgerechtigkeit – zu erwarten sein.

Eine besondere Rolle beim anstehenden Umbau hat der Aufbau einer Wasserstoffwirtschaft. Dieses Kapitel untersucht die Rolle von Wasserstoff und geht zuvor auf zentrale Elemente der sich ändernden klimapolitischen Rahmenbedingen ein, die den Wasserstoffeinsatz unausweichlich machen. Dieser muss gezielt und sparsam erfolgen, da mit Importen von grünem Wasserstoff in naher Zukunft kaum zu rechnen ist.

3.1 Klimapolitischer Rahmen

3.1.1 Reform des EU-Emissionshandels für Energiewirtschaft und Industrie (EU-ETS 1)

Nach dem Pariser UN-Klimaschutzabkommen von 2015 soll die Erderwärmung auf deutlich unter 2 °C und möglichst auf 1,5 °C gegenüber vorindustriellem Niveau begrenzt werden. Die Europäische Kommission hat im Sommer des vergangenen Jahres regulative Vorschläge unterbreitet, um das Pariser Abkommen umzusetzen. Im Juli 2021 wurde von ihr der erste Teil des „Fit-for-55-Pakets“ veröffentlicht (im

Folgenden „EU-55-Paket“, vgl. Europäische Kommission 2021a). Grundlage dafür war das schon Monate vorher politisch beschlossene und im Juni 2021 verabschiedete neue EU-Klimaziel für das Jahr 2030 von 55 Prozent Minderung an Treibhausgasen (THG) gegenüber 1990 sowie von Klimaneutralität bis zum Jahr 2050. Entsprechend müssen die EU-Mitgliedsstaaten ihre nationalen Klimaschutzziele verschärfen. Gleichzeitig verhandeln diese innerhalb der nächsten zwei Jahre die weitere Ausgestaltung des EU-55-Pakets bis zur endgültigen Verabschiedung der einzelnen Verordnungen und Richtlinien.

Mit dem EU-55-Paket soll auch die zugrunde liegende EU-Emissionshandels-Richtlinie neu gefasst werden (Europäische Kommission 2021b). Hierbei wird auch das mit dem EU-Emissionshandelssystem (EU-ETS 1) verbundene System der Marktstabilitätsreserve geändert, das dem Abbau von ungenutzten Überschüssen an Emissionsberechtigungen aus vergangenen Handelsperioden dient und gleichzeitig neue Überschüsse verhindern soll. Das bereits 2005 gestartete EU-ETS 1 für die Sektoren Energiewirtschaft und energieintensive Industrie (seit 2012 auch innereuropäischer Luftverkehr), in das künftig die Schifffahrt aufgenommen werden soll, deckt heute ca. 40 Prozent der EU-Gesamtemissionen an Treibhausgasen ab. Nach Auffassung der Mitgliedsstaaten ist es das zentrale europäische Klimaschutzinstrument.

Das EU-Emissionshandelssystem hatte die längste Zeit seines Bestehens so gut wie keine mindernde Wirkung auf den Umfang der Kohleverstromung und den CO_2-Ausstoß von Industrieanlagen. Der Grund liegt darin, dass infolge massiven Drucks seitens der Wirtschaft das sogenannte Cap (die THG-Gesamtobergrenze) aus Klimaschutzsicht zu wenig ambitioniert war, die Industrie ihre Emissionsrechte zum großen Teil kostenlos und nicht per Auktion zugeteilt bekam und das Regelwerk des EU-ETS auch ansonsten aufgeweicht wurde. Die EU reformierte das System über die Zeit jedoch mehrfach. Zumindest wurden und werden Überschüsse schrittweise abgebaut, neue „faule“ Zertifikate aus fragwürdigen Auslandsprojekten dürfen nicht mehr ins EU-ETS 1. In den vergangenen zweieinhalb Jahren sind die CO_2-Zertifikatspreise durch diese Reformen deutlich angestiegen und haben tatsächlich zum Klimaschutz beigetragen.

Zentral bei der nun anstehenden Reform des EU-ETS 1 ist die Anpassung der jährlichen Emissionsobergrenzen (Caps) an das um 15 Prozentpunkte erhöhte THG-Minderungs-Gesamtziel der EU für das Jahr 2030. Die Kommission schlägt dafür eine einmalige Senkung der Obergrenze vor, die sie aber noch nicht quantifiziert hat. Nach dieser Absenkung soll ferner der jährliche Kürzungsfaktor des THG-Gesamtbudgets von 2,2 Prozent pro Jahr auf 4,2 Prozent fast verdoppelt werden. Insgesamt soll sich mit den Plänen der EU-Kommission im Hinblick auf das Jahr 2030 ein um 18 Prozentpunkte verschärftes Reduktionsziel für das EU-ETS 1 ergeben.

3.1.2 Das novellierte Bundes-Klimaschutzgesetz

Als erste konkrete Reaktion der Bundesregierung auf eine erfolgreiche Klage von Klimaaktivist*innen gegen das deutsche Bundes-Klimaschutzgesetz (KSG) wurde dieses im Frühsommer 2021 reformiert (Witt 2021). Die erforderlichen Treibhausgas-Minderungen sind im KSG in sogenannten Jahresscheiben (also jährlich) zunächst bis zum Jahr 2040 für jeden Sektor festgelegt, außer für den Energiesektor, der dem künftig weiter reduzierten Klimagas-Budget des EU-Emissionshandels unterliegt (siehe Tabelle 2 auf S. 164).

Die Kerndaten der Novelle sind folgende:

- Die Netto-Treibhausgasneutralität soll bereits 2045 statt 2050 erreicht werden.
- Das Klimaschutzziel für 2030 wird verschärft von derzeit 55 auf 65 Prozent THG-Minderung gegenüber 1990. Für 2040 gilt ein neues Zwischenziel von 88 Prozent Minderung.
- Die bereits im KSG festgelegten Jahresemissionsmengen der einzelnen Sektoren werden für die Jahre 2023 bis 2030 reduziert, um das neue Gesamtziel für 2030 zu sichern. Die Energiewirtschaft hat weiterhin nicht für jedes Jahr Zwischenziele, da sie dem EU-ETS 1 unterliegt.
- Sektorübergreifende jährliche Minderungsziele werden für die Jahre 2031 bis 2040 festgelegt; die Festlegung der sektorscharfen Jahresemissionsmengen soll durch Rechtsverordnung im Jahr 2024 (für

Tabelle 2: Zulässige Jahresemissionsmengen für die Jahre 2020 bis 2030

Jahresemissionsmenge in Millionen Tonnen CO_2-Äquivalent	2020	2021	2022	2023	2024	2025	2026	2027	2028	2029	2030
Energiewirtschaft	280		257								108
Industrie	186	182	177	172	165	157	149	140	132	125	118
Gebäude	118	113	108	102	97	92	87	82	77	72	67
Verkehr	150	145	139	134	128	123	117	112	105	96	85
Landwirtschaft	70	68	67	66	65	63	62	61	59	57	56
Abfallwirtschaft und Sonstiges	9	9	8	8	7	7	6	6	5	5	4

Quelle: Bundes-Klimaschutzgesetz (KSG), Anlage 2.

die Jahresemissionsmengen von 2031 bis 2040) und im Jahr 2034 (für die Jahresemissionsmengen von 2041 bis 2045) erfolgen.

Insgesamt müssten künftig jährlich 30 bis 40 Millionen Tonnen CO_2 eingespart werden, was eine Verdreifachung gegenüber den jährlichen Minderungen des Zeitraums der vergangenen 20 Jahre gleichkommt. Bis 2045 würde Klimaneutralität für alle Sektoren gelten.

In einer sogenannten Eröffnungsbilanz machte der Bundesminister für Wirtschaft und Klimaschutz, Robert Habeck (Bündnis 90/Die Grünen), im Januar 2022 deutlich, wie groß die Lücke zum Zielpfad ist, welche die Vorgängerregierung hinterlassen hat (BMWK 2022). Mit den bisher umgesetzten Maßnahmen werde bis 2030 nur eine Minderung um etwa 50 Prozent gegenüber 1990 erreicht. Es drohe demnach eine Zielverfehlung von 15 Prozentpunkten bzw. 195 Millionen Tonnen CO_2-Äquivalenten. Das entspräche knapp der Hälfte der für 2030 vorgesehen Gesamtemissionen von 438 Millionen Tonnen CO_2-Äquivalent.

Die Ziele – und vor allem die bislang benannten Umsetzungsstrategien der Bundesregierung – sind noch deutlich entfernt von einem klimagerechten Beitrag zur Eindämmung der Erderwärmung entsprechend dem Pariser Abkommen. Dies gilt insbesondere für die Maßnahmen in den Sektoren Verkehr und Gebäude. Zudem wird das Wachstumsparadigma nicht hinterfragt. Ohne Zweifel steht Deutschland jedoch vor einem technisch-technologisch unvergleichlichen Umbruch, dessen Tragweite (auch für die Ebene der Verbraucher*innen sowie für die vom Umbau betroffenen Regionen) die gesellschaftliche Debatte jenseits der Fachöffentlichkeit vielfach noch nicht erreicht hat. Teilweise ist sie noch nicht einmal in allen Politikbereichen angekommen.

3.1.3 Ökostromausbau und Gaskraftwerke

Ein Dreh- und Angelpunkt der Dekarbonisierung der Industrie und des Verkehrssektors sind der Umfang und das Tempo des Ausbaus von Ökostromanlagen. Elektrizität aus regenerativen Quellen wird über die klassischen Strom-Anwendungsfelder hinaus gebraucht für

Prozesswärme in der Industrie, für die Nutzung von Wärmepumpen in Gebäuden, für Mobilität mit Elektroautos und im öffentlichen Nah- und Fernverkehr – sowie für grünen Wasserstoff. Nach einer Studie im Auftrag der Denkfabrik Agora, die ein mögliches Szenario zur Dekarbonisierung Deutschland bis zum Jahr 2045 beschreibt, würden gegenüber dem Jahr 2018 allein bis 2030 zusätzlich rund 219 Terawattstunden (TWh) bzw. doppelt so viel Ökostrom benötigt (Prognos/Öko-Institut/Wuppertal Institut 2021). Parallel dazu sei es notwendig, die benötigten Infrastrukturen auszubauen, vor allem für eine Versorgung der Industrie mit Wasserstoff. Im Koalitionsvertrag der Ampel werden indes 80 Prozent Ökostrom bis 2030 angestrebt, bei einem angenommenen Stromverbrauch von dann 680 bis 750 TWh. Dieses Ökostromziel ist zweifellos sehr ambitioniert.

Der für diesen Umbau notwendige Ökostromausbau ist eine kritische Größe, da er zuletzt stark ins Stocken geriet. Vor allem lange Genehmigungsverfahren, fehlende Flächen – auch aufgrund sehr restriktiver Abstandsregeln in einigen Bundesländern, allen voran Bayern – sowie Proteste und Klagen von Anwohner*innen und Naturschützer*innen bremsten den Aufbau neuer Wind- und Solarparks.

Mit Blick auf das Jahr 2030 hat sich die Ampel folgende Ziele gesetzt: Abgeleitet aus den im Koalitionsvertrag vereinbarten Ausbauzielen sei eine installierte Leistung von über 100 Gigawatt (GW) Windenergie an Land nötig, so das Papier der Eröffnungsbilanz. Beziehe man auch den Rückbau älterer Anlagen in den nächsten Jahren ein, dann komme man auf mehr als eine Verdopplung der derzeit installierten Leistung. Bei der Photovoltaik sei es das Ziel, die installierte Leistung auf 200 GW zu steigern. Das sei mehr als eine Verdreifachung gegenüber dem Status Quo. Bei Wind auf See werde die Regierung die Ausbauziele für 2030 von 20 auf 30 GW erhöhen, um dann 40 GW bis 2035 und mindestens 70 GW bis 2045 zu erreichen.

Erdgas wird von der Ampel-Koalition für eine Übergangszeit als „unverzichtbar“ erklärt, ebenso der Zubau von modernen Gaskraftwerken (die „H_2-ready“ sein sollen), um die Versorgungssicherheit bis zur Vollversorgung mit Erneuerbaren Energien zu sichern. Das dürfte Klimaschützer*innen ein Dorn im Auge sein, befindet sich jedoch auch in Übereinstimmung mit ambitionierten Energiewendeszenarien wissenschaftlicher Institute, die ebenfalls den Zubau von 20 bis 30 GW Gaskraftwerkskapazität bis 2030 vorsehen. Klar ist: Diese Kraftwerke dürfen nur wenige hundert Stunden im Jahr laufen, etwa bei Windflaute am Abend, und keinesfalls tausende Stunden in Grundlast. Für den Klimaschutz wäre Ersteres unproblematisch. Zum Problem würde es erst, wenn der Ausbau der Ökostromerzeugung und von Speichern langsamer vonstattenginge als geplant. Dann würde Erdgas länger einspringen müssen – mit entsprechenden Folgen für das Klima.

3.1.4 Carbon Contracts for Difference (CCfD) und Grenzausgleichsmechanismus (CBAM)

Nach einem aktuellen Klimaschutz-Sofortprogramm von Agora Energiewende, Agora Verkehrswende und Stiftung Klimaneutralität (2021) für die ersten 100 Tage nach der Regierungsbildung müssen – um die erforderlichen Emissionsminderungen in der Industrie bis 2030 zu erreichen – vor 2030 etwa die Hälfte der Anlagen in der Stahl-, Chemie- und Zementindustrie durch klimaneutrale Technologien ersetzt werden. Der Umbau in der Grundstoffindustrie, in der etwa 70 Prozent der industriellen Treibhausgasemissionen anfallen, soll nach den Plänen der Bundesregierung unter anderem über Klimaschutzverträge, sogenannte Carbon Contracts for Difference (CCfD), gefördert werden. Diese sollen die Differenzkosten zwischen der klimaneutralen Technologie (etwa beim Einsatz von Wasserstoff) und den am Markt erzielbaren Erlösen ausgleichen. Die von Wirtschafts- und Klimaminister Habeck vorgestellte Eröffnungsbilanz sieht CCfD als „zentrales Instrument zur Unterstützung der Transformation in der Industrie“ (zunächst über Pilotprogramme).

Im Zusammenhang mit dem Schutz der Wirtschaft im Umbau steht auch ein neues Instrument, das ab 2026 eingesetzt werden soll: der CO_2-Grenzausgleichsmechanismus (Carbon Border Adjustment Mechanism, CBAM). Auf importierte Waren aus dem Nicht-EU-Ausland wird eine CO_2-Abgabe erhoben, um so Wettbewerbsunterschiede zwischen Produkten von heimischen Produzenten, die dem EU-ETS 1 unterliegen, und denen von ausländischen Produzent*innen auszugleichen, die einer anderen oder gar keiner CO_2-Bepreisung unterliegen.

Nach dem Vorschlag der EU-Kommission für eine künftige CBAM-Verordnung sollen in den CBAM zunächst nur Sektoren mit vergleichsweise hohem Carbon-Leakage-Risiko (Verlagerungsrisiko) und Produktionsumfang einbezogen werden (Zement, Elektrizität, Düngemittel, Eisen und Stahl und Aluminium) (Europäische Kommission 2021c).

CBAM soll mit einer Einführungsphase in den Jahren 2023 bis 2025 beginnen, in der Meldungen abgegeben, aber noch keine Zahlungen geleistet werden müssen. Der Zeitraum von 2026 bis 2034 (und darüber hinaus, was aber noch nicht mit Regeln unterlegt ist) wird mit Zahlungsverpflichtungen belegt. Reziprok zur schrittweise abnehmenden Gratiszuteilung an Emissionsrechten im EU-ETS 1 an die Industrie soll die Wirkung des CBAM schrittweise aufgebaut werden.

3.2 Wasserstoff – zentrales Element für den Industrieumbau

3.2.1 Künftige Einsatzfelder

Wasserstoff (H_2) und seine Folgeprodukte werden künftig eine wichtige Rolle bei der Dekarbonisierung der Volkswirtschaften spielen, und zwar vor allem in vier Einsatzgebieten:

1. Wo der deutlich effizientere direkte oder batteriegestützte Stromeinsatz nicht oder nur unter enormem Aufwand möglich wäre (etwa im Flug- und Seeverkehr, ggf. in Teilen des Schwerlastverkehrs), kann Wasserstoff über Brennstoffzellen bzw. über flüssige oder gasförmige Brennstoffe als sogenannte synthetische Kraftstoffe (Synfuels) auf Wasserstoffbasis zum Einsatz kommen.
2. Wasserstoff wird auch als Langzeit-Speichermedium dienen, vor allem, um die Energieversorgung über Wasserstoff-Gasturbinen in jenen Zeiten des Winters abzusichern, in denen kein Wind weht und keine Sonne scheint („Dunkelflaute“).

3. Wasserstoff wird benötigt, um Treibhausgase zu vermeiden, die in der Industrie nicht energiebedingt entstehen, sondern aufgrund von stofflichen Prozessen, etwa in der Stahlproduktion. In der Industrie sind aber auch thermische Verwendungen von Wasserstoff und Folgeprodukten zur Ablösung von Erdgas bei Hochtemperaturprozessen möglich.
4. Aus Wasserstoff und Kohlenstoff erzeugte Kohlenwasserstoffverbindungen werden (neben biogenen Rohstoffen, die aber ein sehr begrenztes Potenzial haben) in der chemischen Industrie Erdgas und Erdöl als Grundstoff ersetzen.

Alle diese Anwendungen basieren – wenn sie nachhaltig erzeugt werden sollen – auf Wasserstoff, der mittels Ökostroms aus Elektrolyseuren gewonnen und ggf. mit Kohlenstoff verbunden wird. Letzterer kann klimaneutral nur aus der Atmosphäre gewonnen werden, da alle anderen denkbaren Quellen letztlich auf Kohlenstoff aus der Erdkruste basieren und Anwendungen diesen früher oder später in die Atmosphäre transportieren würden.

3.2.2 Effizienter Einsatz spielt eine Schlüsselrolle

Der Einsatz von Wasserstoff und seinen Folgeprodukten ist die vierte Säule des Klimaschutzes neben dem Ausstieg aus den fossilen Energien, dem Aufbau einer vollständig regenerativen Energieerzeugung sowie der Energieeinsparung. Dass Wasserstoff jedoch das „Öl der Zukunft" wird, wie häufig behauptet, ist zweifelhaft. Zwar weisen der Stoff und seine Folgeprodukte eine hohe Energiedichte auf, deshalb sind sie vielseitig und ausdauernd nutzbar. Sie haben aber zugleich einen gravierenden Nachteil: Die Herstellung von grünem Wasserstoff über einen Elektrolyse-Prozess mittels Ökostrom ist enorm energie- und kostenintensiv – und dies wird auf absehbare Zeit auch so bleiben. Wird Wasserstoff nicht in reiner Form verwendet, sondern mit Kohlenstoff in flüssige oder gasförmige Stoffe eingebaut, so benötigen diese Prozesse noch einmal zusätzlich große Mengen Energie. Ökostrom ist jedoch ein wertvolles Gut. Verfügbare Flächen und benötigte

Rohstoffe sind knapp und häufig konfliktbeladen – sowohl hierzulande als auch im Ausland.

Falls künftig im großen Umfang Ökostrom nicht direkt verwendet oder mittels Batteriespeicher eingesetzt würde, sondern über den teuren und ineffizienten Wasserstoff-Umweg, könnte der Gesamtstromverbrauch auf ein Mehrfaches gegenüber heute ansteigen. So wäre etwa bei einer Eins-zu-eins-Umstellung des aktuell in Deutschland verbrauchten Otto- und Diesel-Kraftstoffs die notwendige Strommenge zur Erzeugung von Synfuels mehr als dreimal so groß wie die heute insgesamt verbrauchte Strommenge (Rudolph 2019). Die niedrigen Wirkungsgrade beim Wasserstoff-Einsatz bei Pkw und Heizungen verdeutlicht auch die Abbildung auf dieser Seite.

Einzel- und Gesamtwirkungsgrade von Pkw und Heizungssystemen bei Direktnutzung von Ökostrom einerseits und auf Wasserstoffbasis andererseits

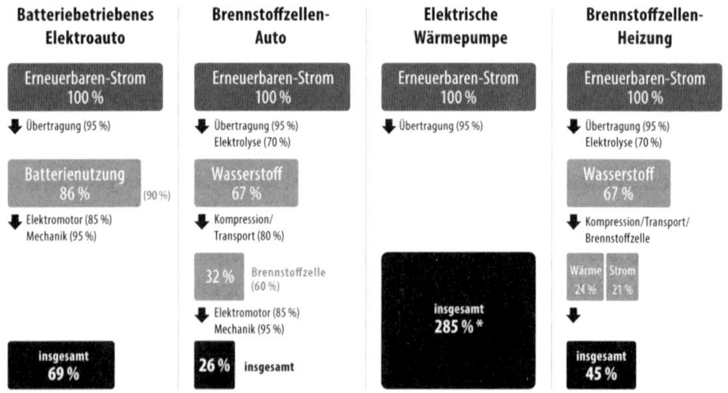

Die Prozentwerte stellen den jeweils verbleibenden Wirkungsgrad nach jeder Umwandlungsstufe dar. Infolge der Umwandlungsverluste sinkt er jeweils (von oben nach unten). *Der mit 285 Prozent über 100 Prozent liegende Wert bei der Wärmepumpe ergibt sich daraus, dass mit dem für die Pumpe eingesetzten Ökostrom ein Mehrfaches an Umweltwärme aus Boden oder Luft „geerntet" werden kann.

Quelle: Agora Verkehrswende/Agora Energiewende/Frontier Economics (2018).

Zu diesem Extremszenario wird es nicht kommen, schon weil „der durch die Hersteller gelegte Schwerpunkt bei den Pkw auf der batterieelektrischen Mobilität liegt und diese ihre Investitionen wesentlich in dieser Technologie allokieren", wie auch der von der Bundesregierung berufene Nationale Wasserstoffrat (NWR) einschätzt (NWR2021a). Offensichtlich ist jedoch: Die Energiewende würde bei einem breiten ineffizienten Ökostromeinsatz deutlich teurer und auch an Akzeptanz verlieren – ja, vielleicht sogar scheitern. Denn zusätzlicher Stromverbrauch bedeutet auch immer zusätzliche Windkraftanlagen, Solarpaneele und Netze.

In der Wissenschaft herrscht große Einigkeit darüber, dass Wasserstoff und darauf basierende synthetische Kraft- und Brennstoffe (Power to Liquid, PtL) darum nur dort eingesetzt werden sollten, wo es absehbar nicht anders möglich ist. Priorität muss grundsätzlich die direkte Elektrifizierung und Energieeinsparung haben, also batterieelektrische Antriebe, Oberleitungen und Verkehrsverlagerungen auf die Schiene sowie Wärmepumpen und hohe Sanierungsstandards im Gebäudebereich. Das sieht im Grundsatz auch die neue (ebenso wie die alte) Bundesregierung so, sie hält jedoch bislang in der Nationalen Wasserstoffstrategie (BMWi 2020) ebenso wie im Koalitionsvertrag und anderen Dokumenten die Möglichkeit des Einsatzes von Wasserstoff auch im Pkw-Bereich und im Gebäudesektor zumindest offen.

Letztlich muss aber der Grundsatz „Effizienz an erster Stelle" („Efficiency first") beim Ökostromeinsatz insgesamt deutlich stärker der Maßstab jeder Technologiepolitik werden, weil dies Konflikte um Flächen und Rohstoffe vermindert – hierzulande und weltweit. Zudem steht absolute Energieeinsparung weiter auf dem Programm. Insbesondere müssen die hohen Energieverbräuche im Gebäude- und Verkehrsbereich gesenkt werden.

3.2.3 Wasserstoffstrategie der Bundesregierung

Die Nationale Wasserstoffstrategie (NWS) der Bundesregierung wurde am 10. Juni 2020 von der damaligen Bundesregierung aus Union und SPD verabschiedet. Die neue Ampel-Koalition knüpft daran an.

Rund um die Wasserstofftechnologien sollen die regulativen Voraussetzungen für den Markthochlauf geschaffen, Forschung und Entwicklung sowie der Technologieexport forciert sowie die zukünftige nationale Versorgung mit „CO_2-freiem Wasserstoff“ (zum Begriff „CO_2-frei“ siehe den Kasten „Farbenlehre des Wasserstoffs“ auf S. 181ff.) und dessen Folgeprodukten gesichert und gestaltet werden. Für erste Umsetzungsschritte war in der Strategie ein Aktionsplan mit 38 kurz skizzierten Maßnahmen enthalten. Der neue Bundesminister für Wirtschaft und Klimaschutz, Robert Habeck, will die NWS weiterentwickeln und dabei das Tempo des Hochlaufs erhöhen. Nunmehr sollen, so ist es auch im Koalitionsvertrag vereinbart, bis 2030 nicht nur 5 GW inländische Elektrolysekapazität entstehen, sondern 10 GW. Insbesondere durch die zügige Umsetzung der Wasserstoffprojekte im Rahmen der „wichtigen Vorhaben von gemeinsamem europäischem Interesse“, dem Aufbau weiterer Förderprogramme und durch Contracts for Difference will die Ampel-Koalition Investitionen in Wasserstofftechnologien finanziell fördern (BMWK 2022).

3.2.4 Wasserstoffbedarf und Erzeugung

Der nationale Verbrauch von Wasserstoff liegt momentan bei rund 55 TWh. Der Bedarf besteht dabei hauptsächlich für stoffliche Herstellungsverfahren im Industriesektor und verteilt sich gleichmäßig zwischen der Grundstoffchemie (Herstellung von Ammoniak, Methanol usw.) und der Petrochemie (Herstellung konventioneller Kraftstoffe).

Von der alten Bundesregierung wurde bis 2030 durch den Anstoß des Markthochlaufs mit einem ersten, aber moderaten Anstieg des Bedarfs an Wasserstoff gerechnet (Deutscher Bundestag 2020a), insbesondere im Industriesektor (Chemie, Petrochemie und Stahl) und zu einem geringeren Maße im Verkehr. Weiterhin sei von einem wachsenden Bedarf für brennstoffzellenbetriebene Elektromobilität auszugehen. Weitere Verbraucher – z. B. langfristig Teile der Wärmeversorgung, so die Strategie – könnten hinzukommen.

Die NWS sieht bis 2030 einen Wasserstoffbedarf von ca. 90 bis 110 TWh, was einem Bedarfszuwachs von rund 35 bis 55 TWh entspricht. Langfristig steige jedoch der Wasserstoffbedarf stark an. Allein die deutsche Stahlindustrie werde für eine Transformation etwa 80 TWh grünen Wasserstoff benötigen, die Umstellung der deutschen Raffinerie- und Ammoniakproduktion erfordere noch einmal 22 TWh, so die Strategie.

Verschiedene Studien mit Szenarien, in denen die Treibhausgasemissionen um 95 Prozent gegenüber dem Basisjahr 1990 reduziert werden und die dabei das gesamte Energiesystem betrachten, ließen laut der Nationalen Wasserstoffstrategie der Bundesregierung bis 2050 einen Verbrauch von strombasierten Energieträgern in Größenordnungen zwischen 110 TWh (Klimaschutzszenarien des BMU) und rund 380 TWh (Klimapfade-Szenarien des BDI) erwarten. Die Studie im Auftrag der Agora-Think-Tank-Gruppe „Klimaneutrales Deutschland 2045" (Prognos/Öko-Institut/Wuppertal-Institut 2021) rechnet mit einem zusätzlichen Wasserstoffbedarf von 63 TWh im Jahr 2030 und von 265 TWh im Jahr 2045 (siehe die Abbildung auf S. 174). Davon müssten 44 TWh bzw. 169 TWh importiert werden. Die entsprechenden Importquoten betragen in diesem Modell folglich 70 bzw. 74 Prozent.

Zum Bedarf an reinem Wasserstoff kommen laut der genannten Agora-Studie weitere, auf erneuerbarem Strom basierende Energieträger. So werden (aber erst nach 2030) im nationalen und internationalen Schiffs- und Flugverkehr auf Wasserstoff und CO_2 basierende flüssige Kraftstoffe (PtL) verwendet, die hinsichtlich ihrer Herstellung und Verbrennung CO_2-neutral sind (der Klimaeffekt der Kondensstreifen von Flugzeugen bleibt allerdings weiter ein Problem). Dieser Bedarf wird auf 185 TWh geschätzt. Insgesamt ergibt sich danach für 2045 ein Bedarf an Wasserstoff und sonstigen synthetischen Brennstoffen in Höhe von 422 TWh, von denen 326 TWh (77 Prozent) importiert werden.

Laut Ampel-Koalition sollen nun in Deutschland bis zum Jahr 2030 Wasserstoff-Erzeugungskapazitäten (Elektrolyseleistung) von 10 GW entstehen. Dies entspricht einer grünen Wasserstoffproduktion von bis zu 28 TWh und einer zur Wasserstofferzeugung benötigten erneuerbaren Strommenge von bis zu 40 TWh.

Zukünftige treibhausgasfreie Wasserstoffnachfrage und -erzeugung gemäß Studie „Klimaneutrales Deutschland 2045“

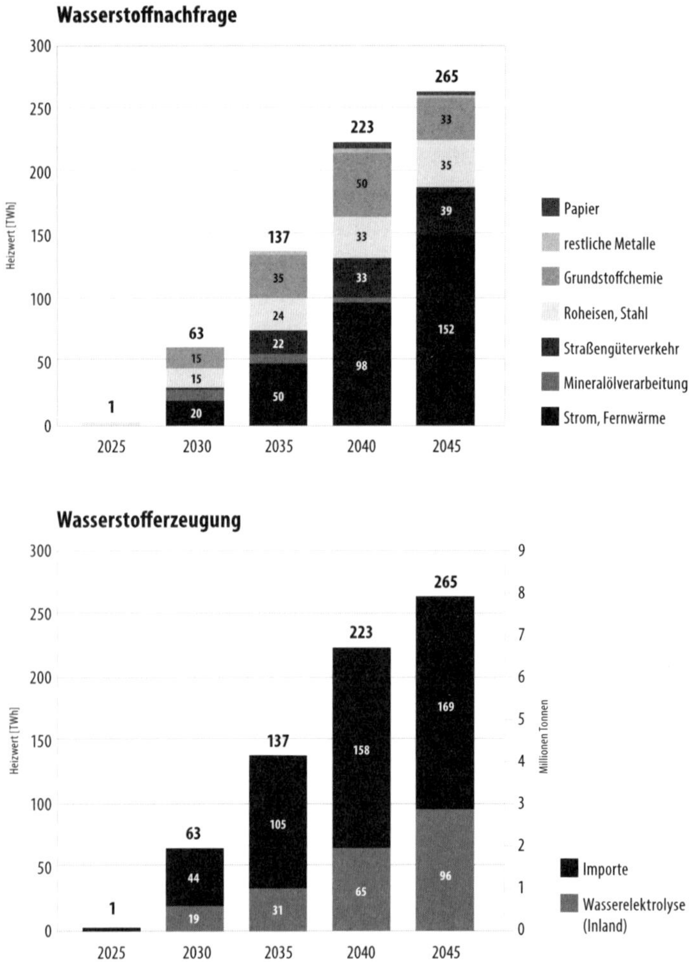

Quelle: Prognos/Öko-Institut/Wuppertal-Institut (2021).

3.2.5 Importe von Wasserstoff und Folgeprodukten

Aufgrund des Zahlengerüstes der Wasserstoffstrategie lässt sich also abschätzen, dass die Bundesregierung auch langfristig 70 bis 80 Prozent des in Deutschland genutzten Wasserstoffs importieren will. In einem globalen Wasserstoffmarkt könnte dies jeglicher Wasserstoff sein, räumte die alte Bundesregierung selbst ein (Deutscher Bundestag 2020b). Es stellt sich hier zum einen die Frage, wie viel von dem auch von der Ampel kommunizierten Vorrang „grünen", also mittels Ökostroms hergestellten Wasserstoffs übrigbleiben wird (siehe den Kasten „Farbenlehre" auf S. 183ff.). Zum anderen ist der alten wie auch der neuen Bundesregierung noch weitgehend unklar, wer genau den Wasserstoff liefern soll und wird. Dennoch gehen sowohl die verschiedensten Akteure der Wirtschaft als auch beinahe die gesamte relevante Studienlandschaft davon aus, dass der benötigte grüne Wasserstoff in all seinen chemischen Transformationsprodukten größtenteils aus dem Ausland kommen wird. Es gebe in Deutschland schlicht zu wenig Platz und Akzeptanz für die benötigte Zahl von großen Windparks und Photovoltaik-Anlagen, so lautet häufig die Begründung.

Die Bundesregierung will den internationalen Markthochlauf von grünem Wasserstoff forcieren, wobei Lieferungen aus dem Ausland von Anfang an einbezogen werden. Im Juni 2021 wurde beispielsweise die H_2Global-Stiftung gegründet, an der 16 Unternehmen beteiligt sind, wie der Informationsdienst IWR berichtet (2021). Vergabeverfahren für grünen Wasserstoff und seine Derivate sollten noch 2021 auf einer Handelsplattform starten, mit Lieferungen der „grünen" Wasserstoffprodukte sei ab 2024 zu rechnen. Auf der Plattform sollen dabei Unternehmen aus verschiedenen Ländern Wasserstoffprodukte anbieten, der niedrigste Preis sei ausschlaggebend. Parallel würden auf der deutschen Nachfrageseite Gesuche nach Wasserstoff aufgerufen, hier gewänne der höchste Kaufpreis. Auftretende Differenzen zwischen Ankaufspreis und Verkaufspreis im Inland sollen aus Steuermitteln gedeckt werden. Hierfür stelle das BMWi ca. 900 Millionen Euro zur Verfügung: Ein Intermediär gleicht die Differenz über einen an den oben genannten CCfD-Ansatz angelehnten Fördermechanismus aus.

Im Juni 2021 wurden mit deutscher Beteiligung weltweit mehrere Wasserstoff-Allianzen geschmiedet und Kooperationen vereinbart. So vereinbarten laut IWR anlässlich des „Sixth Mission Innovation"-Ministertreffens in Chile die EU-Kommission sowie Australien, Österreich, Kanada, Chile, China, Deutschland, Indien, Italien, Marokko, Norwegen, Saudi-Arabien, Südkorea, Großbritannien und die USA gemeinsam eine „Clean Hydrogen Mission", um die Entwicklung von sauberem Wasserstoff voranzubringen. Parallel hätten Deutschland und Australien eine Absichtserklärung zur Gründung eines „Germany Australia Hydrogen Accord" unterzeichnet. Sie ziele darauf ab, die Zusammenarbeit auf dem Wasserstoffsektor in den Bereichen Forschung und Industriekooperation zu verstärken und perspektivisch auch den Handel von Wasserstoff und seinen Derivaten zwischen beiden Ländern zu befördern.

Bereits Anfang März 2021 hätten Deutschland und Saudi-Arabien eine „Gemeinsame Absichtserklärung" zur Gründung einer Wasserstoffzusammenarbeit unterzeichnet, so IWR. Schon im Februar 2020 hatten sich die damalige Bundesforschungsministerin Karliczek und ihr nigrischer Amtskollege Sadissou auf ein Maßnahmenpaket zum Ausbau der strategischen Wasserstoff-Partnerschaft mit Westafrika geeinigt (Karliczek: Wasserstoff-Partnerschaft mit Afrika geplant, Pressemitteilung des BMBF vom 11.02.2020).

Importe aus europäischen Ländern

Eine Studie des Öko-Instituts hat ein „erwartbares Importaufkommen" von Wasserstoff und dessen Derivaten „in Phasen" dargelegt (Matthes et al. 2021). Zunächst werden danach bis zum Jahr 2030 nur geringe Mengen an grünem Wasserstoff aus den direkten Nachbarländern Deutschlands zu erwarten sein. Die Phase II (ab 2030 bis 2035) der Wasserstoffimporte werde absehbar über erste Langstrecken-Pipelineverbindungen auf dem europäischen Kontinent eingeleitet. Insbesondere eine Anbindung europäischer Beststandorte für die Wasserstoffproduktion (Iberische Halbinsel, Nordsee) könne die Importmengen maßgeblich und auch sprunghaft erhöhen – hier zunächst mit der Anlandung von Wasserstoffderivaten und bei entsprechendem Infrastrukturausbau (z. B. Ammoniak-Weiterverteilung in Deutschland). Erst ab der Phase III (ab 2035) würden auch Länder außerhalb der EU in Pipeline-Distanz Wasserstoff nach Europa und Deutschland exportieren können (Marokko, Ukraine etc.). Dieses Importpotenzial sei jedoch derzeit nur mit sehr hohen Unsicherheiten bewertbar. Zudem werden – mit hohen Unsicherheiten bezüglich der Transportkosten – erste transkontinentale Importströme auf der Basis von neuen Schiffstransportoptionen (Trägerstoffe oder verflüssigter Wasserstoff) erwartet.

Importe aus dem globalen Süden und damit verbundene Risiken

Für die Bundesregierung stehen auf längere Sicht als Lieferanten für den grünen Wasserstoff unter anderem die nord- und westafrikanischen Staaten im Fokus. In den Wüsten des Maghreb könnten große Anlagen aus Sonnen- und Windstrom zu geringen Kosten Wasserstoff und synthetische Treibstoffe (kurz: PtX) herstellen, argumentiert auch die Industrie. Nach einem Potenzialatlas, den die alte Bundesregierung für Westafrika hat erstellen lassen, könnten in dieser Region bis zu 165.000 TWh Wasserstoff produziert werden (Forschungszentrum Jülich 2021; BMBF 2021).

Die mit solchen Importen verbundenen Probleme werden wenig kommuniziert. Laut einer Meta-Studie des Öko-Instituts kann die Herstellung strombasierter Stoffe zu höheren CO_2-Emissionen führen als die Nutzung fossiler Alternativen, solange noch fossile Erzeugungskapazitäten im Stromsystem sind (Heinemann et al. 2019). Eine Umstellung der Wasserstoff-Herstellung auf Elektrolyse beispielsweise habe deshalb erst bei etwa 70 Prozent Ökostromanteil im Netz wirklich einen Sinn. Ein Klimavorteil von strombasierten Substituten für Diesel und Erdgas ergebe sich gar erst ab einem rund 80-prozentigen Ökostromanteil an der Stromerzeugung. Für Deutschland ist dies frühestens um das Jahr 2030 zu erwarten (Stand 2021: 42,6 Prozent am Bruttostromverbrauch).

Es stellt sich also bereits für Deutschland die Frage der Sinnhaftigkeit früher großskaliger Wasserstoff-Anwendungen jenseits von Pilotprojekten und einem klug gesteuerten Aufwuchspfad. So würde

z. B. eine PtX-Produktion für den Verkehrssektor mit der gegenwärtigen Ökostromquote Deutschlands mehr Treibhausgase produzieren als der Einsatz der konventionellen Kraftstoffe. Erst recht würde eine Wasserstoffproduktion im globalen Süden für Europa – ohne weitere begleitende Maßnahmen – die Dekarbonisierung in den südlichen Ländern behindern.

Dies gilt grundsätzlich auch, wenn die Investor*innen des globalen Nordens nicht nur Elektrolyseanlagen, sondern auch die zu ihrem Betrieb benötigten Ökostromanlagen in den südlichen Ländern aufbauen und finanzieren würden. Schließlich würden mit hoher Wahrscheinlichkeit vor allem die von der Naturausstattung geeigneten (Windhöfigkeit, Sonneneinstrahlung, Wasserverfügbarkeit, gute Wasserkraftstandorte etc.) und somit preiswertesten Standorte dafür genutzt werden, die dann nicht mehr für die heimische Ökostromproduktion zur Verfügung stünden. Begleitende Maßnahmen könnten etwa zusätzliche Investitionen in Ökostromanlagen und entsprechender Infrastruktur vor Ort sein, und zwar in einem relevanten Maßstab zusätzlich zu jenen Wind- oder Photovoltaik-Anlagen hinaus, die für die Elektrolyseanlagen selbst benötigt werden. Diese würden eine entsprechend ausgedehnte Flächen- und Wasserverfügbarkeit sowie das Vermeiden von Nutzungskonflikten mit der heimischen Bevölkerung und der Biodiversität voraussetzen.

Laut der Wasserstoffstrategie der Bundesregierung soll zwar darauf geachtet werden, dass ein Import von grünem Wasserstoff oder darauf basierenden Energieträgern nach Deutschland „zusätzlich" ist und nicht zulasten der häufig unzureichenden erneuerbaren Energieversorgung in den Entwicklungsländern geht. Doch alle im Fokus der Bundesregierung stehenden Länder haben reale Ökostromquoten, die weit unterhalb der oben angeführten Quoten liegen, ab denen die Wasserstoff-Elektrolyse zu THG-Einsparungen führt. Außerdem ist der Anteil der Haushalte mit einem Zugang zur Stromversorgung mit Ausnahme Marokkos gegenwärtig vergleichsweise niedrig. So betragen beispielsweise die entsprechenden Werte für Niger 1 Prozent (Ökostromquote) bzw. 13 Prozent (Anschlussgrad), für Marokko 19,7 Prozent bzw. 99 Prozent, für Tunesien 3 Prozent bzw. unbekannt und für Westafrika insgesamt 28,8 Prozent bzw. 54 Prozent (Berechnungen der

Bundestagsfraktion Die Linke u. a. auf der Grundlage der bp Statistical Review of World Energy 2019).

In ihrer Antwort auf eine Kleine Anfrage der Bundestagsfraktion Die Linke führte die alte Bundesregierung aus, im Rahmen der Energiepartnerschaften unterstütze sie „integrierte Ansätze, d. h. zunächst die dekarbonisierte Eigenversorgung und zusätzlich die Förderung von Exportoptionen von Ökostrom und klimaneutralem Wasserstoff" (Deutscher Bundestag 2020a). Die Bundesregierung fördere „keinen Export von Wasserstoff, der auf Kosten der Eigenversorgung" produziert werde. Unklar bleibt jedoch angesichts der überwiegend niedrigen Ökostrom- und Dekarbonisierungsquoten der fraglichen Länder, welche Kriterien die Bundesregierung genauer zur Beurteilung heranziehen will, etwa ab wann eines der Länder „Wasserstoff-exportfähig" wäre.

Bei den Importoptionen ist zu beachten, dass es sich bei einigen Regionen um (semi-)aride handelt, die sich heute schon durch Wasserstress auszeichnen. Durch den Klimawandel könnte sich der Wassermangel in diesen Regionen noch verschärfen. Die Umstellung des Energiesystems in Deutschland und in der EU auf überwiegend importierten grünen Wasserstoff würde in potenziellen Lieferländern zudem Meerwasserentsalzungsanlagen in einer Stückzahl erfordern, die wohl deutlich über die bisherige Zahl der Meerwasserentsalzungsanlagen hinausgehen würde.

Der Nationale Wasserstoffrat der Bundesregierung formulierte inzwischen Nachhaltigkeitskriterien (NWR 2021b). Ebenso problematisiert ein Arbeitspapier des Öko-Instituts die Probleme von Wasserstoffimporten und stellt acht ökologische und sozialökonomische Nachhaltigkeitskriterien für Importe auf, die über die des NWR hinausgehen (Heinemann/Mendelevitch 2021). Wie realistisch überhaupt Wasserstoffimporte aus dem globalen Süden sind bzw. welche Rahmenbedingungen es dafür geben müsste, um diese sozial und ökologisch gerecht zu gestalten, untersucht aktuell auch eine Arbeit von Arepo Consult (2022) im Auftrag der Rosa-Luxemburg-Stiftung am Beispiel der drei Staaten Senegal, Niger und Marokko. Danach ist bis weit nach 2030 kaum mit Importen zumindest aus Senegal und Niger zu rechnen. Arepo erweitert die Nachhaltigkeitskriterien des Öko-Instituts um (weitere) soziale Dimensionen.

Im Juli 2020 prüfte die Bundesregierung nach eigenen Angaben noch, welche Länder in Afrika die erforderlichen Rahmenbedingungen und Voraussetzungen für den Aufbau einer Wasserstoffwirtschaft erfüllen (Deutscher Bundestag 2020b). Ihr lägen, so ihre Antwort auf eine Anfrage der Bundestagsfraktion Die Linke, weder eine Länderliste noch die konkreten Daten zu Strommix, Ökostromquote und Anschlussquote der Haushalte an die öffentliche Elektrizitätsversorgung vor. Die vom Bundesministerium für Bildung und Forschung geförderte forschungsbasierte deutsch-afrikanische Potenzialanalyse „H_2 ATLAS-AFRICA“ betrachte neben den ECOWAS-Staaten (Economic Community of West African States) auch die Entwicklungsgemeinschaft des südlichen Afrika (Southern African Development Community, SADC) (BMBF 2020). Großes Potenzial für Wasserstoffprojekte bestehe beispielsweise in Marokko, Tunesien, Brasilien, Chile und Südafrika, aber auch in den Vereinigten Arabischen Emiraten (VAE) oder in Saudi-Arabien, so die Bundesregierung.

Eine Forschergruppe im Rahmen des Kopernikus-Projekt Ariadne verwies in einer im Dezember 2021 veröffentlichten Studie darauf, dass Deutschlands zukünftige Wasserstoff-Importsicherheit durch eine Reihe von Risiken gefährdet werde (Piria et al. 2021). Die Wissenschaftler*innen verglichen dabei den künftigen Markt für grünen Wasserstoff mit dem jetzigen Öl- und Gasmarkt. Die von Wind und Sonne abhängige Produktion von grünem Wasserstoff werde sich im Vergleich zum fossilen Rohstoffmarkt nicht so dynamisch der Nachfrage anpassen können, heißt es in der Studie. Hinzu kämen hohe Kosten bei der Wasserstoffbevorratung in Deutschland.

Weitere Risiken seien die anfangs voraussichtlich nur geringe Zahl von Exportländern, mögliche politische Instabilitäten in den Exportländern, Konflikte entlang von Transitrouten, technische Ausfallrisiken bei Erzeugungs- und Transportinfrastrukturen sowie Schäden durch Naturkatastrophen. Der Studie zufolge lägen auch Risiken in einer unzureichenden Skalierbarkeit inländischer Wasserstoffproduktion – plötzlich wegfallende Importe könnten nicht einfach durch ein schnelles

Hochfahren der Wasserstoffproduktion in Deutschland kompensiert werden. Als Konsequenz empfiehlt die Studie, den Wasserstoffimportbedarf zu begrenzen, u. a. indem die künftige Energienachfrage „durch Energiesuffizienz, Energieeffizienz und direkte Elektrifizierung" reduziert wird – was auch aus klimapolitischer Sicht eindeutige „No-regret-Strategien" seien.

Entsprechende Engpässe an verfügbarem grünen Wasserstoff könnten zur Achillesferse des Klimaschutzes werden. Insofern könnte eine Verschwendung von Wasserstoff in ineffizienten Anwendungen (Automobile, Gebäudewärme, s. o.) zulasten jener Anwendungen gehen, die im Zuge des Umbaus einen unabwendbaren Wasserstoffbedarf haben (Stahl, Chemie, später auch Luft- und Seefahrt). Beide Gruppen verhalten sich bezüglich des Wasserstoffbedarfs (bei beschränktem Angebot) wie kommunizierende Röhren.

Auf sehr lange Sicht spricht sicherlich nichts grundsätzlich dagegen, zumindest einen Teil zukünftig benötigter PtX auch aus Ländern wie Marokko, Tunesien, Saudi-Arabien oder Katar zu importieren – sollten diese tatsächlich in die Technologie einsteigen und entsprechend zusätzliche Ökostrom-Kapazitäten zur Verfügung stehen, die nicht zulasten der nationalen Dekarbonisierungsstrategien, der heimischen Bevölkerung oder der Umwelt gehen. Die Importquote am Primärenergiebedarf beträgt in Deutschland gegenwärtig rund 66 Prozent, es handelt sich dabei fast ausschließlich um fossile Primärenergieträger. Sie würde bei einer vollständig regenerativen Wirtschaftsweise in Form von Importen von Wasserstoff und Folgeprodukten deutlich unter diesem Wert liegen

Eine Energie- und Verkehrswende hier und heute aber, die auf solche Brennstoffe für einen Großteil der Häuser und den Straßenverkehr setzt, um einem Mehr an Gebäudeeffizienz oder einer tatsächlichen Mobilitätswende aus dem Weg zu gehen, dürfte dennoch auf tönernen Füßen stehen. Denn die Bezugsoption für die Unmengen von strombasierten Kraftstoffen, die dann benötigt würden, wäre mehr als wacklig. Sie setzte auf riesige Wirtschaftszweige im Ausland, die heute noch nicht einmal im Ansatz existieren und teilweise in äußerst sensiblen Regionen außerhalb Europas lägen. Hier nun Importe auf Biegen und

Brechen zu forcieren, könnte neuen kolonialen Strukturen den Weg ebnen.

3.2.6 Kosten

Die Kosten zur Herstellung von Wasserstoff über die Elektrolyse-Route sind maßgeblich bestimmt von den Stromkosten, von der Entwicklung der Investitionskosten für Elektrolyseanlagen und von der Anlagenauslastung. Im Falle von Importen kämen die Transportkosten als wesentliches Element hinzu. An dieser Stelle soll nicht auf die komplexen unterschiedlichen Szenarien zur Kostenschätzung eingegangen werden. Klar ist aber: Die Herstellung von grünem Wasserstoff und sein Einsatz sind gegenwärtig teuer, und das bleibt auch in den nächsten Dekaden so. Am Markt würden sich entsprechende Produkte ohne Unterstützung kaum absetzen lassen.

Nach der o. g. Studie des Öko-Instituts (Matthes et al. 2021) werden in der Bundesrepublik zum Ausgleich der durch den Einsatz von Wasserstoff entstehenden Betriebskosten bis zum Jahr 2035 zwischen 2,8 und 5 Milliarden Euro jährlich aufgebracht werden müssen. Für die Unterstützung der notwendigen Technologiewechselinvestitionen werden im Zeitraum bis 2030 sowie in den Jahren von 2031 bis 2035 noch einmal jeweils zwischen 3 und 5 Milliarden Euro pro Periode notwendig. Diese Abschätzungen gelten aber für einen effizienten Einsatz von Wasserstoff und seinen Folgeprodukten, nicht für einen zügellosen. Für Letzteren ergab eine UBA-Studie, dass beispielsweise ein umfassender Brennstoffzelleneinsatz im Straßenverkehr gegenüber einer möglichst direkten Nutzung von Strom über batterieelektrische Fahrzeuge im Zeitraum von 2020 bis 2050 rund 600 Milliarden Euro Mehrkosten verursachen würde (UBA 2019).

3.2.7 Förderung

Als Teil des Konjunkturpaketes 2020 sieht die Bundesregierung für die Nationale Wasserstoffstrategie Bundesmittel in Höhe von 9 Milliarden Euro vor. Diese Mittel sollen die erste Etappe des Markthochlaufs der Wasserstoffwirtschaft bis 2023 finanzieren. Von den 9 Milliarden Euro sind 7 Milliarden für den nationalen Hochlauf vorgesehen und 2 Milliarden für internationale Wasserstoffpartnerschaften. Dazu gehören der Aufbau einer Import-Infrastruktur und die Erzeugung von Wasserstoff in Drittstaaten. 2 Milliarden der 7 Milliarden Euro Inlandsmittel sind für Elektrolyseleistung vorgesehen, 1,5 Milliarden Euro für den Verkehr, 2,5 Milliarden Euro für die Stahl- und Chemie-Industrie und 1 Milliarde Euro für Infrastruktur. Deutschland wird jedoch voraussichtlich keine Subventionen für blauen Wasserstoff zur Verfügung stellen, erklärte im Januar 2022 Patrick Graichen, Staatssekretär unter Wirtschafts- und Klimaminister Habeck (Bundesregierung sagt Nein zu Förderung von „blauem Wasserstoff", Euractiv vom 18.01.2022).

Ein detaillierter Überblick über die Förderungen findet sich im Wasserstoff-Aktionsplan des Nationalen Wasserstoffrates (NWR 2021a). Der Rat beschreibt hier gesetzliche Grundlagen, erforderliche Rahmenbedingungen für den Markthochlauf, künftig wahrscheinliche Entwicklungen (nach Sektoren) sowie weiteren Handlungsbedarf hinsichtlich Forschung und Entwicklung, Technologieförderung und regulatorischem Umfeld. Weitere Informationen lassen sich ferner dem Sachstandsbericht der Bundesregierung zur Umsetzung der Nationalen Wasserstoffstrategie entnehmen (Bundesregierung 2021).

Kleine Farbenlehre des Wasserstoffs

Tatsächlich klimaschutztauglich ist nur **„grüner" Wasserstoff:** Elektrolyseanlagen spaltet mithilfe von Ökostrom Wasser in Wasserstoff und Sauerstoff auf.

Eine Wasserstoff-Elektrolyse mittels Graustrom (also mit einem Strommix aus dem Netz, der fossile Anteile enthält) nimmt hingegen CO_2-Emissionen bei der Stromerzeugung in Kauf, die umso höher sind, je höher der Anteil an Strom aus Kohle- oder Gaskraftwerken ist. Auch beim derzeit gängigsten Verfahren zur

Wasserstoff-Herstellung – der Dampfreformierung von Erdgas (Methan) – wird CO_2 in die Atmosphäre freigesetzt. Beide Methoden haben **„grauen“ Wasserstoff** zum Ergebnis.

In den ersten Entwürfen der Wasserstoffstrategie des Bundesministeriums für Wirtschaft wurde neben „grünem“ Wasserstoff auch **„blauer“ Wasserstoff** als „CO_2-frei“ definiert, obwohl diese Bezeichnung irreführend ist. „Blauer“ Wasserstoff bezeichnet Wasserstoff, dessen Erzeugung mit einem CO_2-Abscheidungs- und -Speicherungsverfahren gekoppelt werden muss (engl. Carbon Capture and Storage, CCS), also auf fossilen Grundstoffen und CO_2 als „Abfall“ beruht. Die Risikotechnologie CCS ist in Deutschland jedoch nicht ohne Grund hochumstritten. In der letztlich von der Bundesregierung verabschiedeten Wasserstoffstrategie wird „blauer“ Wasserstoff als „CO_2-neutral“ bezeichnet. Eine Studie der Cornell-Universität in New York kommt in einer Studie allerdings zu dem Schluss, dass „blauer“ Wasserstoff nur minimale Vorteile gegenüber der reinen Dampfreformierung ohne CCS hat. Die CCS-Technologie sei nicht in der Lage, 100 Prozent der entstehenden Kohlendioxidemissionen aufzufangen (Howarth/Jacobson 2021). Nach einer gemeinsamen Studie der Universitäten Cornell und Stanford ist die Klimabilanz von „blauem“ Wasserstoff beim Einsatz für Wärme sogar noch schlechter als die von Erdgas. Ursache seien der hohe Energieaufwand und die Methan-Emissionen der Vorkette (Burgess 2021).

„Pinker“ Wasserstoff entsteht auch im Elektrolyse-Prozess, allerdings mittels Atomstrom. Diese Variante wird gelegentlich auch **„gelber“ Wasserstoff** genannt.

Als **„türkiser“ Wasserstoff** (und ebenfalls CO_2-neutral im Sinne der verabschiedeten Wasserstoffstrategie) wird Wasserstoff benannt, der über die thermische Spaltung von Methan (Methanpyrolyse) in einem Hochtemperaturreaktor hergestellt wird. Anstelle von CO_2 entsteht dabei fester Kohlenstoff in großen Mengen. Voraussetzungen für die CO_2-Neutralität des Verfahrens sind auch hier Strom aus erneuerbaren Energiequellen und zudem die dauerhafte Bindung des Kohlenstoffs. Allerdings scheint „türkiser" Wasserstoff bislang nur in wenige Laboranlagen produziert zu werden; von einer industriellen Anwendung ist das Verfahren offensichtlich weit entfernt.

Aus Wasserstoff können **Folgeprodukte** hergestellt werden (Ammoniak, Methanol, Methan, Benzin, Diesel usw.). Sofern diese Produkte unter der Verwendung von „grünem" Wasserstoff erzeugt werden, wird in der Wasserstoffstrategie der Bundesregierung übergreifend von Power-to-X (PtX) gesprochen. Je nachdem, ob die erzeugten Folgeprodukte in gasförmiger oder flüssiger Form anfallen, spricht man von Power-to-Gas (PtG) oder von Power-to-Liquid (PtL).

Literatur

Agora Verkehrswende/Agora Energiewende/Frontier Economics (2018): Die zukünftigen Kosten strombasierter synthetischer Brennstoffe.

Agora Energiewende/Agora Verkehrswende/Stiftung Klimaneutralität (2021): Das Klimaschutz- Sofortprogramm. 22 Eckpunkte für die ersten 100 Tage der neuen Bundesregierung.

Arepo Consult (2022) Fair Green Hydrogen: Chance or Chimera in Morocco, Niger and Senegal? Studie im Auftrag der Rosa-Luxemburg-Stiftung.

BMBF – Bundesministerium für Bildung und Forschung (2020): H_2-Atlas Africa – Potenzialatlas Grüner Wasserstoff in Afrika, www.fona.de.

BMBF (2021): Potenzialatlas Wasserstoff: Afrika könnte Energieversorger der Welt werden, Meldung vom 20.05.2021, www.bmbf.de.

BMWK – Bundesministerium für Wirtschaft und Klimaschutz (2022): Eröffnungsbilanz Klimaschutz, www.bmwi.de.

BMWi – Bundesministerium für Wirtschaft (2020): Die Nationale Wasserstoffstrategie, www.bmwi.de.

Bundesregierung (2021): Bericht der Bundesregierung zur Umsetzung der Nationalen Wasserstoffstrategie, www.bmwi.de.

Burgess, James (2021): Blue hydrogen 20% worse for GHG emissions than natural gas in heating: study, Meldung vom 12.08.2021, www.spglobal.com.

Deutscher Bundestag (2020a): Antwort auf die Kleine Anfrage der Fraktion DIE LINKE: Ökologische Folgen und Kosten der Wasserstoffwirtschaft, BT-Drs. 19/18834.

Deutscher Bundestag (2020b): Antwort auf die Kleine Anfrage der Fraktion DIE LINKE. Ökologische Folgen und Kosten der Wasserstoffwirtschaft, BT-Drs. 19/21845.

Europäische Kommission (2021a): Europäischer Grüner Deal: Kommission schlägt Neuausrichtung von Wirtschaft und Gesellschaft in der EU vor, um Klimaziele zu erreichen, Pressemitteilung vom 14.07.2021.

Europäische Kommission (2021b): Vorschlag für eine Richtlinie des Europäischen Parlaments und des Rates zur Änderung der Richtlinie 2003/87/EG über ein System für den Handel mit Treibhausgasemissionszertifikaten in der Union, COM(2021) 551 final 2021/0211 (COD).

Europäische Kommission (2021c): Vorschlag für eine Verordnung des Europäischen Parlaments und des Rates zur Schaffung eines Mechanismus zur Anpassung der Kohlenstoffgrenzen, COM(2021) 564 final 2021/0214(COD).

Forschungszentrum Jülich (2021): H_2-Wasserstoff-Atlas Westafrika, https://africa.h2atlas.de.

Heinemann, Christoph et al. (2019): Die Bedeutung strombasierter Stoffe für den Klimaschutz in Deutschland. Bericht im Rahmen der BMBF-Initiative „Kopernikus-Projekte für die Energiewende“, Öko-Institut e. V.

Heinemann, Christoph/Mendelevitch, Roman (2021): Sustainability dimensions of imported hydrogen, Oeko-Institut Working Paper 8/2021.

Howarth, Robert/Jacobson, Mark (2021): How green is blue hydrogen? Energy Science & Engineering, Vol. 9, Issue 10, S. 1676–1687.

IWR – Internationales Wirtschaftsforum Regenerative Energien (2021): Bundesregierung will Import von „grünem" Wasserstoff beschleunigen, Meldung vom 23.06.2021, www.iwr.de.

Matthes, Felix et al. (2021): Die Wasserstoffstrategie 2.0. Untersuchung für die Stiftung Klimaneutralität, Öko-Institut e. V.

NWR – Nationaler Wasserstoffrat (2021a): Wasserstoff Aktionsplan Deutschland 2021–2025.

NWR (2021b): Nachhaltigkeitskriterien für Importprojekte von erneuerbarem Wasserstoff und PtX-Produkten, Positionspapier.

Piria, Raffaele et al. (2021): Wasserstoffimportsicherheit für Deutschland – Zeitliche Entwicklung, Risiken und Strategien auf dem Weg zur Klimaneutralität. Hrsg. vom Kopernikus-Projekt Ariadne am Potsdam-Institut für Klimafolgenforschung (PIK).

Prognos/Öko-Institut/Wuppertal-Institut (2021): Klimaneutrales Deutschland 2045. Wie Deutschland seine Klimaziele schon vor 2050 erreichen kann. Studie im Auftrag von Stiftung Klimaneutralität, Agora Energiewende und Agora Verkehrswende.

Rudolph, Frederic (2019): Der Beitrag von synthetischen Kraftstoffen zur Verkehrswende: Optionen und Prioritäten, Kurzstudie im Auftrag von Greenpeace Deutschland, Wuppertal Institut für Klima, Umwelt, Energie.

UBA – Umweltbundesamt (2019): Sensitivitäten zur Bewertung der Kosten verschiedener Energieversorgungsoptionen des Verkehrs bis zum Jahr 2050. Abschlussbericht, Texte 114/2019, www.uba.de.

Witt, Uwe (2021): Klimaschutz per Gericht, www.zeitschrift-luxemburg.de.

4 Inflation – Triebkräfte bändigen und sozial flankieren

Nach einer Inflationsrate nahe null im Corona-Abschwungsjahr 2020 ist der Verbraucherpreisindex in den vergangenen Monaten um mehr als 5 Prozentpunkte gestiegen. Ein Ende dieser Inflation ist derzeit nicht in Sicht. In diesem Kapitel wird zuerst die Frage nach den Ursachen dieses Geldwertverlustes der privaten Haushalte beantwortet, zu denen pandemiebedingte Sonderfaktoren wie Lieferkettenprobleme und die massiv ansteigenden Rohstoff- und Energiepreise gehören. Untersucht wird auch der als „Greenflation" titulierte Einfluss der politisch gewollten Abgaben auf den CO_2-Ausstoß. Die Arbeitsgruppe Alternative Wirtschaftspolitik kritisiert die Forderung, gegen diese Preissteigerungen mit einer restriktiven Geldpolitik vorzugehen. Vielmehr stellen sich die Aufgaben, die Pandemie zu bewältigen, Spekulationsgeschäfte und monopolistische Preistreiberei zu bekämpfen sowie den militärischen Aggressionen Einhalt zu gebieten. Abgeschlossen werden die Ausführungen mit Vorschlägen, hier und heute der ungerechten Verteilungswirkung der Inflation zulasten der Einkommensschwachen mit staatlichen Instrumenten entgegenzuwirken.

***

Nach einer Inflationsrate nahe null im Corona-Abschwungsjahr 2020 ist der Verbraucherpreisindex im Jahr 2021 kontinuierlich bis Dezember auf einen Wert von 5,3 Prozent gegenüber dem Vorjahresmonat gestiegen. Auf das gesamte Jahr gerechnet nahm die Rate der Geldentwertung auf 3,1 Prozent zu. Damit überschritt sie die Zielinflationsrate der Europäischen Zentralbank (EZB) von 2 Prozent deutlich. Es ist noch nicht lange her, da dominierte in der Eurozone, auch in Deutschland, eher die Sorge vor einer Deflation, die durch sinkende Preise die Unternehmenserlöse auf breiter Front reduziert und die Gesamtwirtschaft schrumpfen lässt. Nun löst der seit 30 Jahren nicht mehr so stark angestiegene Verbrauchpreisindex hierzulande massive Inflationsängste aus – die zum Teil bewusst geschürt werden. Die Erinnerung an die Hyperinflation in der Weimarer Republik Anfang der 1920er Jahre wird beschworen. Die heute mobilisierten Inflationsängste dienen der Rückkehr zur alten, radikalen Marktideologie: Der Staat, der mit seiner schuldenfinanzierten Politik erfolgreich gegen die Corona-Krise vorgegangen ist, wird als Inflationstreiber verunglimpft. Tatsächlich sind die steigenden Staatsschulden der vergangenen Jahre wegen der unersättlichen Nachfrage der Finanzmärkte nach Staatstiteln mit niedrigen Inflationsraten und sogar negativen Renditen für öffentliche Anleihen einhergegangen. Nichtsdestotrotz werden nun wieder alte neoliberale Narrative vorgetragen, etwa die Gewerkschaften beschuldigt, eine inflationssteigernde Lohnpolitik zu betreiben – was im Widerspruch zur realen Entwicklung steht. So wird etwa das schiefe Bild von der „Lohn-Preis-Spirale" beschworen. Wenn es überhaupt zu einer „Spirale" käme, dann stünden am Anfang allerdings die gestiegenen Preise. Natürlich müssen sich die Gewerkschaften entscheiden, wie sie in ihrer künftigen Tarifpolitik mit der die Reallöhne dezimierenden Inflation umgehen. Dabei steht für sie die Zielinflationsrate der EZB von 2 Prozent als mittelfristig untere Grenze des Inflationsausgleichs fest. Die Erwartung sich lohnbedingt aufschaukelnder Preissteigerungen ist jedoch nicht im Mindesten gerechtfertigt. Ursächlich für die Inflation waren die Lohnforderungen der Gewerkschaften schon in früheren Zeiten nicht, und sie sind es unter den aktuell gegebenen Machtverhältnissen in der Wirtschaft erst recht nicht. Hinzu kommt, dass die Politik die Beschäftigten mit staatlichen Maßnahmen zur sozialen Kompensation der stark gestiegenen Energiepreise entlasten will.

4.1 Drohender Rückfall in den Monetarismus

Bei marktradikalen, monetaristisch argumentierenden Ökonom*innen steht die EZB im Zentrum der Suche nach den Ursachen der Verbraucherpreisinflation. Ihre Niedrigzinspolitik mit dem Null-

Leitzins und dem Minuszins für Bankeinlagen, die auch zu Beginn des laufenden Jahres beibehalten wurde, sei dafür verantwortlich, heißt es. Hinzu kommen die fünf Programme der EZB zum Ankauf von Staats- und Unternehmensanleihen.

Ende des Jahres 2021 befanden sich über 4,9 Billionen Euro an Wertpapieren im Portfolio der EZB. Dabei dient das zuletzt aufgelegte Pandemie-Notfall-Ankaufprogramm (Pandemic Emergency Purchase Programme) mit einem Gesamtvolumen von 1,85 Billionen Euro der Stärkung der durch die Corona-Krise hart getroffenen Gesamtwirtschaft. Die Bilanzsumme der EZB ist durch diese Ankaufpolitik erheblich gewachsen, zum Amtsantritt von Christine Lagarde im November 2019 stand sie noch bei 2,57 Billionen Euro. Diese Geldmenge schaffe jedoch, so der Vorwurf aus Sicht des Monetarismus, ein gesamtwirtschaftliches Liquiditätspotenzial für eine Nachfrage, die das Angebot bei weitem übersteigt – mit der Folge der Geldentwertung. Hans-Werner Sinn bemüht hierzu das auffällig populistische Bild „vom süßen Geld der Druckerpressen“, die lahmgelegt werden müssten. Dem liegt die Ideologie eines sich über das freie Spiel der Preise immer wieder selbst stabilisierenden Marktsystems zugrunde. Wenn es zu Krisen kommt, dann sind die drei „außermarktlichen Störenfriede“ am Werk: Geld- und Finanzpolitik zusammen mit der Lohnfindung der Tarifparteien. Sie werden stets zum Schuldigen an der Inflation erklärt.

Die daraus gebastelte Antiinflationspolitik, die die Preissetzungsmacht der marktbestimmenden Unternehmen ausblendet, lautet: Keine kreditfinanzierten Staatsausgaben und Lohnzurückhaltung. Dazu kommt die Forderung nach einem geldpolitischen Restriktionskurs: Ausstieg aus den Programmen zum Ankauf von öffentlichen und Unternehmensanleihen und damit Entzug von Liquidität sowie steigende Zinssätze. Mit keinem Wort wird darauf hingewiesen, dass sich der EZB bisher die Aufgabe gestellt hat, die zu niedrige Inflationsrate durch expansive Geldpolitik in Richtung der Zielrate von 2 Prozent, die mittelfristig nicht über- bzw. unterschritten werden soll, nach oben zu drücken. Die Untergrenze von 2 Prozent dient der wachsenden Wirtschaft als Schmiermittel und Sicherheitspuffer. Sie soll das Abrutschen in deflationäre Lagen verhindern, oder anders ausgedrückt: Würde die Geldpolitik etwa eine Inflationsrate von 1 Prozent mit restriktiver Geldpolitik bekämpfen, dann droht die Gefahr, einen deflationären Prozess auszulösen. Kredite wären nicht mehr finanzierbar und Arbeitsplätze bedroht.

Mit der lauter werdenden Kritik an der expansiven Geldpolitik zur Vermeidung von Deflation und zur Stärkung der Gesamtwirtschaft droht eine Wiederkehr des tot geglaubten, auf Milton Friedman zurückgehenden Monetarismus: Ein aus eigener Kraft ultrastabiles Marktsystem braucht demnach keine aktive Finanzpolitik und keine diskretionäre Geldpolitik, die an der Konjunktur ausgerichtet ist. Da die Ursache der Inflation geldpolitisch ausschließlich in einer falschen Zentralbankpolitik gesehen wird, rückt das antiquierte, aber gescheiterte Modell der regelgebundenen Liquiditätsversorgung in den Mittelpunkt. Dabei agiert die Zentralbank nicht so sehr als wirtschaftspolitischer Entscheidungsträger, sondern mehr oder weniger als Automat. Zielgröße einer automatisch wirkenden, monetären Versorgung ist das mittelfristig erwartete reale Wirtschaftswachstum. Dieser Monetarismus, dessen Siegeszug Anfang der 1970er Jahre in Deutschland durch die Umstellung der Geldpolitik der Deutschen Bundesbank vom Liquiditätskonzept zur regelgebundenen Geldmengensteuerung vollzogen wurde, ist weltweit gescheitert. Die Realität lehrt, dass konjunkturelle Abschwünge, vor allem tiefe Abstürze der Gesamtwirtschaft, eine gegensteuernde, mit der Finanzpolitik abgestimmte Geldpolitik erforderlich machen. Zudem übersieht dieses geldpolitische Konzept zur Bekämpfung der Inflation die heutige Dominanz der Finanzmärkte. Unter dem Regime des Spekulationskapitalismus wird die geldpolitisch gewollte Liquidität nicht unmittelbar zu einer Ausweitung der gesamtwirtschaftlichen Warennachfrage genutzt. Vielmehr dominieren die gegenüber der Produktionswirtschaft übermächtigen Finanzmärkte. Auch die zum großen Teil erfolgreiche Politik der EZB widerlegt die Tauglichkeit des Monetarismus. Hierfür steht die expansive Geldpolitik in den vergangenen Jahren. Sie wurde im Widerspruch zu monetaristischen Trugschlüssen nicht von steigenden, sondern viele Jahre von zu niedrigen Inflationsraten begleitet. Der geldpolitische Kampf galt der Deflation, nicht der Inflation. Würde die EZB auf die monetaristischen

Verheißungen setzen, dann wären schwere Belastungen der Gesamtwirtschaft zu erwarten. Wie wenig die Notenbankpolitik derzeit gegen die Inflation ausrichten kann, wird durch die nachfolgende Analyse der treibenden Preise auf den Energie- und Nahrungsmittelmärkten deutlich. Jedenfalls sorgen die nominalen Nullzinsen, die beim Sparen negative Realzinsen bescheren, über preiswerte Kredite für eine Stärkung der Gesamtwirtschaft, für Arbeitsplätze und für Arbeitseinkommen. Mit dem Rückgriff auf den Monetarismus, der die profitwirtschaftlichen Marktwirtschaft entfesseln will, lassen sich die Triebkräfte der heutigen Inflation nicht zügeln.

4.2 Komplexität der Inflationsursachen: Energiepreise, Pandemie und ökologischer Umbau (CO_2-Bepreisung)

Die monetaristisch orientierte Kritik an der Geldpolitik der EZB unterstellt, dass die nach dem Verbraucherpreisindex berechnete Inflationsrate durch eine das gesamtwirtschaftliche Angebot deutlich übersteigende Nachfrage nach Gütern und Dienstleistungen erzeugt wird. Daraus wird die Forderung nach einer restriktiven Geldpolitik mit dem Ziel der Verknappung bzw. Verteuerung der durch die Notenbank zur Verfügung gestellten Liquidität abgeleitet. Doch dieses Deutungsmuster taugt nicht zur Erklärung der derzeitigen Inflationsentwicklung. Um die Inflationsursachen zu erschließen, sind drei Einflussgruppen zu unterscheiden:

- Erstens wird die Inflation vorrangig durch die enormen Preissteigerungen bei den meist importierten Energiegütern und den Nahrungsmitteln angetrieben.
- Zweitens löst die Pandemie Inflationsprozesse auf der Angebotsseite aus, etwa durch gerissene Lieferketten (Janssen/Beckmann 2021).
- Drittens kommen infolge des ökologischen Umbaus politisch verordnete Preiserhöhungen hinzu, mit denen die bisher externalisierten Umweltkosten im Preissystem internalisiert werden sollen. Im Mittelpunkt steht hierbei die CO_2-Bepreisung.

Der allgemeine Verbraucherpreisindex, dessen Basis ein für die privaten Haushalte typischer Warenkorb ist, lässt als aggregierte Größe die aktuellen Inflationsursachen nicht erkennen. Zur Identifikation der Triebkräfte der Inflation ist es nötig, in den Warenkorb mit den 650 gewichteten Arten an Gütern und Dienstleistungen genauer hineinzuschauen. Es müssen die Warenarten identifiziert werden, deren Preise weit überproportional gestiegen sind. So steht hinter der durchschnittlichen Inflationsrate von 5,3 Prozent im Dezember 2021 (gegenüber dem Vorjahresmonat) ein überdurchschnittlicher Anstieg des Energie-Verbraucherpreisindexes von 18,3 Prozent und der Nahrungsmittelpreise von 6 Prozent. Bei der im Januar 2022 festgestellten Inflationsrate von 4,9 Prozent stieg der Index der Energiepreise um 20,5 Prozent, der Index der Nahrungsmittel ging leicht auf 5,0 Prozent zurück. Diese Entwicklung wird sich noch einige Zeit fortsetzen. Eine Antiinflationspolitik muss also diese Preistreiber gezielt ausbremsen. Die Notenbank ist hier hilflos. Sie kann mit restriktiver Geldpolitik, insbesondere durch höhere Leitzinsen, keinen Druck auf die Inflationstreiber ausüben. Die Gesamtwirtschaft würde sie jedoch schwer belasten.

Hinter den gestiegenen Verbraucherpreisen stehen die im Durchschnitt überraschend hohen Erzeugerpreise, die bis Dezember 2021 binnen Jahresfrist um 24,2 Prozent gestiegen sind. Bisher haben die Unternehmen diese Verteuerung nur zum Teil an die privaten Haushalte weitergegeben. Die wichtigsten Komponenten dieser Erzeugerpreisinflation sind um 69 Prozent gestiegene Energiepreise und um 19,3 Prozent gestiegene Vorleistungspreise (vor allem Preise für Metalle, Roheisen, Stahl und Ferrolegierungen, Nichteisenmetalle und deren Halbzeug sowie Holz, Papier, Pappe, Futtermittel für Nutztiere und Getreidemehl).

Die inländischen Erzeuger- und Verbraucherpreise werden wiederum maßgeblich durch teurer gewordene Importe getrieben. Von einem vergleichsweise niedrigen Niveau des Jahres 2020 aus gesehen sind die Preise für importierte Güter zwischen Dezember 2020 und Dezember 2021 im Durchschnitt um 24 Prozent gestiegen. Besonders auffällig waren die Preissteigerungen für importierte Energieträger: Erdgas verteuerte sich um 267,5 Prozent, Steinkohle um154,3 Prozent, Erdöl um 65,3 Prozent und Mineralölerzeugnisse um 68,5 Prozent.

Diese Kette von Preiserhöhungen auf der Erzeugerseite, die durch Importe geprägt werden, schlagen sich im Verbraucherindex nieder. Nach dem letztmals 2015 festgelegten Warenkorb gehen derzeit die Preise für Strom, Gas und andere Brennstoffe mit 6,82 Prozent und für Kraft- und Schmierstoffe mit 3,52 Prozent in den Verbraucherpreisindex ein. Dieser Blick auf die Inflationstreiber bleibt der monetaristischen These von der überschüssigen Nachfrage verschlossen. Vor allem lassen sich diese mit einer auf das allgemeine Preisniveau ausgerichteten, restriktiven Geldpolitik nicht bändigen. Vielmehr müssen die Ursachen der stark überdurchschnittlich steigenden, für die Grundversorgung wichtigen Preise erklärt werden. Auf den Energiemärkten beispielsweise spielen konzentrierte ökonomische Macht und geostrategische Interessen eine große Rolle. Was etwa die Gas- und Rohölmärkte angeht, wurden im Jahr 2020 von den durch die Unternehmen und privaten Haushalte in Deutschland konsumierten 90 Milliarden Kubikmetern Erdgas über 55 Prozent aus Russland importiert. Diese Abhängigkeiten Deutschlands von Gaslieferungen und wiederum Russlands von Devisen führen zwangsläufig zu einer Politisierung der Gaspreise. Hinzu kommt unternehmerisches Missmanagement bei der Sicherung von Gasreserven. Auch der Anfang dieses Jahres auf den Rekordwert von über 1,70 Euro je Liter angestiegene Benzinpreis verweist auf die dahinterstehenden Rohölmärkte. Dort herrscht das OPEC-Kartell. Trotz dessen Zusage Ende des Jahres 2021, die Tagesförderung um 400.000 Barrel zu erhöhen, dominiert infolge des durch den weltweit einsetzenden Aufschwung ausgelösten Nachfrageschubs eine Angebotsknappheit. Die Preise werden strategisch durch die OPEC-Länder bestimmt, worauf die Politik etwa in Deutschland keinen direkten Einfluss hat. Damit bleibt nur die Perspektive, die Abhängigkeit vom Öl abzubauen. Die strategisch beeinflussten Preise dieser Rohstoffe werden zusätzlich durch Spekulationsgeschäfte (auf der Basis von Derivaten) auf den Warenterminmärkten nach oben getrieben.

In der Übergangsphase verdient die Idee Anerkennung, gegen diese aggressive Preispolitik auf den Energiemärkten ordnungspolitisch mit Preisstopps vorzugehen. Einen Vorschlag dazu hat die anerkannte Wirtschaftswissenschaftlerin Isabella Weber, die an der University of Massachusetts Amherst lehrt, Ende des Jahres 2021 unterbreitet (Weber 2021). Sie zeigt überzeugend, dass gegenüber diesen strategischen Monopolpreisen die Geldpolitik versagen muss. Zudem rückt sie die auch geostrategisch beeinflussten Marktverhältnisse in den Mittelpunkt. Barsche Kritik aus der männerdominierten Ökonomenzunft brach über sie herein. Immerhin hat sich der ansonsten renommierte Paul Krugman für seine Polemik gegen Isabella Weber „extrem entschuldigt" („Wie sexistisch ist die Ökonomenzunft?", Handelsblatt vom 25.01.2022).

4.3 Pandemiebedingte Sonderfaktoren der Inflation

Grundsätzlich prägt der Rhythmus der Pandemie die gesamtwirtschaftliche Entwicklung und beeinflusst damit auch die Inflation. Der Anstieg des Verbraucherpreisindexes von 0,5 Prozent im Jahr 2020 auf 3,1 Prozent im Jahr 2021 ist maßgeblich auf pandemiebedingte Sonderfaktoren zurückzuführen. Wie lange diese Sonderfaktoren noch wirken, also die transitorische Inflation andauert, hängt maßgeblich vom weiteren Verlauf der Pandemie ab. Während seit Beginn des Jahres 2022 bereits Sondereinflüsse an Kraft verlieren (etwa die befristete Senkung der Mehrwertsteuersätze), wird deren inflationsdämpfende Wirkung durch gleichzeitig nochmals stark steigende Energiepreise verdeckt. Die wichtigsten pandemiebedingten Sondereinflüsse auf die Inflation sind:

1. Der Basiseffekt: Während die deutsche Gesamtwirtschaft nach einem Wachstum um 1,1 Prozent im Jahr 2019 im folgenden Pandemiejahr durch die unterschiedlichen nationalen und weltweiten Lockdown-Maßnahmen um 4,6 Prozent abgestürzt ist, hat sich die Inflationsrate im Jahr 2020 mit 0,5 Prozent eher an der Nulllinie bewegt. Die durch den nachfolgenden „verzögerten Aufschwung" weltweit expandierende Nachfrage führte zu steigenden (absoluten) Hersteller- und Verbraucherpreisen. Von der niedrigen Basis aus

kam es zu einem vergleichsweise hohen Anstieg der Inflation. Vor allem die vom niedrigen Niveau des Jahres 2020 ausgehend enorm steigenden Preise im Energiebereich führten zu vergleichsweise hohen Inflationsraten. So hat beispielsweise der Preisindex der privaten Haushalte für Heizöl und Kraftstoffe vom November 2020 bis November 2021 um über 51 Prozent und für Strom, Gas und Brennstoffe um über 12 Prozent zugenommen.

2. Für die Preissteigerungen verantwortlich sind auch das Angebot an Gütern und Dienstleistungen sowie deren Nachfrage. Durch die unterschiedlich intensiven Lockdowns bis hin zur temporären Schließung von Produktionsstätten wurde das Angebot reduziert. Als im Zuge des allmählich einsetzenden Aufschwungs die Nachfrage wieder zunahm, kam es zu Angebotsengpässen. In diesem Klima von Nachfrageüberschüssen stiegen auch die durch marktbestimmende Unternehmen forcierten Preise. Vor allem die strukturelle Angebotsknappheit führt zu enormen Preissteigerungen in der Unternehmenswirtschaft und bei den privaten Haushalten.
3. Ein besonders starker Einfluss auf die preistreibende Verknappung des Angebots geht von den weltweiten Engpässen entlang der Lieferketten infolge der Corona-Krise aus. Güter kommen mangels Transportknappheit und Unterbrechung der Transportwege nicht am Ort der Nachfrage an. Pandemiebedingt fehlt es auch am Angebot von Lkw-Fahrleistung. Die Lage in der internationalen Containerschifffahrt ist seit Monaten dramatisch. Laut dem „Global Disruption Indicator“ des Logistikdienstleisters Kühne & Nagel sind derzeit über 6.000 Containerschiffe in Warteposition, nicht nur in Nordamerika und China (wegen geschlossener Häfen), sondern auch in Europa (vor allem im Rotterdamer Hafen). Während der Welthandel wieder zunimmt, stecken nach einer Studie des Instituts für Weltwirtschaft 11 Prozent aller weltweit verschifften Waren derzeit im Stau (IfW-Institut: Weiterhin Stau in der Containerschifffahrt, Handelsblatt vom 07.02.2022). Diese Disruptionen in den Lieferketten belasten besonders das vom internationalen Handel abhängige Deutschland. Mitte des Jahres 2021 hat das Institut für Weltwirtschaft für das gesamte Jahr 2020 die daraus resultierenden

direkten Kosten Deutschlands auf 25 Milliarden Euro geschätzt (Jannsen/Beckmann 2021). Dabei überwälzen die Unternehmen nach einer internen Studie der Deutschen Bundesbank nicht nur die aufgrund der Liefer- und Transportengpässe gestiegenen Kosten über die Preise auf die Verbraucher*innen. Zusätzlich versuchen sie, die starke Nachfrage zu nutzen, um ihre Gewinnmargen auszuweiten. Damit erkennt die Deutsche Bundesbank den Einfluss der von vielen Unternehmen genutzten Preissetzungsmacht auf die Verbraucherpreise. Unternehmen lernen aber auch aus diesen Lieferstörungen. Angepasste Geschäftsmodelle konzentrieren sich auf den Ausbau resilienter Lieferketten. Dazu gehört auch der Rückzug auf Lieferbeziehungen innerhalb der EU sowie der Ausbau regional-lokaler Produktion.

4. In Deutschland haben die in der zweiten Hälfte das Jahres 2021 gesenkten Mehrwertsteuersätze von 19 Prozent auf 15 Prozent, bzw. von 7 Prozent auf 5 Prozent, die Inflationsrate – je nach den Annahmen zur Überwälzung – um 0,5 bis 1,0 Prozentpunkte erhöht. Der zugehörige Einnahmeausfall des Staates von ca. 20 Milliarden Euro ist verschenkt worden. Vorgezogene Käufe zur Nutzung der niedrigen Mehrwertsteuersätze haben im Jahr 2021 nach der Rückkehr zu den alten Steuersätzen zu Nachfragedefiziten geführt. Wegen des weggefallenen Effekts der Mehrwertsteuersenkung wurde mit einem stärkeren Rückgang der Gesamtinflationsrate für den Januar 2022 gerechnet. Die erneut stärker steigenden Energiepreise überlagerten den Rückgang der Inflationsrate durch die beendete Mehrwertsteuersenkung jedoch, und die Inflationsrate erreichte 4,9 Prozent.

Die hier beschriebenen Sondereinflüsse durch die Corona-Krise, die die Inflationsrate nach oben getrieben haben, lassen sich mit einer restriktiven Geldpolitik nicht ernsthaft bekämpfen. Ein geldpolitischer Kurswechsel durch steigende Leitzinsen sowie der zügige Ausstieg aus den Programmen zum Ankauf von Anleihen durch die EZB würde am Ende die Energiepreise nicht treffen, aber die gesamtwirtschaftliche Entwicklung durch steigende Kreditkosten der Unternehmenswirtschaft schwer belasten. Deshalb muss die Geldpolitik weiterhin die gesamtwirtschaftliche Basis mit billigem Geld stärken und durch eine aktive Finanzpolitik begleitet werden. Ohnehin wird sich die Inflationsentwicklung im Zuge der Abschwächung der pandemiebedingten Sondereinflüsse verlangsamen. Letztlich bestimmt der künftige Verlauf der Corona-Pandemie über die Dynamik dieser Einflüsse auf die Inflation. Lange fielen die Erwartungen der EZB bezogen auf die inflationsdämpfenden Einflüsse eines sich abschwächenden Pandemieverlaufs zu optimistisch aus. Dagegen ist der Einfluss steigender Energiepreise deutlich unterschätzt worden. Um Letztere zu bremsen, sind politische Interventionen in die Energiemärkte bis zu hin zu temporären Preisobergrenzen mit einer langfristigen Perspektive erforderlich.

4.4 Ökologische Preisgestaltung gegen fossile Inflation

Zu den auf breiter Front steigenden Energiepreisen und den durch die Corona-Krise erzeugten Inflationseffekten kommen die Preiseffekte durch den gezielten ökologischen Umbau. Im Mittelpunkt stehen nicht nur die politisch gewollten Preisaufschläge auf den CO_2-Ausstoß. Die öffentlichen und privaten Investitionen in den ökologischen Umbau führen zur massiven Ausweitung der Nachfrage nach den erforderlichen Vorleistungen und Produkten. Dies belegt beispielsweise die explodierende Nachfrage nach Kupfer zum Aufbau von Netzen zur Weiterleitung von Windenergie-Strom. In der aktuellen Kontroverse über den ökologischen Umbau werden diese Preiseffekte mit dem eigens geschaffenen Kofferwort „Greenflation“ versehen. Die Diskussionen über dieses Etikett „grüne Inflation“ sind allerdings ambivalent zu bewerten (Hickel 2022). Im Kontext der Fundamentalkritik an einer entschiedenen Politik gegen die Klimakrise werden einerseits ökologisch begründete Inflationsängste geschürt. Andererseits neigen die Befürworter*innen einer konsequenten Politik des nachhaltigen Umbaus dazu, die Auswirkungen auf den Geldwert zu bagatellisieren. Zur Aufklärung dieser Kontroverse dienen drei Hinweise:

1. Der ökologische Umbau wird vor allem in der Anfangsphase bei den Produkten, deren CO_2-Intensität zurückgeführt werden muss,

logischerweise zu höheren Preisen führen. Die fossilen Produktionsverfahren und die entsprechenden Produkte werden teurer.
2. Während sich in einer ersten längeren Phase die Inflationsrate für die privaten Haushalte erhöht, ist bei einer ökologisch nachhaltigen Wirtschaftsweise am Ende eher mit einer preisdämpfenden Tendenz zu rechnen. An die Stelle der teuren Fossilenergie tritt die Nutzung des ohne Eigentumsrechte nutzbaren Windes.
3. Die ökologisch gewollten Preissteigerungen führen zur sozialen Ungleichverteilung der Belastungen. Deshalb bedarf es einer sozialen Flankierung zugunsten niedriger Einkommen bis hin zu Familien in der Mittelschicht. Ökologische Transformation und soziale Gestaltung sind die beiden Seiten ein und derselben Medaille.

Der heute noch vergleichsweise schwache Beitrag des ökologischen Umbaus zur Inflation wird in den kommenden Jahren zuerst zunehmen. Jedenfalls spiegelt die Greenflation eine gewollte Veränderung der relativen Preise wider. Die Preise für klimaschädliches Produzieren und Konsumieren müssen steigen. Dadurch wird ein Anreiz für Innovationen und Investitionen in eine klimaneutrale Wirtschaftsweise gesetzt. Die beispielsweise durch die CO_2-Bepreisung erzielten staatlichen Einnahmen lassen sich zum begleitenden Ausbau der ökologischen Infrastruktur sowie zum erforderlichen Sozialausgleich nutzen. Langfristig ist an der Preisfront eine deflationäre Entwicklung zu erwarten. So werden etwa durch die klimapolitisch gewollten CO_2-Aufschläge erst einmal die Kosten der herkömmlichen Stahlproduktion mit hohem CO_2-Austoß steigen. Ist die Stahlproduktion dann auf den Einsatz von grünem Wasserstoff, der mit Windenergie erzeugt wird, umgestellt, stabilisieren sich die Stahlpreise möglicherweise auf einem höheren Niveau. Jedenfalls sind in der Transformationsphase staatliche Hilfen in großem Ausmaß erforderlich.

Diese politisch gewollte und sozial beherrschbare Greenflation hat ihren Grund in der fossilen Produktionsweise, die mit fortschreitender Erderwärmung zu stetig steigenden Schäden führt. Diese Umweltschäden wurden die längste Zeit nicht erfasst und dadurch auch nicht als soziale Kosten bei der Marktpreisbildung eingerechnet. Die durch das ökologisch ignorante Wirtschaften erzeugten Umweltschäden und die daraus erwachsenden Reparaturkosten sind zwar in der gemessenen Inflationsrate nicht sichtbar. Sie lassen sich jedoch als „fossile Inflation“ bezeichnen. Die heutigen Kosten des ökologischen Umbaus sind der Preis, der für die Verdrängung der fossilen Inflation bezahlt werden muss. Gegen die über Jahrzehnte nicht direkt sichtbare und damit auch nicht kalkulierbare fossile Inflation richtet sich jetzt die Politik der Dekarbonisierung der Produktions- und Konsumweise. Deren unvermeidbare Preiseffekte, die heute als Greenflation etikettiert werden, sind das Ergebnis einer Politik, die das Preissystem auf die „ökologische Wahrheit“ ausrichtet. Die Leitidee lautet: Weil die Externalisierung sozial-ökologischer Kosten zum Teil bereits irreparable Umweltschäden ausgelöst hat, erzwingt die heute verordnete ökologische Preispolitik die Internalisierung dieser gesellschaftlichen Kosten in der betrieblichen Rechnungslegung. Wäre die fossile Inflation durch konsequente Umweltpolitik von Anfang an verhindert worden, dann müsste heute nicht mit entsprechender Preispolitik reagiert werden. Vom Stopp der ökologisch unverantwortlichen Produktionsweise werden am Ende die zukunftsfähigen Unternehmen profitieren.

Das Verhältnis zwischen fossiler und grüner Inflation lässt sich an den folgenden durch das Umweltbundesamt (UBA) spezifizierten Eckwerten zeigen: Die monetarisierten gesellschaftlichen Kosten allein durch die Emission von Treibhausgasen in Deutschland wurden für das Jahr 2019 auf mindestens 156 Milliarden Euro geschätzt (UBA 2021). Die wichtigsten Einzelposten sind umweltbedingte Gesundheitskosten, Materialschäden, Ernteausfälle und Schäden in den Ökosystemen. Aus diesen Umweltschäden lässt sich der künftig erforderliche Preisaufschlag für den CO_2-Ausstoß ableiten. Für das Jahr 2021 decken 201 Euro pro CO_2-Tonne diese Schadenssumme. Dieser Preis, mit dem die fossile Inflation abgebaut werden soll, ist die Basis der Greenflation mit dem Ziel, die Erderwärmung in Richtung des 1,5-Grad-Ziels einzudämmen. Im Vergleich hierzu ist der politisch beschlossene Pfad der CO_2-Abgabe im Bereich Wärme und Verkehr, die Anfang 2021 mit 25 Euro pro Tonne gestartet wurde und bis zum Jahr 2026 auf 55 bis 65 Euro ansteigen soll, viel zu niedrig angesetzt.

Mittlerweile liegen umfangreiche Studien vor, die den Beitrag der Greenflation zur allgemeinen Inflationsrate untersuchen.

Erstens: Durch die aktuelle Politik des ökologischen Umbaus werden Veränderungen bei den relativen Preisen ausgelöst. Die Preise für klimaschädliches Verhalten müssen steigen, um Anreize für Innovationen und klimaneutrale Wirtschaftsprozesse zu setzen. Der Sinn der Preiserhöhung ist auf der einen Seite der Austausch von Produkten mit hoher Umweltbelastung durch grüne Produkte und Produktionsverfahren. Auf der anderen Seite steigt die Nachfrage nach Produkten, die dem Erreichen umweltpolitischer Ziele dienen. Bei unzureichenden Angebotspotenzialen steigen hier die Preise besonders stark, es kommt zu Lieferengpässen. Die Wende zur grünen Energie löst eine gigantische Zunahme notwendiger Vorleistungsprodukte aus. Dafür steht beispielhaft die rasant ansteigende Nachfrage nach Kupfer für Anlagen der Solar-, Wind- und Wasserenergie sowie nach Nickel, Kobalt und Lithium für Batterien und Akkus. Auf der Basis eines Szenarios, mit dem ab 2020 bis 2040 eine Netto-Nullemission an Treibhausgasen erreicht werden soll, hat Lukas Boer vom Deutschen Institut für Wirtschaftsforschung errechnet, dass die Nachfrage bis zum Jahr 2040 bei Lithium um 2.325 Prozent steigen würde, bei Kobalt um 634 Prozent, bei Nickel um 325 Prozent und bei Kupfer um 171 Prozent (Boer 2022). Steigende Preise dürfen auch wegen der zum Teil beschränkten Angebotskapazitäten nicht überraschen. Die durch die Energiewende vorangetriebene Nachfrage lässt die Vermutung zu, dass der Produktionswert dieser Metalle eine der Ölproduktion vergleichbare Bedeutung erreichen könnte. Gegen diesen Preisdruck infolge der Energiewende wäre es völlig unsinnig, die Geldpolitik einzusetzen. Nicht die Inflationsrate, sondern die strategisch beeinflussbaren Preise der ökologischen Transformation sind entscheidend.

Im Rahmen einer abgestimmten Industriepolitik müssen die Ressourcen Gas, Öl, Kohle und Metalle auf die unterschiedlichen Produktions- und Nachfragebedingungen konzentriert werden. Dabei muss allerdings die steigende Produktion im Dienst der ökologischen Wende vor allem bei der Aufbereitung natürlicher Rohstoffe ebenfalls ökologisch neu bewertet werden, etwa wenn durch Rohstoffabbau die

Umwelt oftmals durch einen riesigen Wasserbedarf belastet wird. Es geht dabei um die Erfassung der gesamten ökologischen Kreisläufe, damit der ökologische Umbau nicht durch ökologische Zerstörung an anderer Stelle erkauft wird.

Zweitens: Wenn heute von der Greenflation gesprochen wird, geht es meistens nicht um die mittelbaren Preiseffekte der durch den ökologischen Umbau ausgelösten Nachfrageverschiebungen und die Veränderung der relativen Preise zulasten der fossilen Produktion. Vielmehr steht der Beitrag der auf die gesamte Inflationsrate durchschlagenden CO_2-Abgaben im Mittelpunkt. Zwei Arten der Preisaufschläge werden derzeit genutzt:

- Für das Recht, CO_2 ausstoßen zu dürfen, werden Umweltzertifikate eingesetzt. Die Regelungen des European Union Emissions Trading System (ETS) gelten in den Mitgliedsländern der EU seit 2005. Dieses System gilt für die Energiewirtschaft sowie für die Unternehmen mit energieintensiver Produktion (z. B. Stahl, Zement, chemische Industrie). Der Preis für die Umweltzertifikate bildet sich auf der Basis einer anfangs kostenlos zur Verfügung gestellten Grundausstattung über Angebot und Nachfrage an Börsen wie der Leipziger Energiebörse EEX (European Energy Exchange). Das Regelsystem kombiniert die Ansätze Cap & Trade: Für jedes Land wird durch die EU das zulässige Gesamtvolumen (Cap) fixiert. Der Preis ergibt sich aus dem Handel (Trade) mit den Umweltrechten. Ein Unternehmen, das nicht über ausreichende Umweltzertifikate verfügt, muss diese an der Börse kaufen. Im umgekehrten Fall kann das Unternehmen seine Umweltrechte verkaufen. Allerdings wurde dieses Zertifikatesystem in der Vergangenheit viel zu wenig zielorientiert und nicht konsequent genug eingesetzt sowie für Spekulationsgeschäfte missbraucht (siehe das Kapitel „Gegen die Klimakatastrophe: CO_2-Bepreisung als Instrument der Energiewende“ im MEMORANDUM 2019).

  Hier soll jedoch die Frage im Zentrum stehen, in welchem Ausmaß die aktuell hohe Verbraucherpreisinflation durch diese CO_2-Zertifikate beeinflusst wird. Die Auswirkungen hängen einerseits vom Preis und andererseits vom Anteil der betroffenen Produkte im Verbraucherpreis-Warenkorb ab. Im Jahr 2021 ist der Preis für den Ausstoß einer Tonne CO_2 von umweltpolitisch viel zu niedrigen 25 Euro auf über 80 Euro gestiegen. Derzeit wird der daraus resultierende Beitrag zur allgemeinen Inflation auf etwa 0,5 Prozentpunkte geschätzt. Dieser Beitrag wird jedoch in den kommenden Jahren infolge der politisch gewollten Verknappung des zulässigen CO_2-Ausstoßvolumens im Ausmaß der steigenden Abgabe zunehmen. Der mittelfristige Gewinn auch für Unternehmen liegt auf der Hand: Es entstehen neue Geschäftsmodelle, während die kostenintensiven Umweltschäden zurückgedrängt werden.

- Alternativ zu variablen CO_2-Preisaufschlägen durch den Zertifikatehandel stehen feste CO_2-Preise, die die Politik vorgibt. Diese Preisaufschläge sollten sich an der kompletten Verrechnung der Umweltschäden ausrichten. Tatsächlich liegen sie aktuell und laut vorliegenden Plänen auch perspektivisch weit darunter, denn gegenüber dem Ziel, das Verhalten spürbar zu ändern, dominiert die Forderung, die Wirtschaft nicht zu stark zu belasten. Für die mittelfristige Kalkulation der Unternehmen ist die Planbarkeit des Preisaufschlags im Bereich des Verkehrs und der Gebäude/Wärme wichtig. Das für die CO_2-Preise im Bereich Wärme und Verkehr maßgebliche „Brennstoffemissionshandelsgesetz“ (BEHG) gibt derzeit vor, dass nach einem Einstieg mit 25 Euro pro Tonne im vergangenen Jahr der Aufschlag bis zum Jahr 2025 stufenweise auf 55 Euro steigt. Ab 2026 wird das Festpreissystem durch einen Zertifikatehandel abgelöst, allerdings innerhalb einer politisch vorgegebenen Schwankungsmarge zwischen 55 und 65 Euro. Dadurch steigen Schritt für Schritt die Preise für Benzin, Diesel, Heizöl, Ferngas und Erdgas. Der Einfluss, den diese ökologisch gewollten Preissteigerungen auf die gesamte Inflation haben, hängt wiederum vom Anteil der betroffenen Produkte am durchschnittlichen Warenkorb der privaten Haushalte ab. In diesen Warenkorb gehen die Preise für Kraft- und Schmierstoffe (vorwiegend Benzin) mit 3,53 Prozent und für Strom, Gas und andere Brennstoffe mit 6,82 Prozent ein. Der daraus im Jahr 2021 resultierende Beitrag der CO_2-Abgabe zur Gesamtinflationsrate von 3,1 Prozent betrug nach einer umfassenden Schätzung aus den Reihen des „Sachverständigenrates zur Begutachtung der gesamtwirtschaftlichen Entwicklung je nach dem Ausmaß der Überwälzung auf die privaten Haushalte zwischen 0,5 und 1,1 Prozentpunkten (Nöh/Rutkowski/Schwarz 2020). Diese der Greenflation zuzurechnende Inflationswirkung ist aus den zuvor genannten Gründen nicht zu beanstanden.

Mit dem Anstieg des politisch gewollten „grünen“ Beitrags zur Inflation über die CO_2-Bepreisung ist in den kommenden Jahren im Ausmaß der Gestaltung der CO_2-Abgabe zu rechnen. Zwar geht die damit bezweckte Stärkung des ökologisch-rationalen Verhaltens in die richtige Richtung. Schließlich wird der über einen Zeitpfad steigende CO_2-Preis durch sinkende Umweltkosten belohnt werden. CO_2-Preisaufschläge müssen allerdings in doppelter Weise flankiert werden: Im Mittelpunkt steht die Einbettung in ein ökologisches Gesamtkonzept mit unterschiedlichen Instrumenten. So sollte beispielsweise die ökologisch gezielte Verteuerung der Spritpreise durch Maßnahmen wie striktere Flottenverbrauchsregelungen und ein Tempolimit auf Autobahnen ergänzt und die Verkehrsinfrastruktur umgebaut werden (siehe das Kapitel „Nachhaltige Mobilität: Verkehrswende aktiv gestalten“ im MEMORANDUM 2020). Hinzu kommt die Tatsache, dass die mit der Abgabe bezweckten ökologischen Verhaltensänderungen an soziale Grenzen stoßen. Ein einkommensschwacher Haushalt ist nicht in der Lage, der verteuerten Energie auszuweichen. Deshalb verlangt die Greenflation infolge einer ökologischen Umbaupolitik einen Sozialausgleich. Damit steht und fällt die gesellschaftliche Akzeptanz der alternativlosen ökologischen Transformation.

4.5 Ökologische Transformation sozial gestalten

Die seit dem Jahr 2021 inflationstreibenden Energiepreise haben eine sozial ungerechte Lastenverteilung ausgelöst. In einer neuen Studie des Instituts der deutschen Wirtschaft (IW) wird die sich in den vergangenen Jahren durch die Inflationsentwicklung ausweitende Schieflage belegt: Auf der Basis von Preisindizes für sozial unterschiedliche Einkommensgruppen sind seit 1995 die Lebenshaltungskosten der einkommensärmsten Haushalte um 33,9 Prozent, die der einkommensreichsten Haushalte aber nur um 28,0 Prozent gestiegen (Demary/Kruse/Zdrzalek 2021).

Eine Ursache dafür ist die Tatsache, dass ärmere Haushalte einen hohen Anteil ihres Einkommens für die vergleichsweise teurer gewordene Energie, für Wohnen, für Mobilität und für Lebensmittel ausgeben müssen, während beim Konsum der einkommensstarken Haushalte etwa die anteilig höheren Ausgaben für Elektrogeräte qualitätsbereinigt im Preis gefallen sind. Zu dieser sozial ungerechten Verteilungswirkung trägt auch die Tatsache bei, dass in den unteren Einkommensschichten wegen unzureichender bzw. fehlender Ersparnisse den preisgetriebenen Ausgaben nicht ausgewichen werden kann. Eine neue Studie des Instituts für Makroökonomie und Konjunkturforschung (IMK) untersucht die Verteilungswirkungen für die jüngste Phase der Inflation (Tober 2022). Es geht um die Inflationsrate vom Dezember 2021, die bezogen auf den gleichen Monat im Vorjahr auf 5,3 Prozent gestiegen ist. Im Vergleich zu diesem Anstieg des durchschnittlichen Verbraucherpreisindexes wurden die Inflationsraten für sozial-ökonomisch unterschiedliche Einkommensgruppen berechnet. Differenziert wird nach Paaren mit zwei Kindern, Paaren ohne Kinder sowie Alleinlebenden. Die untersuchten Einkommensgruppen sind bei Paaren mit zwei Kindern die Gruppen mit monatlichen Einkommen von 2.000 bis 2.600 Euro, von 3.600 bis 5.000 Euro sowie von 5.000 Euro und mehr. Bei Paaren ohne Kinder geht es um die Einkommensgruppe von 3.600 bis 5.000 Euro. Bei Alleinlebenden werden die Einkommensgruppen von 900 Euro und weniger, von 1.500 bis 2.000 Euro, von 2.000 bis 2.600 Euro sowie von 5.000 Euro und mehr untersucht.

Basierend auf den unterschiedlichen Warenkörben dieser Haushaltstypen erreichte die Inflationsrate bei einem vierköpfigen Haushalt (Paare mit zwei Kindern) in der Einkommensmarge von 3.600 bis 5.000 Euro im Dezember 2021 mit 5,5 Prozent den höchsten Wert. Gegenüber einem durchschnittlichen Haushalt entstehen gemessen am Einkommen höhere Energiekosten sowie Mobilitätskosten (Pendler*innen, Pkw-

Nutzung für Kinder). Das Fazit der Studie: Die durch Energiepreise getriebene Inflation trifft besonders die Mittelschichthaushalte. Dagegen liegt die Inflationsrate für Alleinlebende mit einem verfügbaren Einkommen von unter 900 Euro mit 4,38 Prozent unter den durchschnittlichen 5,3 Prozent. Dieser vermeintliche Vorteil trügt jedoch, denn er ist eine Folge der grundlegenden Armut. Im Warenkorb kommen beispielsweise mangels Pkw-Besitz die explodierten Spritpreise nicht vor. Schließlich lassen sich gestiegene Heizkosten mangels Masse nicht aus Ersparnissen finanzieren. Auch sind Umschichtungen der Ausgaben, die sich stark auf die Grundversorgung konzentrieren, kaum möglich.

Wie ist mit den steigenden Energiepreisen sozial umzugehen? Sicher ist, mit der Geldpolitik lassen sich diese strategischen Preise kaum beeinflussen. Wie schon erwähnt, könnte die Finanzpolitik auch direkt mit einem Preisstopp intervenieren. Vorschläge dazu sind jedoch aus der Politik nicht zu erwarten. Der Blick sollte auf die Rahmenbedingungen der monopolisierten Energiemärkte konzentriert werden. Dort haben auch geostrategische Interessen Einfluss auf die Preise und Mengen, etwa für Rohöl und Gas. Während diese Kräfte nicht unmittelbar politisch zu beeinflussen sind, bleibt die politisch gewollte Verteuerung der Preise per CO_2-Abgabe. Noch ist der Beitrag der ökologischen Preisaufschläge nicht stark. Jedoch werden im Zuge des in Deutschland bis zum Jahr 2040 angestrebten Ziels, die Erderwärmung auf das 1,5-Grad-Ziel zu begrenzen, die ökologisch motivierten Preiseinflüsse zunehmen. Die Auflösung der fossilen Inflation durch eine umweltpolitisch bewusste Preisgestaltung, die als Greenflation bezeichnet wird, schreitet voran. In der Folge dieser unvermeidbaren Preiserhöhungen kommt es zu ungerechten Verteilungswirkungen. Um die gesellschaftliche Akzeptanz zum alternativlosen ökologischen Umbau zu sichern, muss dieser, konzentriert auf die Gruppe der Armen und Einkommensschwachen, sozial flankiert werden. Die viel zitierte ökologische und soziale Transformation zusammenzubringen und voranzutreiben, das ist die Antwort auf die neue sozial-ökologische Frage.

Aktuell wird ein umfassender Katalog an Instrumenten zur sozialen Abfederung diskutiert. Dabei lassen sich direkte und indirekte Maßnahmen unterscheiden. Mit den indirekten Maßnahmen wird das Ziel verfolgt, ohne soziale Differenzierung Energieausgaben vor allem durch den Einsatz steuerpolitischer Maßnahmen zu senken. Dazu gehören die Reduktion des Mehrwertsteuersatzes von derzeit 19 Prozent auf Energie sowie die Senkung der Steuersätze auf Diesel und Benzin. Allerdings wird mit dem Gießkannenprinzip den überproportionalen Belastungen der Armen bis zur Mittelschicht gegenüber den unterproportional belasteten Einkommensstarken keine Rechnung getragen. Auch wird der Anreiz zu einem ökologisch rationalen Verhalten durch diese Steuerentlastungen verwässert. Schließlich ist bei der Forderung nach reduzierten Mehrwertsteuersätzen nicht gewiss, inwieweit die Unternehmen ihren Kostenvorteil an die privaten Haushalte weitergeben. Auch können die auf den internationalen Märkten nach oben getriebenen Preise schnell die Vorteile aus der Steuersenkung überwuchern. Am Ende fehlen dem Staat Steuereinnahmen zur Finanzierung der ökologischen Umbauinfrastruktur.

Vorzuziehen sind direkte Maßnahmen, die einen sozialen Ausgleich angesichts explodierender Preise für Strom, Gas und Öl sicherstellen. Unverzüglich sollte ein auf die Energierechnung bezogener Zuschlag nicht nur beim Wohngeld durchgesetzt werden, sondern für alle einkommensschwachen Haushalte (auch für Studierende und Auszubildende). Darüber hinaus wäre es sinnvoll, die gestiegenen Energiepreise sozial über Zuschläge bei der Grundsicherung aufzufangen. Auch beim Mindestlohn sind entsprechende Anpassungen erforderlich.

Zu den strukturellen Maßnahmen zählt die Abschaffung der Abgabe auf Strom nach dem Erneuerbaren-Energien-Gesetz. Es ist zu Recht geplant, diese wichtige Aufgabe künftig über den Bundeshaushalt zu finanzieren. Die Umstellung sollte noch in diesem Jahr erfolgen. Entsprechend der allgemeinen steuerlichen Lastenverteilung der (allerdings nur schwach) progressiven Einkommensteuer werden die Einkommensstarken stärker zur Kasse gebeten. Für die Pendler*innen, die nicht über Nacht ihren Wohnort in die Nähe des Arbeitsortes verlegen können, wird ein vom Einkommen und dem Verkehrsmittel unabhängiges, sozial gerechtes Mobilitätsgeld gefordert. Schließlich ist für die Finanzierung der Gebäude- bzw. Wohnsanierung ein fairer Ausgleich zwischen Mieter*innen und Vermieter*innen notwendig.

Strukturelle Instrumente zum Sozialausgleich sind auch beim Aus- und Umbau der ökologischen Infrastruktur erforderlich – etwa bei der Verbesserung der Verkehrsmobilität im öffentlichen Nah- und Fernverkehr. Je zügiger die Maßnahmen greifen, desto stärker werden die heutigen sozialen Ungerechtigkeiten infolge steigender Energiepreise abgebaut. Zur Finanzierung des Umbaus und zum sozialen Ausgleich stehen die Einnahmen aus der CO_2-Abgabe zur Verfügung. Im Jahr 2021 verzeichnete der aus diesen Einnahmen gespeiste „Energie- und Klimafonds“ in Deutschland Einnahmen in Höhe von 12,5 Milliarden Euro (7,2 Milliarden Euro aus dem Verkauf von Emissionsrechten aus dem EU-ETS und 5,3 Milliarden Euro aus der nationalen CO_2-Abgabe von 25 Euro pro Tonne in den Bereichen Wärme und Verkehr).

Der soziale Ausgleich angesichts der ökologischen Transformation ist eine dringliche Tagesaufgabe – auch gegen drohende Sozialproteste. Um die Erderwärmung auf maximal 1,5 Grad zu begrenzen, braucht es ein Langzeitprogramm zum Abbau sozialer Ungerechtigkeiten. Dazu dient der Vorschlag eines allgemeinen Klimabonus pro Kopf (nach einem Modell des Deutschen Instituts für Wirtschaftsforschung von etwa 80 Euro pro Einwohner*in, vgl. Bach et al. 2019). Da der relative Einkommensvorteil des Klimabonus im unteren Einkommensbereich relativ höher ist als bei den Spitzenverdiener*innen, lässt sich damit die ungerechte Lastenverteilung der CO_2-Abgabe kompensieren. Zur Finanzierung der Ausgaben für den Klimabonus und der weiteren Maßnahmen zur ökologisch-sozialen Transformation stehen die Einnahmen durch die CO_2-Preisaufschläge zur Verfügung (vgl. auch Gechert/Dullien 2021).

Literatur

Bach, Stefan et al. (2019): Für eine sozialverträgliche CO_2-Bepreisung, Politikberatung kompakt Nr. 138, Deutsches Institut für Wirtschaftsforschung, Berlin.

Boer, Lukas (2022): Steigende Metallpreise als mögliches Hindernis der Energiewende, DIW-Wochenbericht Nr. 4/2022, S. 47–55.

Demary, Markus/Kruse, Cornelius/Zdrzalek, Jonas (2021): Welche Inflationsunterschiede bestehen in der Bevölkerung? Eine Auswertung auf der Basis der Einkommens- und Verbraucherstichprobe, IW-Report 46/2021, Institut der deutschen Wirtschaft, Köln.

Gechert, Sebastian/Dullien, Sebastian (2021): Steigender CO_2-Preis: Warum der Klimabonus ideal für den sozialen Ausgleich ist, IMK-Kommentar Nr. 2, Institut für Makroökonomie und Konjunkturforschung (IMK) der Hans-Böckler-Stiftung.

Hickel, Rudolf (2022): Grün und sozial: Mit der Greenflation zur Transformation, Blätter für deutsche und internationale Politik, Heft 2/2022, S. 21–24.

Jannsen, Nils/Beckmann, Joscha (2021): Bedeutung von Lieferengpässen für die laufende Produktion in Deutschland, Kiel Insight Nr. 9, Institut für Weltwirtschaft, Kiel.

Nöh, Lukas/Rutkowski, Felix/Schwarz, Milena (2020): Auswirkungen einer CO2-Bepreisung auf die Verbraucherpreisinflation, Sachverständigenrat zur Begutachtung der gesamtwirtschaftlichen Entwicklung, Arbeitspapier 03, Wiesbaden.

Tober, Silke (2022): IMK Inflationsmonitor – Haushaltsspezifische Teuerungsraten: Wie stark unterscheidet sich die Belastung durch Inflation?, IMK Policy Brief Nr. 114, Institut für Makroökonomie und Konjunkturforschung (IMK) der Hans-Böckler-Stiftung.

UBA – Umweltbundesamt (2021): Gesellschaftliche Kosten von Umweltbelastungen, Beitrag vom 21.08.2021, www.umweltbundesamt.de.

Weber, Isabella (2021): Could strategic price controls help fight inflation?, The Guardian vom 29.12. 2021.

5 Europäische Zentralbank und grüne Geldpolitik

Die Europäische Zentralbank (EZB) hat sich auf europäischer Ebene als handlungsfähige Institution erwiesen. Angesichts des zur Bewältigung der Klimakrise erforderlichen sozial-ökologischen Umbaus richtet sich an die Zentralbank die Erwartung, durch eine ökologische Neuausrichtung der Geldpolitik einen klimapolitischen Turbo einzulegen. In vielen Fällen, in denen Zentralbanken aktiv werden können, wären die Aktionen aber bei Parlamenten, Regierungen oder diesen unterstellten Institutionen (z. B. Förderbanken) besser aufgehoben. Die Vorstellung, die EZB trüge keine Verantwortung für gesellschaftliche Ziele und bräuchte nicht mehr zu tun, als marktneutrale Geldpolitik zu betreiben, führt dennoch in die Irre. Geldpolitik ist kein technokratischer, sondern ein politischer Prozess, und Zentralbanken können sich nicht strikt neutral verhalten. Die EZB muss ihre Entscheidungen darauf überprüfen, inwieweit diese die Ziele der Europäischen Union unterstützen oder torpedieren und wie sie besser in Einklang mit diesen Zielen gebracht werden können. Hierzu gibt es gerade in Zeiten unkonventioneller Geldpolitik einige Möglichkeiten. Dabei benötigt die EZB die politische Führung durch das Europäische Parlament.

5.1 Einleitung

Die Wissenschaft weist seit langem darauf hin, dass die Bewältigung des Klimawandels eine Überlebensfrage der Menschheit ist und sich in den nächsten Jahrzehnten entscheidet, ob unsere Nachwelt noch einen lebenswerten Planeten vorfinden wird. Durch „Fridays for Future“ und die immer stärker spürbaren Folgen des Klimawandels hat Klimaschutz nun endlich mehr Aufmerksamkeit bekommen. Die EU will bis 2050 klimaneutral werden, Deutschland bis 2045. Auf dem Weg dahin sollen Zwischenziele sicherstellen, dass die Klimaneutralität tatsächlich erreicht wird, doch die bisher beschlossenen Maßnahmen reichen dafür längst nicht aus.

Auch wenn klar ist, dass der Übergang zu einer klimaneutralen Gesellschaft machbar und vorteilhaft ist (vgl. MEMORANDUM 2018), sind nach viel verschenkter Zeit in den nächsten Jahren wahre „Herkules-Anstrengungen“ notwendig (WBGU 2018). Die Dekarbonisierung der Industrie, die energetische Gebäudesanierung, die Verkehrswende und andere Klimaschutzmaßnahmen setzen hohe Investitionen voraus. Vor dem Hintergrund, dass in Zukunft gewaltige Geldströme von schmutzigen in nachhaltige Projekte zu lenken sind, richten sich die Erwartungen an die Zentralbanken, die mit „grüner“ Geldpolitik zur Klimawende beitragen sollen (siehe etwa den offenen Brief „Die EZB muss endlich im Kampf gegen den Klimawandel aktiv werden“ von 164 Organisationen und Einzelpersonen an Christine Lagarde vom 27.11.2019). Die Zerstrittenheit der Regierungen im Europäischen Rat, das relativ schwache Europäische Parlament, das „whatever it takes“ von EZB-Chef Mario Draghi, das 2012 die Euro-Krise entschärfte, und ihre Finanzkraft lassen die EZB als machtvolle Institution und möglichen Game-Changer bei der Finanzierung der sozial-ökologischen Transformation erscheinen.

Selbst wenn man bei den meisten Klimaschutzmaßnahmen nicht zuerst an die EZB denkt, kann sie in verschiedener Hinsicht zur sozial-ökologischen Wende beitragen. Um ihre geldpolitischen Ziele zu erreichen, haben die Zentralbanken weltweit in den vergangenen Jahren auf unkonventionelle Instrumente zurückgegriffen. Sie pumpten über Offenmarktgeschäfte Geld in die Wirtschaft und änderten die Konditionen, unter denen Banken sich refinanzieren können. Sie beeinflussen damit die Finanzierungsbedingungen von Banken, Unternehmen und Staaten. Bisher spielte Ökologie dabei keine große Rolle, doch das soll sich nun ändern. Als Kreditgeberinnen der letzten Instanz mit der Fähigkeit, Geld in beliebigem Umfang zu schöpfen, verfügen Zentralbanken zudem über eine prinzipiell unbegrenzte Finanzkraft.

Inzwischen haben sich mehr als 80 Zentralbanken weltweit zu einem „Network for Greening the Financial System“ zusammengeschlossen (www.ngfs.net). Obwohl die Deutsche Bundesbank traditionell wenig Freude über neue Aufgaben verströmt, wirkt auch sie in diesem Netzwerk mit. Die EZB steht einem stärkeren ökologisches Engagement durchaus offen gegenüber. So bewarb sich die jetzige EZB-Präsidentin Christine Lagarde vor dem Europäischen Parlament um ihr Amt mit dem Bekenntnis, Klimawandel müsse bei der Arbeit der Bank berücksichtigt werden (Nees 2021). Die im Sommer 2021 vorgestellte neue Strategie der EZB lieferte dazu genauere Informationen, lässt aber noch vieles offen. Wie sind die bisher diskutierten Maßnahmen zu bewerten, und was wäre darüber hinaus notwendig und vorstellbar?

5.2 Die EZB und ihr Mandat

Mit der Einführung des Euro ist die Geldpolitik im Euroraum auf eine supranationale Ebene gerückt. Die EZB bildet seit 1999 mit den 19 nationalen Zentralbanken, die seitdem nur noch nachgelagerte Aufgaben haben, das Eurosystem. Sie besitzt eine eigene Rechtspersönlichkeit im Sinne des Völkerrechts und handelt unabhängig, ist also gemäß den EU-Verträgen nicht an Weisungen anderer EU-Institutionen, nationaler Parlamente oder Regierungen gebunden. Ihr oberstes Beschlussorgan ist der EZB-Rat, der sich aus den Präsident*innen der nationalen Zentralbanken und einem sechsköpfigen Direktorium zusammensetzt. Letzteres ist für das Tagesgeschäft verantwortlich.

Zentralbanken haben sich immer wieder an die Aufgaben ihrer Zeit angepasst. Als im 17. Jahrhundert die Schwedische Reichsbank und die Bank of England gegründet wurden, lag der Fokus auf den Staatsfinanzen. Die US-amerikanische Fed wurde 1913 in Reaktion auf eine Reihe von Bankenkrisen gegründet. Sie agierte als „Lender of last Resort“ und Bankaufseherin. In Deutschland schufen die Alliierten nach dem Zweiten Weltkrieg die föderative „Bank deutscher Länder“, aus der 1957 die Deutsche Bundesbank hervorging. Ihre Unabhängigkeit und strenge Ausrichtung auf Inflationsbekämpfung, die bewusst unmittelbare negative Effekte für die Konjunktur und die Arbeitsmärkte in Kauf nahm, entsprach der monetaristischen Lehre, die sich in den westlichen Ländern nach und nach durchsetzte (zu einer Kritik vgl. MEMORANDUM 1980, Kapitel 12). Obwohl der Monetarismus, der einen engen Zusammenhang zwischen Geldmenge und Inflation sieht, bei der Gründung der Europäischen Währungsunion in der Fachwelt längst als überholt galt, wirkte die deutsche Regierung mit allen Kräften darauf hin, den strengen Fokus auf Preisstabilität auf die EZB zu übertragen und eine Europäische Zentralbank in der Tradition der Deutschen Bundesbank zu schaffen.

Das prominenteste Gegenbeispiel zur primär auf Preisstabilität ausgerichteten EZB ist die US-Fed, die ein hohes Beschäftigungsniveau und stabile Preise als gleichrangig wertet. Eine Aufwertung des Ziels der Beschäftigungssicherung würde die EZB keineswegs vor völlig neue Aufgaben stellen, denn Preisstabilität und Beschäftigung (bzw. Outputstabilisierung) sind eng mit den traditionellen Instrumenten der Geldpolitik verbunden. Anders sähe es bei einer Ausrichtung auf Klimaschutz aus. Eine Zinssenkung beispielsweise würde nicht automatisch dafür sorgen, dass die Transformation in Richtung Klimaneutralität beschleunigt würde, sie könnte ebenso zu mehr schmutzigen Investments führen, je nachdem, womit sich besser Geld verdienen ließe. Das schließt aber nicht aus, dass Klimaschutz einen Weg in das Tagesgeschäft einer Zentralbank finden kann.

Im Unterschied zu den Zeiten der Deutschen Bundesbank, in denen das Bundesbankgesetz mit einfacher Mehrheit zu ändern war und die Aufgaben sowie die Steuerung der Bank relativ leicht neu ausgerichtet werden konnten, sind die Hürden für eine Änderung des EZB-Mandats sehr hoch. Hierzu müssen die EU-Verträge einstimmig verändert werden, was in mehreren EU-Staaten Volksabstimmungen voraussetzt. Während etwa der Bank of England zwischenzeitlich das Ziel der Finanzstabilität als gleichrangig zum Ziel der Preisstabilität verordnet wurde, änderte sich am Mandat der EZB seit ihrer Gründung nichts. Dies hinderte die EZB dennoch nicht daran, ihre Geldpolitik an den neuen Herausforderungen auszurichten, aber erst nachdem sie viel Lehrgeld gezahlt hatte (was in erster Linie die Menschen in den Eurokrisenländern traf). Während andere Zentralbanken schnell mit niedrigen Zinsen und Anleihenaufkaufprogrammen auf die Finanzkrise reagiert hatten, war die EZB dogmatisch auf Inflationsraten fixiert, erhöhte zu falschen Zeitpunkten die Zinsen und verfolgte damit offensichtlich die falsche Strategie. Erst als sie ihre Geldpolitik lockerte, entspannte sich die Lage. Im Zuge der Neuausrichtung räumten Traditionalisten wie Bundesbankpräsident Axel Weber und EZB-Chefsvolkswirt Jürgen Stark ihre Posten. Die EZB steht seitdem vor allem in Deutschland unter Generalverdacht, ihr Mandat zu überschreiten. Diverse Klagen gegen die Geldpolitik scheiterten jedoch stets am Europäischen Gerichtshof. Auch das merkwürdige Urteil des Bundesverfassungsgerichts vom Sommer 2020 beanstandete das inkriminierte OMT-Anleihenkaufprogramm nicht in dessen Substanz, sondern nur aufgrund einer angeblich unzureichenden Begründung (vgl. Whelan 2021). Im Zuge dessen muss nun der Bundesbankpräsident regelmäßig in Berlin die Entscheidungen der EZB rapportieren, für die EZB bleibt das Urteil ansonsten folgenlos.

Darüber hinaus hat die EZB trotz des gleich gebliebenen Mandats ihre Aufgaben in mehrfacher Hinsicht erweitert. Im Zuge der Bankenunion bekam sie im Jahr 2012, da sie als einzige EU-Institution dafür EU-rechtlich infrage kam, die Aufsichtsfunktion über die größten („bedeutenden") Banken der Eurozone übertragen. Institutionell wurde der Aufsichtsteil der EZB vom Rest der Bank separiert, was zu einigen organisatorischen Verrenkungen, unglaubwürdigen Abgrenzungen und Zielkonflikten führt, etwa wenn der EZB-Rat in der gleichen Konstellation einmal als geldpolitisches Organ und einmal als Aufsichtsgremium Entscheidungen fällt (vgl. Beschluss der Europäischen Zentralbank vom 17.09.2014 über die Umsetzung der Trennung zwischen der geldpolitischen Funktion und der Aufsichtsfunktion der Europäischen Zentralbank [EZB/2014/39]). Seit die EZB auch Bankenaufsichtsbehörde ist, hat sie über die Tragfähigkeit der Geschäftsmodelle der Banken zu wachen – was auch deren Exposition gegenüber Klimarisiken einschließt.

Unter der EZB hat sich der Euro neben dem US-Dollar als zweite Leitwährung der Welt etabliert. Dies entspricht der Bedeutung des Euroraums als eine der größten Wirtschaftszonen der Welt, die jedoch seit dem Beginn an Konstruktionsmängeln leidet. Spätestens seit der

Eurokrise ist klar, dass das Mandat der EZB dringend ein Update benötigt. Aufgrund der hohen Hürden für Vertragsänderungen ist damit aber weiterhin nicht zu rechnen. Im Juli 2021 beschloss die EZB eine neue geldpolitische Strategie, die letzte Überprüfung hatte 2003 stattgefunden. Da das in den EU-Verträgen festgelegte Mandat unverändert blieb und die EZB es lediglich neu interpretieren konnte, sieht die neue Strategie eher kleinere Korrekturen vor, die vernünftig erscheinen, aber immer noch im Rahmen dessen liegen, was andere Zentralbanken bereits praktizieren. Während das Inflationsziel der EZB bisher als mittelfristige Inflationsrate von nahe, aber unter zwei Prozent definiert wurde, so wird künftig ein Unterschreiten der zwei Prozent genauso als unerwünscht gesehen wie ein Überschreiten. Zukünftig sollen außerdem die Kosten für selbstgenutztes Wohneigentum in die Berechnung der Inflationsraten integriert werden. Zinsen werden weiterhin als das wichtigste Instrument der Geldpolitik gesehen. Da die Zinsaussichten im Umfeld einer alternden Gesellschaft und langsameren Produktivitätszuwächsen als dauerhaft niedrig eingeschätzt werden, sieht die EZB zusätzliche Instrumente allerdings als weiterhin notwendig an.

Darüber hinaus enthält die neue geldpolitische Strategie der EZB einen bis zum Jahr 2024 umzusetzenden klimabezogenen Maßnahmenplan. Dieser sieht neben dem Aufbau von Analysekapazitäten neue Offenlegungs- und Risikobewertungsstandards für die von der EZB beaufsichtigten Banken sowie Überprüfungen ihres Sicherheitenrahmens und klimabezogene Kriterien für den Ankauf von Unternehmensanleihen vor (Deutscher Bundestag 2021a). Die neuen Aktivitäten werden im neu geschaffenen „Kompetenzzentrum Klimawandel“ der EZB koordiniert (EZB 2021).

5.3 Klimaschutz als neue Aufgabe der EZB?

Im Zuge der Neuausrichtung der Bank stellt sich die Frage, ob die EZB nicht ein neues Mandat bekommen sollte, das eine explizite Verantwortung für Umwelt- und Klimaschutz enthält. Das ist allerdings nicht notwendig. Bereits im Rahmen ihres bestehenden Mandats kann die EZB für Klimaschutz mitverantwortlich gemacht werden. Laut Artikel 127 AEUV gilt: „Das vorrangige Ziel des Europäischen Systems der Zentralbanken ist es, die Preisstabilität zu gewährleisten. Soweit dies ohne Beeinträchtigung des Zieles der Preisstabilität möglich ist, unterstützt das ESZB die allgemeine Wirtschaftspolitik in der Union“ (die klare Hierarchie zugunsten der Preisstabilität unterscheidet die EZB von anderen Zentralbanken; für eine Übersicht vgl. Dikau/Robins/Volz 2021 und Bremus/Dany-Knedlik/Schlaak 2020). Zu den wirtschaftspolitischen Zielen der Union gehören laut den Verträgen eine „nachhaltige Entwicklung Europas auf der Grundlage eines ausgewogenen Wirtschaftswachstums“, eine „in hohem Maße wettbewerbsfähige soziale Marktwirtschaft“ und „ein hohes Maß an Umweltschutz und Verbesserung der Umweltqualität“. Hieraus kann eindeutig eine Verantwortung der EZB für umwelt- und gesellschaftspolitische Fragestellungen abgeleitet werden, solange dadurch nicht das Ziel der Preisstabilität beeinträchtigt wird. Insofern sind die im Rahmen ihrer neuen Strategie anvisierten klimabezogenen Maßnahmen grundsätzlich vom Mandat der EZB abgedeckt.

Zentralbanker*innen müssen sich außerdem aus indirekten Gründen Gedanken um Klimaschutz machen, nämlich wegen der Finanzstabilität, die eine Voraussetzung für Preisstabilität ist. Umweltschützer*innen weisen seit langem auf die Gefahr einer Kohlenstoffblase („carbon bubble“) hin: Der klimapolitisch notwendige Ausstieg aus den fossilen Energien wird die Geschäftsmodelle zahlreicher Unternehmen unterminieren, allen voran der fossilen Energiewirtschaft, und Branchen wie die Automobil- und die Luftfahrtindustrie umkrempeln. Da die Politik ambitionierte Klimaziele verkündet, die aber bisher nicht ausreichend mit Maßnahmen unterlegt wurden, sind viele Unternehmen aus Klimaschutzsicht massiv überbewertet. Wenn nun aber mit dem Pariser Klimaschutzabkommen ernst gemacht werden wird, könnten sich riesige Finanzvermögen in Luft auflösen. Da sich unter den größten Unternehmen der Welt viele Energieunternehmen finden, geht es insgesamt um große Summen mit entsprechenden Risiken für die Finanzstabilität (vgl. Haas/Unmüßig 2020).

Für die Pflege der Finanzstabilität waren in der EU traditionell die Nationalstaaten verantwortlich. Unter der Annahme, dass Finanzmärkte inhärent stabil sind und Fehlentwicklungen auf effiziente Weise selbst korrigieren würden, beschränkte sich die nationale Finanzaufsicht im Wesentlichen auf die Kontrolle aufsichtsrechtlicher Standards bei den einzelnen Instituten. Als Reaktion auf die Finanzkrise wurde die EZB nicht nur zur Bankenaufsichtsbehörde gemacht, sondern auch Teil des neuen Systems der makroprudenziellen Überwachung. Hierbei beobachten die Aufsichtsbehörden die Entwicklungen auf den Finanzmärkten aus gesamtwirtschaftlicher Sicht. Sie sollen Fehlentwicklungen rechtzeitig erkennen und dann vorbeugend gezielte Auflagen verhängen (z. B. erhöhte Risikovorsorge bei Immobiliengeschäften). Zwar werden solche Maßnahmen nach wie vor durch die nationalen Aufsichtsbehörden veranlasst. Bei der EZB ist jedoch der Europäische Ausschuss für Systemrisiken (European Systemic Risk Board, ESRB) angesiedelt, der eine wichtige beratende und koordinierende Funktion besitzt. Auch wenn es sinnvoll wäre, die Kompetenzen für die makroprudenzielle Finanzaufsicht noch weiter zu europäisieren und die bisher relativ schwachen Instrumente weiter auszubauen, so muss sich die EZB als Bankenaufseherin bereits jetzt mit den Risiken einer Kohlenstoffblase auseinandersetzen. Tatsächlich ist sie dabei, ihre Analysekapazitäten sowie die Berichtspflichten der Banken auszubauen, und sie plant zusammen mit der EU-weit für aufsichtsrechtliche Standards zuständigen Europäischen Bankenaufsichtsbehörde (EBA) für das Jahr 2022 einen klimabezogenen Stresstest.

Im Fall der Kohlenstoffblase ist der Zusammenhang zwischen zentralbanklichen Aufgaben und dem Klimaschutz offensichtlich. In anderen Fällen ist weniger klar, was die Verpflichtung zur Unterstützung der Ziele der Europäischen Union für die EZB konkret bedeutet. Eine weite Auslegung würde bedeuten, dass die EZB ebenso für Abrüstung, Geschlechtergerechtigkeit, Gesundheitsschutz und anderes mehr verantwortlich gemacht werden könnte. Sie liefe dann schnell Gefahr, sich in Widersprüche und Konflikte zu verstricken. Wenn Zielkonflikte entstehen, schlägt vorrangig die Stunde von Politiker*innen und nicht eines technokratischen Gremiums von Zentralbanker*innen. Ein prominent hervorgehobenes EZB-Mandat für Klimaschutz, etwa gleichrangig zu Preisstabilität und Beschäftigungssicherung, scheint auf den ersten Blick eine progressive Forderung zu sein – in den meisten Fällen fehlen der EZB aber schlicht die Instrumente und die Kompetenzen. Die Begeisterung in der Klimaschutzbewegung dürfte schnell vorbei sein, wenn die EZB-Führung sich entscheiden würde, neben regenerativen Energien auch die Kernenergie oder die unterirdische CO_2-Deponierung als klimapolitisch sinnvoll zu erachten. Für solche Entscheidungen ist das EZB-Management nicht ausreichend demokratisch legitimiert und kontrolliert. Aus diesen Gründen sind Umwelt- und Klimaschutz wie andere gesellschaftspolitische Ziele als gleichrangige Sekundärziele im jetzigen Mandat gut aufgehoben. Wie sich im Streit um die Klassifikation von Atom- und Gaskraftwerken als nachhaltige Investitionen im Sinne der EU-Taxonomie gezeigt hat (siehe Kasten auf S. 220ff.), sind die EU-Institutionen nicht vor fragwürdigen Entscheidungen gefeit. Immerhin ist über das Europäische Parlament hier aber ein direkt gewähltes Gremium mit Vetomacht involviert.

Insofern ist es nachvollziehbar, wenn die Zentralbanken auf Forderungen, den Umweltschutz zu ihrem integralen Anliegen zu machen, eher reserviert reagieren. Auf der anderen Seite darf das vage Mandat hinsichtlich der Sekundärziele nicht zu Untätigkeit führen. Insofern stellt sich die Frage, wie sichergestellt werden kann, dass die EZB sich in den Fällen, in denen sie einen Unterschied machen kann, tatsächlich ihrer klimapolitischen Verantwortung stellt. Die EZB benötigt dazu politische Führung durch demokratisch gewählte Institutionen bei der Frage, was genau sie zur Verwirklichung ihrer Sekundärziele beitragen kann. Sie sollte daher in bestimmten Fällen klare Orientierung vom Europäischen Parlament bekommen, dem gegenüber sie hauptsächlich verantwortlich ist (Claeys 2020). Im Brüsseler Politikbetrieb gibt es längst entsprechende Vorschläge. Einer sieht vor, dass das Europäische Parlament im Rahmen seiner jährlichen Resolutionen ein Ranking der drei wichtigsten Sekundärziele erstellt und das Handeln der EZB im Rahmen der vierteljährlichen monetären Dialoge mit der EZB-Präsidentin erörtert (Béres et al. 2021). Hiermit würde das Problem der schwachen demokratischen Kontrolle der EZB angegangen, gleichzeitig aber ihre Unabhängigkeit respektiert.

Sustainable Finance und die Nachhaltigkeit von Atom- und Gaskraftwerken

Die grüne Geldpolitik ist Teil einer umfassenderen Diskussion um die ökologische Ausrichtung des Finanzsystems. Unter dem Oberbegriff „Sustainable Finance" vereinigen sich Ansätze wie die verpflichtende Berücksichtigung von Nachhaltigkeitsaspekten in Management- und Risikoanalyseprozessen, besondere Transparenzpflichten, Anlagevorschriften für öffentlich verwaltete Gelder und Kriterien für die Kennzeichnung von Finanzprodukten. Das Herzstück des im Sommer 2018 vorgelegten Aktionsplans der EU-Kommission zu Sustainable Finance bildet die Taxonomie für nachhaltige Finanzen. Dieses Klassifikationssystem legt fest, wann eine Finanzanlage als nachhaltig deklariert werden darf, und ist damit Grundlage für ein Nachhaltigkeitssiegel für Finanzprodukte.

Dass eine solche Klassifizierung grundsätzlich einen Sinn hat, um Vergleichbarkeit zu schaffen und Schönfärberei zu verhindern, ist relativ unstrittig. Kompliziert wird es jedoch bei der Operationalisierung, d. h. bei der Kriterienwahl zur Abgrenzung nachhaltiger und nicht nachhaltiger Finanzierungen. Die im Sommer 2020 verabschiedete EU-Verordnung zur Taxonomie stellt sechs Umweltziele in ihr Zentrum, maßgebliche Details sollte die EU-Kommission jedoch mithilfe delegierter Rechtsakte regeln. Delegierte Rechtsakte bedürfen keiner aktiven Zustimmung durch den Europäischen Rat und das Europäische Parlament, sondern sie treten automatisch nach einer bestimmten Frist in Kraft, es sei denn, eine qualifizierte Mehrheit im Rat von mindestens 20 Staaten, die mindestens 65 Prozent der EU-Bevölkerung repräsentieren, oder eine einfache Mehrheit des Europäischen Parlaments legt ihr Veto ein.

Für Furore sorgte die Anfang 2022 bekannt gegebene Entscheidung der EU-Kommission, über einen solchen Rechtsakt

Investitionen in Atom- und Gaskraftwerke als nachhaltig zu deklarieren. Dies ist aberwitzig, denn Atomkraftwerke mögen vielleicht eine vergleichsweise günstige Klimabilanz haben, hinterlassen der Nachwelt jedoch über Jahrtausende radioaktiven Abfall und nehmen das Risiko verstrahlter Landstriche durch Reaktorunfälle in Kauf. Die Einstufung von Gaskraftwerken als (übergangsweise) nachhaltig wird an bestimmte Bedingungen geknüpft, etwa dass die Kraftwerke bis 2035 komplett auf erneuerbare oder CO_2-arme Gase umgestellt werden können. Inwieweit die dafür erforderlichen Gasmengen (insbesondere grüner Wasserstoff) bis dahin tatsächlich verfügbar sein werden, steht jedoch auf einem anderen Blatt (vgl. Kapitel 3). Ihre Emissionen über den Lebenszyklus müssen unter 100 g CO_2-Äquivalent pro Kilowatt installierter Leistung liegen. Werden Kohlekraftwerke ersetzt, sind über einen Zeitraum von 20 Jahren sogar Werte von bis zu 550 g CO_2-Äquivalent/kW möglich. Damit können diese Kraftwerke zwar nicht dauerhaft im Grundlastbetrieb eingesetzt werden, die Werte sind aber dennoch weit weg von Klimaneutralität. Selbst wenn Gaskraftwerke in manchen Ländern der EU für die Sicherung der Energieversorgung notwendig sein mögen, könnte ihr Bau auch ohne Nachhaltigkeitssiegel erfolgen. Immerhin müssen Fondsanbieter Atom- und Gasinvestitionen nach den neuen Regeln gesondert ausweisen, was viele davon abhalten dürfte, entsprechende Produkte in ihr Portfolio aufzunehmen. Der Streit um die Einstufung von Atom und Gas als nachhaltig – wobei Ersteres vor allem auf das Drängen der französischen Regierung und Letzteres auf das Drängen der deutschen zurückzuführen war – beschert der EU-Taxonomie ein enormes Glaubwürdigkeitsproblem. Dennoch sieht es aktuell (Februar 2022) nicht so aus, als ob Parlament oder Rat den Rechtsakt stoppen werden.

Die Taxonomie stellt unmittelbar nur eine Kennzeichnung dar. Der Finanzierungsvorteil, den das Nachhaltigkeitssiegel mit sich bringt, dürfte sehr überschaubar sein. Im Endeffekt dürfte die Taxonomie aber über weitere Kanäle Wirkungen entfalten. So will die EU-Kommission die Taxonomie in ihren Beihilferegeln und damit bei der Bewilligung von Fördermaßnahmen berücksichtigen – für die Entwicklung von Infrastrukturen ist dies von großer Bedeutung. Auch der EU-Standard für grüne Anleihen soll auf die Taxonomie verweisen. Ebenfalls gut möglich ist, dass die EZB im Rahmen ihrer grünen Geldpolitik auf die EU-Taxonomie Bezug nimmt.

5.4 Konkrete Baustellen einer ökologischen Geldpolitik

Traditionell sind Leitzinsen das wichtigste geldpolitische Instrument einer Zentralbank. Sie hat aber noch viele andere Möglichkeiten zur Stimulierung oder Bremsung der Wirtschaft über die monetäre Sphäre, etwa indem sie Wertpapiere von Banken oder an den Finanzmärkten im Rahmen von Offenmarktgeschäften erwirbt. Um eine Lenkungswirkung im Sinne des Klimaschutz zu erzeugen, müssen diese Instrumente mit ökologischen Konditionen verbunden werden. In der Diskussion finden sich derzeit drei Ansatzpunkte für eine grüne Geldpolitik: die Unternehmensanleihen-Ankaufprogramme, der Sicherheitenrahmen und die längerfristigen Refinanzierungsgeschäfte der EZB.

5.4.1 Ankäufe von Unternehmensanleihen

Nachdem die EZB die Zinsen nach der weltweiten Finanzkrise auf nahe oder unter null gesenkt hatte, die Inflation aber trotzdem weit unter den angestrebten 2 Prozent lag, startete sie diverse umfangreiche Anleihenkaufprogramme, zunächst von Staatsanleihen, später in kleinerem Umfang auch von Unternehmensanleihen. Hierbei wurde zunächst der Umfang der Aufkäufe festgelegt, dann wurden die Kriterien für die Auswahl der Anleihen definiert. Dazu gehörte, dass diese von Nicht-Finanzunternehmen mit Sitz in der Eurozone stammen sowie eine klar definierte Laufzeit und ein Rating vom Investmentgrade haben (Dafermos et al. 2020). Es dürfte nicht schwerfallen, solche Kriterien um ökologische Aspekte zu ergänzen. Hierbei müssten Unternehmen, die ökologisch wirtschaften, bevorzugt aufgekauft werden – oder aber Unternehmen, die klimaschädlich wirtschaften, von den Ankäufen ausgenommen werden.

Bisher steht einer solchen Ausrichtung der von der EZB postulierte Grundsatz der Marktneutralität entgegen. Dieses Prinzip soll Verzerrungen zugunsten bestimmter Unternehmen oder Branchen verhindern. Zwar verändert jedes Ankaufprogramme die Preise. Indem die angekauften Anleihen den Querschnitt des Marktes abbilden, sollen die Preisrelationen dabei aber erhalten bleiben. Diesem Konzept liegt ein grundsätzlich zu begrüßender Fairnessgedanke zugrunde, aber auch die Vorstellung, Geldpolitik wäre ein technokratischer, apolitischer Prozess. Das ist jedoch ein Mythos (van't Klooster/Fontan 2020). Marktneutralität ist in der Praxis, wenn überhaupt, nur näherungsweise zu erreichen. Generell kann Geldpolitik nicht neutral sein, weil sich die Wirtschaftsakteur*innen durch unterschiedliche Eigenschaften und Voraussetzungen auszeichnen. Da es sich nur für große Unternehmen lohnt, über Anleihen Geld am Kapitalmarkt zu beschaffen, kann die Unternehmensstruktur an den Anleihemärkten nicht der Unternehmensstruktur der Gesamtwirtschaft entsprechen. Je nachdem, welcher Markt betrachtet und welche Maßzahl zugrunde gelegt werden, sind unterschiedliche Designs notwendig, um ein Ankaufprogramm marktneutral auszugestalten. Hinzu kommt, dass es die Zentralbanken in der Vergangenheit mit diesem Prinzip ohnehin nicht ganz so genau genommen haben. So fördert etwa die Bundesbank durch ihr Bonitätsanalyseverfahren die Vergabe von Krediten an den Mittelstand, die EZB und die Bank of England haben Verbriefungsinitiativen zugunsten kapitalmarktorientierter Unternehmen angeregt (Dezernat Zukunft 2020).

So wie die EZB ihre Kriterien für die Anleihenkaufprogramme definiert hat, befinden sich in ihren Beständen überproportional viele Unternehmen mit einem großen Kohlenstofffußabdruck. Die Automobilindustrie, die Stromwirtschaft und „schmutzige Industrieunternehmen“

(„dirty manufacturing“) sind laut EZB-Untersuchungen jeweils um den Faktor 4 gegenüber einem Gesamtmarktportfolio überrepräsentiert, Dienstleistungsunternehmen hingegen mit knapp einem Drittel unterrepräsentiert (siehe Abbildung auf dieser Seite; vgl. Schnabel 2021). Die EZB hat damit ungewollt klimaschädlichen Unternehmen einen Vorteil in Form von besonders niedrigen Finanzierungskosten verschafft.

Auch wenn die EZB einen großen Ermessensspielraum bei der Wahl ihrer Instrumente hat und ihre Anleihenankäufe mit dem Ziel der Preisstabilität rechtfertigen kann, wäre ein Programm mandatswidrig, wenn eine andere Ausgestaltung besser im Einklang mit den Zielen der Europäischen Union stünde. Angesichts der Freiheitsgrade von Ankaufprogrammen lässt sich schwerlich behaupten, dass die klimaschädlichen Ankaufprogramme der EZB alternativlos gewesen sind. Entsprechend hat die EZB bereits angekündigt, den „carbon bias“ in

CO_2-Unwucht in den Unternehmensanleihebeständen der EZB

Bestände der EZB vs. Marktportfolio vs. sektorale Emissionsintensität

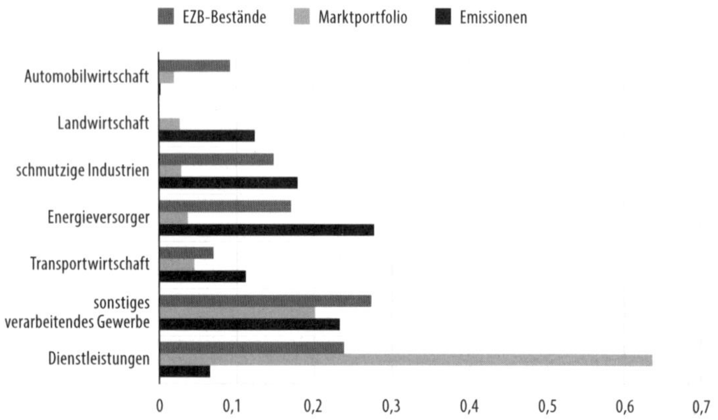

Vergleich der sektoralen Anteile der Unternehmensanleihebestände der EZB mit den sektoralen Anteilen eines hypothetischen, auf den Kapitalerträgen des jeweiligen Sektors basierenden Marktportfolios und mit der sektoralen Emissionsintensität.

Quelle: EZB (2021a).

ihren Portfolien zu reduzieren. In diesem Prozess wird sie ihr Konzept der Marktneutralität hinterfragen müssen.

Kritiker*innen verlangen, dass die EZB dieses Konzept ganz aufgeben soll, etwa indem sie Anleihen von klimaschädlichen Unternehmen ausschließt bzw. sich auf ökologisch vorbildhafte Unternehmen konzentriert. Das ist jedoch eine Gratwanderung. Übertreibt es die EZB, würde sie eine Förderpolitik betreiben, die besser in der Hand der Klima-, Verkehrs- oder Industriepolitik gehört. Außerdem sind am Markt zu wenige als anspruchsvoll nachhaltig klassifizierbare Anleihen vorhanden. Bereits jetzt hat die EZB nach eigenen Angaben im Rahmen ihrer „marktneutralen" Programme ein Viertel der in der Eurozone verfügbaren „Green Bonds" aufgekauft, bei denen die Anforderungen ohnehin nicht besonders streng sind (Interview mit EZB-Direktorin Isabel Schnabel im Focus vom 20.08.2021).

Daher ist kaum zu erwarten, dass die EZB ausschließlich auf tiefgrüne Anleihenankäufe umstellen wird. Der EZB-Maßnahmenplan (EZB 2021) sieht vor, dass Emittenten unter anderem „mindestens mit den Rechtsvorschriften der EU zur Umsetzung der Ziele des Pariser Abkommens in Einklang stehen oder sich zu diesen Zielen bekennen" – was jedoch alles Mögliche und auch nichts bedeuten kann. Sicherlich sollte die EZB ihre Kriterien neu definieren und um Klimaaspekte erweitern, um so eine andere Gewichtung und Emissionsintensität zu erreichen. Konkrete Vorschläge hat sie gemäß ihrer Roadmap erst für 2022 angekündigt (vgl. Anhang zu EZB 2021). Gemäß einer Analyse des Finanzökonomen Dirk Schoenmaker würde schon eine „moderate Umschichtung", die sich am Umweltrating der Bank für Internationalen Zahlungsausgleich orientiert, die CO_2-Emissionen im Portfolio der EZB um mehr als die Hälfte senken, da ein Prozent der CO_2-intensivsten Unternehmen für rund 40 Prozent der gesamten Emissionen verantwortlich sei (Pfeiffer 2021).

5.4.2 Der Sicherheitenrahmen der EZB

Ein ausgeprägter „carbon bias" lässt sich auch beim sogenannten Sicherheitenrahmen der EZB feststellen. Banken erhalten über diesen von der Zentralbank Kredite, die sie mit Sicherheiten unterlegen, auf welche die EZB je nach Risikoeinstufung Abschläge („haircuts") vornimmt. Voraussetzung ist, dass die Wertpapiere eine Mindestbonität besitzen. Für die Geldversorgung und die Sicherung der Liquidität spielen diese Refinanzierungsgeschäfte eine große Rolle. Die EZB hat hierbei einen Gestaltungsspielraum, der ökologische Aspekte einbeziehen könnte. In China etwa werden grüne Anleihen bereits seit 2018 als Sicherheit von der Zentralbank bevorzugt behandelt (Deutscher Bundestag 2021b). Laut einer Studie im Auftrag von Greenpeace ist aktuell nicht nur der Anteil von Anleihen kohlenstoffintensiver Unternehmen, welche die EZB als Sicherheiten akzeptiert, überproportional hoch (sie stellen 59 Prozent der akzeptierten Unternehmensanleihen, ihr Anteil an den Beschäftigten beträgt jedoch nur 24 Prozent und an der Bruttowertschöpfung 29 Prozent). Die von der EZB vorgenommenen Abschläge fallen zudem geringer aus als bei nicht kohlenstoffintensiven Sektoren (vgl. Dafermos 2021). Eine Änderung des Sicherheitenrahmens würde Anreize für Finanzunternehmen schaffen, in umweltfreundlichere statt in „schmutzigere" Unternehmensanleihen zu investieren, was wiederum Nicht-Finanzunternehmen dazu bewegen würde, ihre Praktiken klimakonformer auszugestalten. Entsprechende Änderungen sollten aber nicht in erster Linie als privilegierte Förderung ökologischer Aktivitäten begründet werden, sondern mit vernachlässigten Klimarisiken bei der Berechnung der Risikoabschläge (vgl. Dafermos 2021).

Die EZB plant, künftig „Anleihen von Unternehmen nur dann als Sicherheiten zu akzeptieren, wenn sie klimabezogene Risiken offenlegen" (so EZB-Direktorin Isabel Schnabel im Interview in der Frankfurter Allgemeine Sonntagszeitung vom 10.07.2021). Sie muss diese Risiken darüber hinaus stärker in ihre Risikomodelle integrieren, was sie bereits angekündigt hat. Dies allein dürfte allerdings noch keine besonders starken Auswirkungen haben, denn selbst eine „aggressive Neukalibrierung" würde Greenpeace zufolge die Kohlenstoffintensität der Collateral List der EZB nicht signifikant verringern (Dafermos 2021). Erst wenn die EZB besonders klimaschädliche Unternehmen ganz von ihrem Sicherheitenrahmen ausschließen würde, könnte sie die Kohlenstoffintensität signifikant verringern. Hiermit liefe sie aber Gefahr, ihr Mandat zu überdehnen.

5.4.3 Gezielte Refinanzierungsprogramme

Auf ähnliche Weise könnte die EZB ihr Refinanzierungsprogramm TLTRO (Targeted longer-term refinancing operations) mit Blick auf den Klimaschutz überarbeiten. Bei diesem Programm wird Banken langfristig Geld zu besonders vorteilhaften Konditionen bereitgestellt. Das Adjektiv „targeted“ verdeutlicht, dass die Gelder einer bestimmten Verwendung zugedacht sind, also etwa gezielt an Banken vergeben werden, die Kredite an Unternehmen geben und nicht an Hypothekenbanken. Das TLTRO-Programm ist aktuell das wichtigste, d. h. vom Volumen her größte Refinanzierungsprogramm der EZB. Es ist wie alle Refinanzierungsprogramme der EZB jedoch indifferent gegenüber seinen ökologischen Auswirkungen.

Einem Vorschlag von Positive Money zufolge könnte ein ökologisches TLTRO den Zinssatz, den eine Bank zu zahlen hat, davon abhängig machen, wie groß deren Anteil an Kreditgeschäften ist, die gemäß der geplanten EU-Taxonomie als nachhaltige Finanzanlagen klassifiziert werden (van‘t Klooster/van Tilburg 2020). Die genauen Modalitäten wären noch zu klären. Als Einstieg und Testballon schlagen die Studien-Autoren ein TLTRO-Programm mit Bezügen zur energetischen Gebäudesanierung vor, zu einem Bereich, der seit Langem klar den politischen Zielvorgaben hinterherhinkt. So ein Programm könne mit wenigen Wochen Vorlauf gestartet werden.

5.5 Die EZB als Finanzier der sozial-ökologischen Transformation?

Trotz unkonventioneller Geldpolitik hat die EZB in der vergangenen Dekade ihr Inflationsziel von 2 Prozent klar verfehlt. Sie räumt das selbst ein, weist aber zu Recht auf die fehlende unterstützende Fiskalpolitik hin. Für eine expansivere Fiskalpolitik gab es durchaus

Bereitschaft in einigen EU-Staaten, die deutsche Regierung und andere hatten Ansätze wie ein Eurozonenbudget aber stets ausgebremst. Erst mit der Corona-Krise und dem Wiederaufbauprogramm änderte sich dies. Aktuell ist die Inflation erstmals seit vielen Jahren wieder über die Zwei-Prozent-Marke gestiegen – sogar deutlich. Zum Teil kann dies jedoch mit Einmaleffekten wie Preissenkungen im vorherigen Corona-Krisenjahr, den aktuell hohen Energiepreisen und coronabedingten Lieferengpässen begründet werden. Ohne diese Einmaleffekte könnte die Inflation langfristig wieder auf ein niedriges Niveau sinken, genaueres bleibt abzuwarten (vgl. hierzu Kapitel 4).

Damit stellt sich die Frage, ob die EZB nicht weitere, komplett neue Maßnahmen hätte implementieren können, ohne damit die Preisstabilität zu gefährden, bzw. inwieweit sie das in Zukunft sollte. Im Zuge des European Green Deal stehen in den nächsten Jahren Investitionen in Billionenhöhe an. Sollte die unbegrenzte Finanzkraft der EZB dafür genutzt werden, die sozial-ökologische Transformation zu unterstützen? Die Antwort ist: jein.

Da der Euro nicht an eine andere Währung oder einen Goldvorrat gebunden ist, kann die EZB neues Geld quasi per Knopfdruck und in jeder gewünschten Menge erzeugen. Sie könnte den sozial-ökologischen Umbau theoretisch komplett über die Notenpresse finanzieren. Im MEMORANDUM 2021 hat sich die *Arbeitsgruppe Alternative Wirtschaftspolitik* mit der Modern Monetary Theory auseinandergesetzt, in deren Dunstkreis solche Überlegungen gedeihen. Knapp zusammengefasst sieht die *Arbeitsgruppe Alternative Wirtschaftspolitik* nicht die Zentralbank in der Pflicht, dem Staat die Gelder im gewünschten Umfang bereitzustellen.

Das schließt aber grundsätzlich nicht aus, dass die EZB im Rahmen ihrer expansiven Geldpolitik Staatsschuldenpapiere aufkauft – in einem Umfang, den sie selbst bestimmt. Das wären typischerweise gewöhnliche Staatsanleihen, könnten aber auch grüne Anleihen („Green Bonds") sein. Ein Problem bei diesen Anleihen ist, dass sie in der Regel wenig zusätzlichen Nutzen bringen, weil die Finanzierung den Projekten folgt und nicht umgekehrt (vgl. Krämer 2020). Sie können aber zumindest der politischen Legitimierung der zusätzlichen Ausgaben dienen. Eine weitere Möglichkeit wäre, dass Förderbanken wie die Europäische Investitionsbank (EIB) Anleihen zur Finanzierung ökologischer Projekte auflegen und die EZB dann entscheidet, diese Anleihen aufzukaufen, möglicherweise sogar zu Vorzugsbedingungen, wie in Abschnitt 5.4.3 beschrieben.

Die Initiative zur Emission der Schuldpapiere liegt in jedem Fall bei den Parlamenten bzw. den von der Exekutive kontrollierten Institutionen im Rahmen ihrer Kreditermächtigungen. Sie haben festzulegen, welche Branchen und Regionen von ökologischen Projekten profitieren sollen – eine Zentralbank sollte dies nicht tun. Ein guter Ansatz hierfür ist das EU-Wiederaufbauprogramm NextGenerationEU, das erstmals in großem Umfang eine Verschuldung auf europäischer Ebene vorsieht und dessen Gelder zu 30 Prozent in den grünen Wiederaufbau fließen sollen. Die Kredite hierfür werden zentral über den EU-Haushalt aufgenommen, wobei jedes Land für einen bestimmten Anteil garantiert, und sie werden nach einem politischen Schlüssel auf die einzelnen Länder verteilt. Das Wiederaufbauprogramm ist zwar offiziell als einmalige Maßnahmen geplant. Wenn die Währungsunion Bestand haben soll, muss es aber sehr viel mehr zentrale politische Steuerung geben, wie eine Koordinierung der nationalen Wirtschaftspolitiken im Interesse der gesamten Union sowie deutlich mehr finanzielle Mittel und Entscheidungsspielräume auf europäischer Ebene (vgl. MEMORANDUM 2017, Kapitel 2). Die EZB wäre in die neue Architektur einzubetten, versehen mit einem zeitgemäßen Mandat, größerer Bereitschaft zur Koordinierung ihrer geldpolitischen Maßnahmen und mehr Rechenschaftspflichten gegenüber dem Europäischen Parlament.

Literatur

Béres, Pervenche et al. (2021): The ECB needs political guidance on secondary objectives. Veröffentlichung in verschiedenen europäischen Medien vom 22.04.2021, www.bruegel.org.

Bremus, Franziska/Dany-Knedlik, Geraldine/Schlaak, Thore (2020): Preisstabilität und Klimarisiken: Was im Rahmen der Strategie-

revision der Europäischen Zentralbank sinnvoll ist, DIW Wochenbericht 12/2020, S. 238–245.
Claeys, Grégory (2020): The ECB in the Covid-19 Crisis: Whatever it Takes, Within its Mandate, in: The ECB's Mandate: Perspectives on General Economic Policies. Policy Department for Economic, Scientific and Quality of Life Policies, European Parliament, Luxemburg.
Dafermos, Yannis et al. (2020): Decarbonising is Easy: Beyond Market Neutrality in the ECB's Corporate QE. New Economics Foundation (NEF), Policy Report, https://neweconomics.org.
Dafermos, Yannis et al. (2021): Greening the Eurosystem Collateral Framework – how to decarbonise ECB's Monetary Policy. New Economics Foundation (NEF), https://neweconomics.org.
Deutscher Bundestag (2021a): Die neue geldpolitische Strategie der EZB. Wissenschaftlicher Dienst des Deutschen Bundestages, Referat PE 2, EU-Sachstand vom 05.08.2021.
Deutscher Bundestag (2021b): Nachhaltige oder „Grüne" Geldpolitik und Bankenaufsicht: Möglichkeiten und Grenzen einer aktiveren Rolle der EZB. Wissenschaftlicher Dienst des Deutschen Bundestages, Referat PE 2, EU-Sachstand vom 03.05.2021.
Dezernat Zukunft (2020): To green or not to green? Das ist hier die Frage. Online-Beitrag vom 10.01.2020, www.dezernatzukunft.org.
Dikau, Simon/Robins, Nick/Volz, Ulrich (2021): Climate-neutral central banking: how the European System of Central Banks can support the transition to net-zero. Grantham Research Institute on Climate Change and the Environment, London School of Economics and Political Science, and Centre for Sustainable Finance, SOAS, University of London.
EZB (2021): EZB präsentiert Maßnahmenplan zur Berücksichtigung von Klimaschutzaspekten in ihrer geldpolitischen Strategie, Pressemitteilung vom 08.07.2021.
Haas, Jörg/Unmüßig, Barbara (2020): Die „Carbon Bubble": Finanzwirtschaft am Kipppunkt? Wie Umweltbewegung und BlackRock die Klimakrise bekämpfen könnten, Blätter für deutsche und internationale Politik, Nr. 9/2020.

Krämer, Moritz (2020): Die nicht so grüne Bundesanleihe. Warum die grüne Bundesanleihe nicht hält, was sie zu versprechen scheint. Blog Finanzwende, Gastbeitrag vom 08.09.2020, www.finanzwende.de.

Nees, Daniel (2021): Klimaschutz durch die EZB? Reichweite und Grenzen des Mandats der EZB in Bezug auf den Erwerb sogenannter „grüner" Anleihen, Europarecht, Nr. 2, S. 119–136.

Pfeiffer, Hermannus (2021): Grüne Geldpolitik. Online-Beitrag vom 17.06.2021, www.klimareporter.de.

Schnabel, Isabel (2021): A new strategy for a changing world. Präsentation am Peterson Institute for International Economics vom 14.07.2021.

van't Klooster, Jens/Fontan, Clément (2020): The Myth of Market Neutrality: A Comparative Study of the European Central Bank's and the Swiss National Bank's Corporate Security Purchases, New Political Economy, Vol. 25, Issue 6, S. 865–879.

van't Klooster, Jens/van Tilburg, Rens (2020): Targeting a sustainable recovery with green TLTROs, Positive Money Europe & Sustainable Finance Lab, Amsterdam/Utrecht.

Whelan, Karl (2021): The ECB's Mandate and Legal Constraints, in: The ECB's Mandate: Perspectives on General Economic Policies, Policy Department for Economic, Scientific and Quality of Life Policies, European Parliament, Luxemburg.

Wissenschaftlicher Beirat der Bundesregierung Globale Umweltveränderungen (WBGU) (2018): Zeit-gerechte Klimapolitik: Vier Initiativen für Fairness. Politikpapier Nr. 9, www.wbgu.de.

6 Europäische Union – Macht der Regulierung

Während sich die EU binnenpolitisch im Spannungsfeld zwischen Pandemie und nationalen Einzelinteressen bewegt, explodieren die internationalen und außenpolitischen Herausforderungen. Dazu gehören nicht nur die Trias aus Klimawandel, Migrationswellen und Wirtschaftspolitik, sondern auch die besorgniserregenden Entwicklungen in der Ukraine. Die Situation verlangt Einigkeit. Auf Krisen hat die Europäische Union stets mit einer Vertiefung der Zusammenarbeit zwischen den Mitgliedsstaaten reagiert. Bei einem relativ kleinen Budgetvolumen setzt sie vor allem auf die wirkungsvollen Instrumente „Regulierung" und „gemeinsame Maßnahmen".

6.1 Einleitung

Seit Ende 2019, Anfang 2020 wurden die Menschen, die Weltwirtschaft und auch die EU-Mitgliedsstaaten von der Corona-Pandemie mit Wucht getroffen. Weltweit sind Millionen Menschen durch oder mit Corona gestorben. Vielfältige, teilweise sehr tiefgreifende Politikmaßnahmen wurden durchgesetzt. Die Vulnerabilität der Menschheit, aber auch der exzessiven, internationalen Arbeitsteilung als Wohlstandskonzept wurde offensichtlich.

Der EU ist es bislang nicht gelungen, eine gemeinschaftliche Antwort auf diese Herausforderungen zu finden. Vielmehr wurden im Zuge der Pandemiebekämpfung wichtige EU-Integrationskonzepte wie die Reisefreiheit der Bürger*innen in Frage gestellt. Auch auf der güterwirtschaftlichen Ebene ist eine gemeinsame Problemlösung nicht in Sicht. Internationale Lieferketten sind zusammengebrochen. Die Ausfälle konnten nicht durch eine ausgeweitete innereuropäische Zusammenarbeit kompensiert werden. Dies geht auch auf strukturelle Faktoren zurück. In der Pandemie scheint auf dem europäischen, aber auch auf dem internationalen Parkett alles bis auf den Finanzmarkt ins Stocken geraten zu sein. Die hohen Inflationsraten sind auch eine Folge dieser Asymmetrie. Mit Blick auf die Instrumente der Europäischen Zentralbank (EZB) und die Ursachen der Inflation kann davon ausgegangen werden, dass die lockere Geldpolitik der letzten Jahre kaum als hauptursächlich gelten kann.

Die EU hat die Regulierung seit langem als mächtiges Instrument entdeckt. Gerade wenn die Möglichkeiten zur Steuererhebung und das eigene supranationale Budget gering sind, kann aus der Regulierungskompetenz eine besondere Macht gewonnen werden. Aktuell wendet die EU diese Macht bei Klimafragen und der Klimapolitik an. Hier gibt sie für die meisten Mitgliedsstaaten das Tempo vor. Mit dem NextGenerationEU (NGEU)-Plan will sie die verschiedensten Ziele verbinden: Pandemie-Überwindung, Digitalisierung und CO_2-Reduktion. Zur CO_2-Reduktion wurden unterschiedliche Programme und Ziele festgelegt. Nachhaltigkeit wird neuerdings vielfach mit der Vermeidung von CO_2 gleichgesetzt. Insbesondere die sozialen Aspekte der Nachhaltigkeit werden so leicht zur Seite gedrängt. Wenngleich es eine Mindestlohninitiative gibt, ist die Armutsbekämpfung kaum ein explizites Ziel in der aktuellen Nachhaltigkeitsdebatte der EU.

Der Ukrainekonflikt betrifft die EU in wichtigen Kernfragen. Russland und die Ukraine grenzen an östliche EU-Mitgliedsländer. Nicht zuletzt vor diesem Hintergrund lohnt sich ein Blick auf die mehr als 15 Jahre, die seit der EU-Osterweiterung vergangen sind. Die damaligen östlichen Beitrittsländer sind inzwischen auch Mitglied der NATO.

6.2 Gesamtwirtschaftliche Entwicklung – Erholung

Im Zuge der Pandemie wurde klar, dass Marktkräfte nicht helfen, diese umfassende Krise zu überwinden. Dies gilt auf nationaler wie auch auf EU-Ebene und ebenso im internationalen Zusammenhang. Dem Nationalstaat und staatlichen Institutionen wurden zunehmend die Rolle einer Versicherung gegen Lebens- und Wirtschaftsrisiken zugeschrieben. Die EU dagegen übernahm in diesem Gefüge zunächst eine eher zurückhaltende Rolle. Zwar erklärte die EU-Kommission, dass sie die gemeinsame Corona-Reaktion der Mitgliedsstaaten koordiniert – gemeint war damit allerdings nicht die Entwicklung einer gemeinsamen Pandemie-Strategie der Mitgliedsstaaten.

Zur Pandemiebekämpfung setzten die einzelnen Mitgliedsstaaten im Kern auf Kontaktbeschränkungen und auf die Wirksamkeit von Impfungen; im Detail jedoch verfolgten sie beim Umgang mit der Pandemie höchst unterschiedliche Ansätze. Vor diesem Hintergrund wundert es nicht, dass sich die einzelnen Mitgliedsländer der EU nach dem Einbruch 2020 in unterschiedlichem Tempo erholten. Gemeinsam ist allen EU-Ländern indes, dass sich 2021 trotz immer neuer Corona-Wellen wirtschaftliche Erholungserscheinungen zeigten. Nach der aktuellen Schätzung von Eurostat stieg das Bruttoinlandsprodukt in der EU-27 im Jahr 2021 um 5,2 Prozent gegenüber dem Vorjahr (Stand: 31.01.2022). Ähnlich dürfte die wirtschaftliche Dynamik in der Eurozone ausfallen. Die Zuwachsrate ist zwar kräftig, kompensiert aber keineswegs vollumfänglich den vorausgegangenen Einbruch. Die wirtschaftliche Erholung von dieser tiefgreifenden Krise braucht Zeit.

In einer Rückblende zeigt sich, dass die wirtschaftlichen Folgen der Corona-Krise besonders stark im zweiten Quartal 2020 zu Buche schlugen. Hier kamen gleichzeitig Angebots- und Nachfrageeffekte zur Geltung. Im dritten Quartal 2020 gab es bedingt durch die Lockerungen eine Gegenbewegung, die allerdings wieder im vierten Quartal in eine Stagnation überging. Letztlich stagnierte das Bruttoinlandsinlandsprodukt vom dritten Quartal 2020 bis zum ersten Quartal 2021 und mündete in einem milden Aufschwung. Die Erholung wurde immer wieder durch ein neues Aufflackern der Pandemie unterbrochen. Im vierten Quartal 2021 ging es wieder bergauf. Gegenüber dem Vorjahr stieg 2021 das BIP offenbar um knapp 5 Prozent – die geschätzten Werte für die EU und die Eurozone liegen nah beieinander. Damit würde das BIP-Wachstum 2021 in etwa in der von der EU-Kommission prognostizierten Größenordnung liegen.

Die 27 Mitgliedsländer der EU sind nicht nur im Hinblick auf die nationale Politik, die Bevölkerungsgröße und die demografische Entwicklung sehr heterogen, sondern es bestehen auch erhebliche Unterschiede in Bezug auf das Bruttoinlandsprodukt pro Kopf.

Aktuell sind die Erwartungen auf eine weitere gesamtwirtschaftliche Erholung gerichtet. Jedoch bestehen weiterhin erhebliche Risiken. Allerdings würde nicht nur ein erneuter Anstieg der Infektionszahlen, verbunden mit den entsprechenden Maßnahmen, zu einer Drosselung der gesamtwirtschaftlichen Aktivitäten beitragen. Vielmehr sind faktisch weiterhin wichtige internationalen Lieferketten teilweise unterbrochen. Die sogenannte Null-Covid-Strategie des Handelspartners China spielt dabei eine zentrale Rolle.

Nur teilweise gehen von diesen Lieferengpässen Impulse für eine Rückverlagerung der Produktion in die europäischen Volkswirtschaften aus. Dies wird jedoch kaum in einem größeren Maße geschehen, da die internationale Arbeitsteilung – mithin das Ausnutzen des internationalen Lohngefälles – eine der Quellen des Wohlstandes und Überflusses in den sogenannten entwickelten Ländern ist. Darüber hinaus ist die europäische Wirtschaft in einem erheblichen Ausmaß von Rohstofflieferungen abhängig. Diese Rohstoffe sind keineswegs substituierbar und aktuell von einem Preisauftrieb betroffen.

Die Kontaktbeschränkungen zur Eindämmung des Virus wirken systematisch dämpfend auf die Nachfrage, aber auch auf den CO_2-Ausstoß. Daher könnten von der aktuellen Lage durchaus positive Impulse für den notwendigen Strukturwandel hin zu einer nachhaltigeren Wirtschaft ausgehen. Ein Strukturwandel erfordert, dass die „alten Lösungen“ von Problemen überdacht werden müssen.

Gleichzeitig zeichnet sich ab, dass in einer Post-Covid-Phase die Wirtschaft einen mächtigen Boom erfahren wird. Schon jetzt zeigen sich in Staaten und Regionen außerhalb der EU kräftige gesamtwirtschaftliche Aufwärtsbewegungen. In der EU gilt, dass der erwartete Aufschwung zwingend mit klimapolitischen Maßnahmen zu begleiten ist.

Dabei setzt die EU im Kern darauf, dass durch vielfältige technologische Innovationen dem Klimawandel aktiv entgegengetreten werden kann. Dies bedeutet im wirtschaftlichen Zusammenhang, dass hier eine Neubewertung und damit wahrscheinlich auch eine weitgehende Entwertung des vorhandenen Kapitalstocks einhergehen wird. Gleichzeitig tun sich neue Kapitalverwendungs- und Profitchancen auf. Innova-

Tabelle 3: Entwicklung des Bruttoinlandsprodukts in den Mitgliedsstaaten der EU, Prozent gegenüber Vorjahr

	2018	2019	2020	2021
Europäische Union – 27 Länder (ab 2020)	2,1	1,8	-5,9	5,3
Euroraum	1,8	1,6	-6,4	5,3
Belgien	1,8	2,1	-5,7	6,3
Bulgarien	2,7	4,0	-4,4	4,2
Tschechien	3,2	3,0	-5,8	3,3
Dänemark	2,0	2,1	-2,1	4,1
Deutschland	1,1	1,1	-4,6	2,9
Estland	4,1	4,1	-3,0	8,3
Irland	9,0	4,9	5,9	13,5
Griechenland	1,7	1,8	-9,0	8,3
Spanien	2,3	2,1	-10,8	5,0
Frankreich	1,9	1,8	-7,9	7,0
Kroatien	2,9	3,5	-8,1	10,4
Italien	0,9	0,4	-8,9	6,6
Zypern	5,7	5,3	-5,2	5,5
Lettland	4,0	2,5	-3,6	4,8
Litauen	4,0	4,6	-0,1	4,9
Luxemburg	2,0	3,3	-1,8	6,9
Ungarn	5,4	4,6	-4,7	7,1
Malta	6,1	5,9	-8,2	9,4
Niederlande	2,4	2,0	-3,8	4,8
Österreich	2,5	1,5	-6,7	4,5
Polen	5,4	4,7	-2,5	5,7
Portugal	2,8	2,7	-8,4	4,9
Rumänien	4,5	4,2	-3,7	5,9
Slowenien	4,4	3,3	-4,2	8,1
Slowakei	3,8	2,6	-4,4	3,0
Finnland	1,1	1,2	-2,8	3,3
Schweden	2,0	2,0	-2,9	4,8

Quelle: Eurostat.

tionen lassen sich jedoch nicht verordnen. Sie erfordern Investitionen, die klare regulatorische Rahmenbedingungen benötigen.

6.3 Arbeitsmarkt – große Potenziale durch Freizügigkeit, doch viele hausgemachte Probleme

Die Erwerbstätigenquote, also der Anteil der erwerbstätigen Menschen an der Bevölkerung im Alter zwischen 20 und 64 Jahren, lag im Krisenjahr 2020 in der EU-27 bei etwa 72 Prozent und damit nur wenig unter dem Vorjahreswert. Besonders hohe Werte werden in den Ländern erreicht, in denen es eine hohe Frauenerwerbstätigkeit gibt. Dies sind traditionell eher die ehemaligen Transformationsländer und die nordischen Mitgliedsstaaten.

Der angesichts der massiven gesamtwirtschaftlichen Krise sehr moderate Einbruch auf dem Arbeitsmarkt geht auch auf zahlreiche Maßnahmen zurück, die im Kern der Kurzarbeitsregelung in Deutschland ähneln. Bereits im MEMORANDUM 2021 wurde auf dieses auch im europäischen Kontext wirkungsvolle Instrument hingewiesen. Hierbei spielt das SURE-Programm der EU (Support to mitigate Unemployment Risk in an Emergency) eine wichtige Rolle (vgl. MEMORANDUM 2021, S. 130). Nach Angaben von Eurostat lag die Arbeitslosenquote im Durchschnitt der EU 2020 bei 7,2 Prozent, nach 6,8 Prozent im Vorjahr. Anfang 2022 war sie wieder auf 6,2 Prozent gesunken (vgl. Abbildung auf S. 239).

Trotz aller Programme ist die Jugendarbeitslosigkeit in etlichen Mitgliedsländern hoch. In Spanien werden mit 38 Prozent und in Griechenland mit 35 Prozent traurige Spitzenwerte erreicht, aber auch Italien mit 29 Prozent und einige nordische Länder (Schweden: 24 Prozent, Finnland: 21 Prozent) weisen eine beachtliche Jugendarbeitslosigkeit aus. Die EU könnte hier zukunftswirksam durch Mobilitätsprogramme eingreifen. Dies gilt umso mehr, als sich gleichzeitig in einzelnen Mitgliedsländern – beispielsweise in Deutschland – ein nennenswerter Fachkräftemangel in ausgewählten Bereichen abzeichnet. Hier könnte für Jugendliche und junge Menschen durch eine entsprechende qualifizierungsorientierte EU-Initiative eine deutliche Entspannung auf dem Arbeitsmarkt erreicht werden. Arbeitspolitik ist und bleibt aber im Kern eine nationale Aufgabe. Die Europäische Union kann hier bestenfalls unterstützend wirken, jedoch gibt es aufseiten der EU auch die Möglichkeit, von einer Verschärfung der Probleme abzusehen, etwa durch die Forderung nach Austeritätsprogrammen.

Innerhalb der EU herrscht das Prinzip der Freizügigkeit, d. h. Menschen können im Grundsatz zwischen den Mitgliedsstaaten wandern. Die Arbeitsmigration innerhalb der EU ist ein zentraler Faktor. Billige Arbeitskräfte aus Niedriglohnländern sind bekannt dafür, in Niedriglohnsektoren „wohlhabender“ Mitgliedsländer zu arbeiten, vielfach zu schwierigen und wenig gesicherten Arbeitsbedingungen.

Die Wanderungsbewegungen waren seit 2020 durch die anhaltenden Corona-Bedingungen stark rückläufig. Nationale Grenzen gewannen im Jahr 2020 an Bedeutung für die Politik und wurden vielfach wieder zur ordnenden Struktur. Dieser Rückfall hat nicht nur weitreichende Konsequenzen für die Bürger*innen in der EU, sondern auch für Menschen aus Drittstaaten, denen die EU zeitweise wie ein in sich geschlossener Club gegenübertrat. Genauere statistische Angaben

Arbeitslosenquote in den Mitgliedsstaaten der EU im Januar 2022

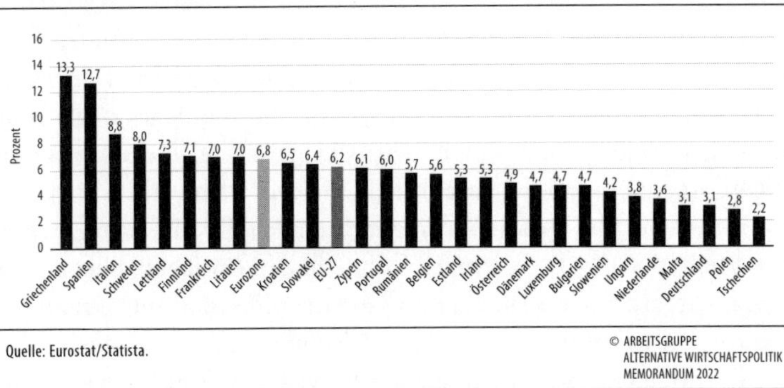

Quelle: Eurostat/Statista.

© ARBEITSGRUPPE ALTERNATIVE WIRTSCHAFTSPOLITIK MEMORANDUM 2022

zu den Migrationsflüssen in den Jahren der Pandemie fehlen jedoch, daher lässt sich der Effekt der gedämpften Migration auf den Arbeitsmarkt in Zeiten der Pandemie noch nicht beschreiben.

6.4 Mindestlohndebatte

Die EU-Kommission hat sich mitten in der Pandemie mit einer Mindestlohnregelung beschäftigt (Europäisches Parlament 2021b). Dabei geht es nicht darum, einen einheitlichen Mindestlohn für die gesamte EU festzulegen. Vielmehr soll der EU-Mindestlohn „ortsangemessen" sein. Ohnehin bleiben die Arbeitsmärkte in der EU zersplittert. Bei der Tarifbindung etwa zeigen sich erhebliche Unterschiede zwischen den Ländern. Für die Arbeitsmärkte in den östlichen EU-Ländern gilt, dass dort die Tarifbindung am wenigsten ausgeprägt ist. Während die Tarifbindung in Österreich 98 Prozent beträgt, liegt sie beispielsweise in Polen bei nur 17 Prozent und in Litauen gerade einmal bei 7 Prozent. Das bedeutet, dass gerade in den ehemaligen Transformationsökonomien die Arbeitsmärkte einer besonders kräftigen Deregulierung ausgesetzt sind (Lübker/Schulten 2021).

Nach Angaben des WSI verfügen gerade einmal 21 der 27 EU-Mitgliedsländer über einen gesetzlichen Mindestlohn. Gerade die nordischen Staaten haben aktuell keinen gesetzlichen Mindestlohn (vgl. Abbildung auf S. 241). Dies geht auch auf die hohe Tarifbindung dort zurück.

Dabei kann die EU-Kommission vielfach auf die bestehenden Mindestlöhne in den einzelnen Mitgliedsstaaten zurückgreifen. Der gesetzliche Mindestlohn betrug zum 1. Januar 2021 in Bulgarien pro Stunde umgerechnet gerade einmal 2 Euro, Ungarn erreichte umgerechnet 2,64 Euro, in Luxemburg lag er bei 12,73 Euro. Damit gibt es ein klares West-Ost-Gefälle. Diesem Gefälle folgen auch die Migrationsströme innerhalb der EU. Die geringen Löhne in den östlichen, ehemaligen sozialistischen Staaten sind in Bezug auf die Migration ein klarer Push-Faktor. Die Migration ist in vielen Fällen weiblich.

Die nominalen Mindestlöhne werden vielfach als nicht ausreichend informativ für den innereuropäischen Vergleich gesehen. In solchen Fällen wird oftmals der Mindestlohn gemessen in Kaufkraft herangezogen, denn 2 Euro haben in Bulgarien eine höhere Kaufkraft als etwa in Luxemburg. Aber auch die Kaufkraftbetrachtung zeigt, dass die Mindestlohnspreizung in der EU erheblich ist. 2 Euro in Bulgarien erreichen eine Kaufkraft von 3,77 Euro; der in Kaufkraft umgerechnete Mindestlohn in Luxemburg liegt demnach bei über 10 Euro. Das Lohngefälle bleibt also auch unter Berücksichtigung der Kaufkraft bestehen (Lübker/Schulten 2021).

Ausgangspunkt der EU-Initiative ist, dass in vielen Ländern der gesetzliche Mindestlohn unter der Schwelle von 60 Prozent des Medianlohns liegt (der Medianlohn ist der Lohn, der die Bevölkerung in zwei gleich große Gruppen teilt: Die eine Hälfte verdient weniger, die andere Hälfte der Bevölkerung verdient mehr als den Medianlohn). In der Wissenschaft ist es üblich, die Armutsschwelle bei 60 Prozent des Medianlohns/Medianeinkommens zu verorten. Wenn also der Mindestlohn bei weniger als 60 Prozent des Medianlohns liegt, bedeutet dies „Armut trotz Arbeit".

Tatsächlich erreichen nur drei EU-Länder einen Mindestlohn von 60 Prozent des nationalen Medianlohns (Lübker/Schulten 2021), näm-

Gesetzliche Mindestlöhne in der EU (Stand: Februar 2022)

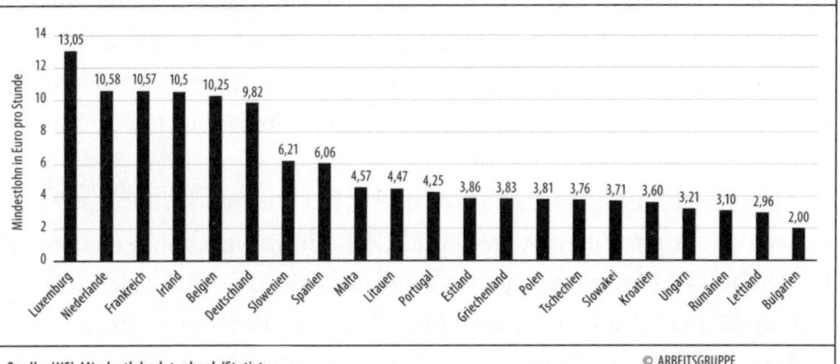

Quelle: WSI-Mindestlohndatenbank/Statista.

© ARBEITSGRUPPE ALTERNATIVE WIRTSCHAFTSPOLITIK MEMORANDUM 2022

lich Bulgarien, Portugal und Frankreich. Deutschland erreicht beim Mindestlohn beispielsweise weniger als 50 Prozent des Medians.

Vor diesem Hintergrund der EU-Initiative ist auch die Erhöhung des Mindestlohns in Deutschlands zu verstehen. Die EU mahnt armutsfeste Mindestlöhne an. In Deutschland würden von einer Erhöhung des Mindestlohns auf das Niveau von 60 Prozent des Medianlohns sechs bis acht Millionen Menschen betroffen sein. In Rumänien wären über 35 Prozent der Beschäftigten betroffen und erhielten einen höheren Lohn. In dem durch harte Konsolidierungsprogramme harsch erschütterten Griechenland würden mehr als 34 Prozent der Beschäftigten profitieren. Es wird dringend Zeit, dass die EU hier aktiv wird. Armutslöhne gehören überwunden. Dazu gehört auch, die Tarifbindung zu stärken. Hier hat auch Deutschland einen hohen Nachholbedarf.

6.5 Inflation

Im Zuge der Pandemie ist die Inflation kräftig angesprungen. Dies gilt nicht nur in der EU, sondern trifft auch andere wichtige Volkswirtschaften, beispielsweise die USA. In der EU und der Eurozone wird die Entwicklung der Verbraucherpreise durch den harmonisierten Verbraucherpreisindex (HVPI) erfasst. Dieser Index soll einen Vergleich über die Landesgrenzen hinweg ermöglichen und ist auch die Rechengrundlage der Inflationsrate für das Gebiet der gesamten Währungsunion. In diese Berechnung geht ein hypothetischer Warenkorb der privaten Haushalte ein, der deren typische Ausgabenstruktur erfassen soll. Die einzelnen Waren werden gewichtet, sodass ihre jeweilige Preiseentwicklung immer nur einen kleinen Teil der gesamten gemessenen Inflation darstellt.

Zur Berechnung der Inflation in der EU wurden im Jahr 2021 die Gewichte der einzelnen Waren- und Dienstleistungsgruppen geändert. Dies geht darauf zurück, dass im Zuge der pandemiebedingten Restriktionen die Nachfrage nach einzelnen Waren eingebrochen ist, während andererseits die Nachfrage nach bestimmten anderen Produkten gestiegen ist. So ist beispielsweise der Gewichtungsfaktor für den Bereich

Freizeit, Unterhaltung und Kultur deutlich nach unten korrigiert worden. Gleichzeitig ist beispielsweise der Gewichtungsfaktor für Wohnung, Wasser, Strom, Gas und andere Brennstoffe angesichts von Home Office und Home Schooling gestiegen (Destatis 2021).

Die so gemessene Inflation betrug im Jahr 2021 in der Eurozone 2,6 Prozent, in der EU 2,9 Prozent. Diese Jahreswerte sind an sich nicht sonderlich beunruhigend. Auffallend ist indes, dass sich das Jahr 2021 im Wesentlichen in zwei Phasen teilen lässt: In den ersten Monaten des Jahres 2021 verlief die Preisentwicklung sehr moderat, in der zweiten Jahreshälfte jedoch setzte ein beschleunigter Preisauftrieb ein. Die Ursachen dafür sind vielschichtig. So waren die Produktion und damit das Angebot im Zuge der Pandemie kräftig eingebrochen. Knappheiten begünstigen Preissteigerungen. Aber nicht nur die heimische Produktion hatte Rückschläge zu verkraften. Es kommt hinzu, dass angebotsseitig auch teilweise ein Zusammenbruch von internationalen Lieferketten festzustellen war. Die bestehenden Lieferengpässe auf vielen Gebrauchsgütermärkten (Autos, Möbel etc.) und ihren Vorprodukten beschleunigen den Preisauftrieb. Dabei war die Nachfrage nicht immer im gleichen Maße rückläufig wie das Angebot. Vielmehr war gerade in den kurzen Phasen der gesamtwirtschaftlichen Erholung 2021 eine hohe private Nachfrage zu spüren. Nach wie vor aber gilt vor allem, dass die Inflation auch durch Inflationserwartungen getragen wird. Aktuell scheinen diese weltweit groß zu sein; folglich werden sich auf den Märkten leicht Preissteigerungen durchsetzen lassen.

Verschärfend kam in der zweiten Jahreshälfte 2021 hinzu, dass weltweit die Energiepreise tendenziell kräftig gestiegen sind. Diese Preissteigerungen gehen auch auf Markteffekte zurück. Ein Barrel Öl kostete im Februar 2022 über 90 US-Dollar; der Vergleichswert lag im Dezember 2020 bei 49,99 US-Dollar. Damals war die gesamtwirtschaftliche Produktion pandemiebedingt weltweit deutlich eingebrochen, und die Ölnachfrage sank. Jetzt zieht die Konjunktur wieder an, die entsprechenden Nachfragemengen stehen offenbar nicht ohne Preisauftrieb zur Verfügung. Die Preisdynamik wird durch die Lage in der Ukraine beschleunigt.

Bekanntermaßen weisen Energiepreise, aber auch die Preise für

Rohstoffe und für Nahrungsmittel auch in Friedenszeiten immer wieder eine erhebliche Volatilität aus. Daher wird vielfach auf das Konzept der sogenannten Kerninflationsrate zurückgegriffen, um zwischen kurzfristigen und langfristigeren Preiseffekten zu unterscheiden. Im Euro-Raum etwa lag die Kerninflationsrate („core inflation“) im Dezember 2021 bei 2,6 Prozent, in Deutschland bei 3,7 Prozent. Die jeweiligen Werte der Verbraucherpreisentwicklung fielen höher aus.

Die Kerninflation ist der zentrale Indikator für die Europäische Zentralbank. Bei ihrem grundsätzlichen Anspruch der Geldwertstabilität orientiert sie sich besonders an diesem Wert. Es ist ihr erklärtes Ziel, die Preisentwicklung mittelfristig bei einem Wert von 2 Prozent jährlich zu halten. Dazu hat die EZB 2021 eine neue geldpolitische Strategie veröffentlicht. Diese bindet die Zentralbank nicht mehr kurzfristig an die Zwei-Prozent-Zielmarke, sondern eröffnet Freiräume. Beim HVPI als zentralem Orientierungspunkt sollen zukünftig auch die Kosten des selbstgenutzten Wohneigentums einbezogen werden (EZB 2021). Aktuell wird bei weiter steigenden Inflationsraten über eine zinspolitische Wende diskutiert.

Dabei sind jedoch auch Sondereffekte zu beachten, die sich nicht einfach mit dem Konjunkturzyklus erklären lassen. Neuerdings beherrscht auch die Idee der sogenannten Green Inflation die Diskussion. Darunter wird im Kern ein Preisauftrieb verstanden, der etwa aus der Bepreisung von CO_2 entstehen kann. Ökonomisch ist der Begriff der Green Inflation nicht nur umstritten, sondern er offenbart auch eine eher populistische Sichtweise auf die dringend notwendige Korrektur der fehlgeleiteten Marktpreise. Durch die CO_2-Bepreisung werden die negativen Folgen der CO_2-Emissionen teilweise berücksichtigt, während sie in der Vergangenheit externalisiert, d. h. der Gesellschaft aufgebürdet werden konnten. Wenn diese Umweltfolgen jetzt in den Preisbildungsmechanismus einbezogen werden sollen, dann ist das zwar ein Strukturbruch bei der Preisfindung, aber keineswegs eine klassische Inflation.

Inzwischen stellt sich auch die EZB darauf ein, dass der Preisauftrieb längerfristig anhalten wird. Wichtige Frühindikatoren wie etwa die Erzeugerpreise bestätigen diese Einschätzung. Das hat die US-ameri-

Inflationsentwicklung in der EU

Inflationsraten von Januar 2021 bis Januar 2022 gegenüber dem Vorjahresmonat

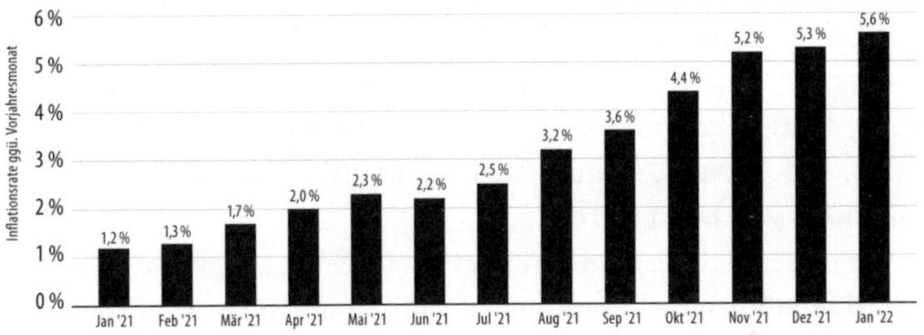

Quelle: Eurostat/Statista.

© ARBEITSGRUPPE ALTERNATIVE WIRTSCHAFTSPOLITIK MEMORANDUM 2022

kanische Zentralbank bereits erkannt. In den USA war der Leitzins seit März 2020 auf 0 bis 0,25 Prozent gesetzt. Damit wurde eine kräftige Nachfrage in der Realwirtschaft, aber auch auf den Finanzmärkten befeuert – so beispielsweise nach Vermögenswerten wie Wertpapieren und Aktien. Der aktuelle Leitzins der EZB (Stand: 10.02.2022) liegt nach wie vor bei null Prozent. Auch weiterhin müssen die Geschäftsbanken einen „Strafzins“ zahlen, wenn sie größere Summen bei der Zentralbank einlagern. Während andere wichtige Zentralbanken wie die US-amerikanische Fed eine deutliche geldpolitische Straffung planen, scheint ein solcher Zinsschritt in der Eurozone nicht unmittelbar bevorzustehen.

Mit der ultra-lockeren Geldpolitik unterstützt die EZB die Fiskalpolitik der Mitgliedsländer, aber auch die stabilisierungspolitischen Programme der Europäischen Kommission. Können diese sich für geringe Zinsen, einen Nullzins oder sogar negative Zinsen verschulden, so fallen die Kreditkosten der einzelnen Mitgliedsstaaten entsprechend gering aus. Es kommt also zu einer Verschiebung der Kreditkosten zugunsten von Schuldner*innen. Umgekehrt gilt, dass erhebliche Kosten bei den Gläubiger*innen anfallen. Es findet eine Umverteilung zugunsten der Kreditnehmer*innen statt, die unter Berücksichtigung der realen Wertentwicklung umso kräftiger ausfällt, je höher die Inflationsrate ist. Während damit der Staat als großer Gläubiger eine Gewinnerposition einnimmt, sind diejenigen unter den privaten Haushalten besonders getroffen, deren reales Einkommen und Vermögen inflationsbedingt kräftig sinkt. Üblicherweise sind dies nicht nur die privaten Haushalte, die in erster Linie von Transfereinkommen leben, sondern der Druck auf die Realeinkommen ist in der Regel bis in die Mittelschicht zu spüren. Das Thema „Armut" dürfte zukünftig enger mit dem Thema „Inflation" verknüpft werden.

Vor diesem Hintergrund werden in einzelnen Mitgliedsstaaten bereits Maßnahmen diskutiert, wie die durch die Inflation entstehende Last gerade für Menschen mit niedrigem Einkommen entschärft werden kann. Zu den diskutierten Instrumenten gehören zusätzliche oder höhere Transferzahlungen, aber auch Preisobergrenzen und die Senkung der Mehrwertsteuersätze. Erfahrungsgemäß führen längerfristige Preisstopps oder Obergrenzen zu erheblichen Mitnahmeeffekten. Zu bedenken ist jedoch die Besonderheit der Situation. Der Preisauftrieb im Energiesektor kommt zu einem geringen Teil durch Regulierung zustande (etwa CO_2-Preise auf EU-Ebene und national). Maßgeblich sind vor allem drastisch gestiegene Preise für Erdgas und Steinkohle auf den internationalen Rohstoffmärkten.

6.6 Zwanzig Jahre Euro-Bargeld

Im Jahr 2002 wurde der Euro in den zwölf damals zur Währungsunion gehörenden Ländern als Bargeld in Umlauf gebracht. 20 Jahre später hat er sich als internationale Leitwährung etabliert. Heute steht er in der Währungshierarchie als einzige Währung etwa auf gleichem Rang mit dem US-Dollar.

Unbeeindruckt von der internationalen Stärke dieser Währung befindet sich die Eurozone in schwierigem Fahrwasser. Die internationale Finanzkrise 2007/08 und die anschließende sogenannte Eurokrise haben die Fehlkonstruktion der Währungsunion offen zutage treten lassen. Unmittelbar vor der internationalen Finanzkrise, im Jahr 2007, wurde der zweite Schritt der EU-Osterweiterung vollzogen: Bulgarien und Rumänien traten der Europäischen Union bei. Die EU wurde heterogener. Mit dem Beitritt zur EU haben sich die Länder zu einer perspektivischen Einführung des Euro verpflichtet. Ein zeitlicher Rahmen für diesen Schritt wurde jedoch nicht gesetzt.

Seit der Einführung des Euro als Bargeld hat sich viel verändert. Im Alltag werden der Finanzsektor und die Finanztransaktionen immer stärker durch digitale Prozesse geprägt. Zunehmend stehen sich „cash“ (Bargeld) und „non-cash“ (elektronische Zahlungsmittel) gegenüber. Die Verwendung von „non-cash“, also von elektronischen Zahlungsmitteln, ist im Zuge der Pandemie noch einmal gestiegen. Vielfach wurde „kontaktloses Zahlen“ im Rahmen der Kontaktbeschränkungen propagiert. Vor diesem Hintergrund diskutiert die EZB auch die Herausgabe eines digitalen Euro, der das Bargeld ergänzen soll. Zentraler Ansatzpunkt ist, dass dieses Geld als Zentralbankgeld fungiert und daher mit dessen besonderen Merkmalen ausgestattet ist. Damit reicht seine Qualität über die von privaten Anbietern auf den Markt gebrachten Kryptogelder hinaus. Private Kryptowährungen erhalten ihren Wert beispielsweise erst dadurch, dass sie in eine Leitwährung wie den US-Dollar oder den Euro transformiert werden können. Sie benötigen einen Umrechnungskurs, der jederzeit schwanken kann. Nach den Plänen der EZB soll der geplante digitale Euro vor allem als Zahlungsmittel fungieren. Mit dieser Form der Digitalisierung würde sich die Aufgabe der Zentralbank verschieben, und es würden wahrscheinlich traditionelle Bereiche von bisherigen Zahlungsdienstleistern übernommen werden. Der digitale Euro würde im Kern Technologien verwenden, die von den privaten Kryptowährungen bekannt sind. Allerdings würden Features wie „Mining“ und auch die vom Bitcoin bekannte Obergrenze keine Anwendung finden (Deutsche Bundesbank 2021).

6.7 Fiskalpakt – aus der Zeit gefallen

Angesichts der extremen Herausforderungen der Zeit wirken der Stabilitäts- und Wachstumspakt (SWP) und der ähnlich ausgerichtete

Fiskalpakt wie aus der Zeit gefallen. Die Finanzbedarfe der öffentlichen Haushalte sind immens. Im Fiskalpakt sind zwar an sich schon Ausnahmetatbestände zugelassen. Jedoch stellen hohe Finanzbedarfe der öffentlichen Haushalte inzwischen weniger die Ausnahme, sondern eher die Normalität dar. Die Zeit des schlanken, ausgehungerten Staates muss vorbei sein. Die Grundidee des Europäischen Fiskalpaktes war es, die in Deutschland implementierte Schuldenbremse auch für andere Mitgliedsstaaten der EU verbindlich zu machen.

Mit den Fesseln des Fiskalpaktes wird eine gesamtwirtschaftliche Erholung nicht gelingen. Dies gilt umso mehr, als die Grundidee des Fiskalpaktes auf der internationalen Ebene kaum Anwendung findet. Die USA orientieren sich bei ihrer Fiskalpolitik nicht am Schuldenstand, Japan auch nicht. Mithin droht das Instrument, das eigentlich zur Stabilisierung der Wirtschafts- und Währungsunion ersonnen wurde, sich vollständig in das Gegenteil zu kehren. Es ist ein internationaler Wettbewerbsnachteil. Die *Arbeitsgruppe Alternative Wirtschaftspolitik* weist seit Jahren auf die Gefahren aus dieser Art der Fiskalpolitik hin (siehe etwa die MEMORANDEN 2018 und 2020). Vielfach hat sie Vorschläge einer intelligenten regelgebundenen Verschuldungspolitik vorgestellt. Diese könnte sich beispielsweise an der „goldenen Regel" zur öffentlichen Investitionsfinanzierung orientieren.

Der EU-Fiskalpakt sieht vor, dass öffentliche Schuldenstände der Mitgliedsstaaten der EU von mehr als 60 Prozent des Bruttoinlandsprodukts jährlich um ein Zwanzigstel zu verringern sind. Inzwischen liegt der durchschnittliche Schuldenstand der Mitgliedsländer bei knapp 100 Prozent des BIP (vgl. Abbildung auf S. 249). Bei Griechenland würde der Schuldenstand von 200 Prozent bedeuten, eine jährliche Schuldensenkung um 7 Prozent des BIP ins Auge zu fassen. Eine Aufgabe, die von vornherein zum Scheitern verurteilt wäre und zu einer weiteren Verarmung großer Teile der Bevölkerung führen würde. Eine aktive Klimapolitik wäre so unfinanzierbar und folglich unvorstellbar. Darüber hinaus würde die Rückführung der Schulden aktuell nicht einmal einen Sinn ergeben, da der Kapitalmarkt billiges Geld – gerade für die EU als Institution – zur Verfügung stellt.

Inzwischen kritisieren auch viele andere Ökonom*innen die Grund-

Staatsverschuldung in den Mitgliedsstaaten der EU im dritten Quartal 2021 (in Prozent vom BIP)

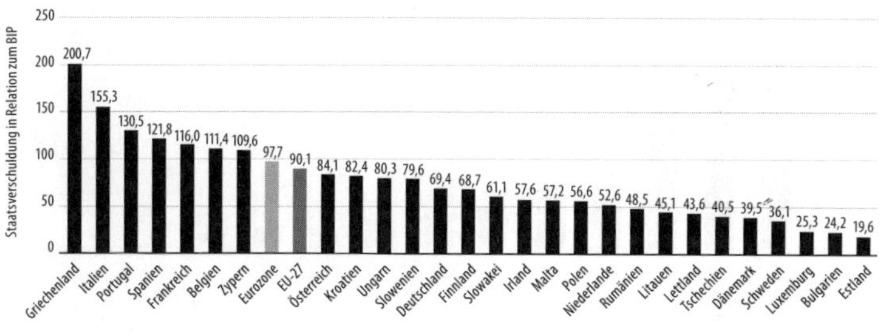

Quelle: Eurostat/Statista.

struktur des Fiskalpaktes. Ein prominentes Beispiel stellt das Team Blanchard, Leandro, Zettelmeyer dar, das vor der einfachen Rückkehr zu den Fiskalregeln der Jahre vor der Corona-Krise warnt (Blanchard et al. 2021).

Auch die EU hat die Zeichen erkannt und will die Regeln reformieren. Das Problem ist dabei, dass die neuen *Lösungen* nicht an der eigentlichen Ursache ansetzen. Die EU ist weiter von dem Gedanken getrieben, dass die Schulden an sich das Problem sind. Das ist im Kapitalismus grundverkehrt, worauf die *Arbeitsgruppe Alternative Wirtschaftspolitik* seit Jahren explizit hinweist. Schulden stehen immer entsprechende Vermögen gegenüber. Die neoliberal ausgerichtete Wirtschaftspolitik hat die privaten Vermögen in die Höhe schnellen lassen. Diese sind nicht nur sehr ungleich verteilt, sondern sie suchen stetig nach Anlage auf den Märkten. Die massive Überschussliquidität im privaten Sektor zeigt sich auch in den extrem niedrigen Zinsen für Staatsanleihen, die vielfach bei der Emission überzeichnet werden. Das heißt, die Nachfrage nach den Papieren ist höher als das Angebot. Auch die EU-Kommission greift bei der Finanzierung ihrer Programme auf Anleihen zurück und macht diese Erfahrung. Aktuell muss selbst Griechenland einen geringeren Nominalzins auf zehnjährige Staatsanleihen

Renditen für zehnjährige Staatsanleihen ausgewählter Länder im Januar 2022

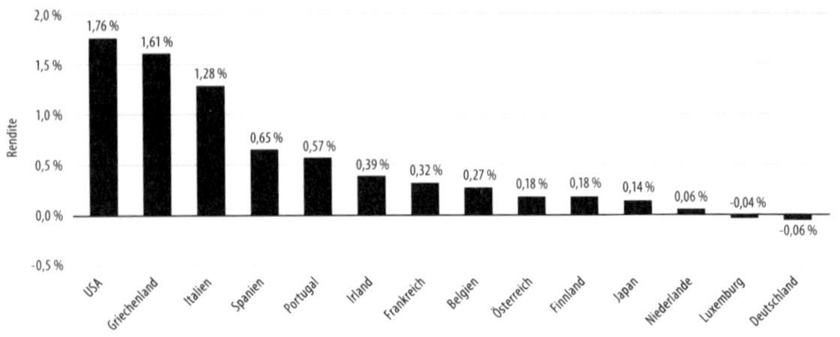

Quelle: Bloomberg/Statista.

zahlen als die USA (vgl. Abbildung auf dieser Seite). Eine Zinswende der EZB würde in den Mitgliedsländern zu einer weiteren erheblichen Belastung der öffentlichen Haushalte führen.

Corona und der Stabilitäts- und Wachstumspakt (SWP)

Die EU erklärt in einer Kurzdarstellung: „Angesichts des ‚schweren Konjunkturabschwungs im Euro-Währungsgebiet oder in der Union insgesamt‘ infolge der COVID-19-Krise hat der Rat (auf der Grundlage eines Vorschlags der Kommission) erstmals im März 2020 die im SWP vorgesehene allgemeine Ausweichklausel aktiviert, um den Mitgliedsstaaten Spielraum für die Annahme von Notfallmaßnahmen mit erheblichen Auswirkungen auf den Haushaltsplan zu geben. Wurde die allgemeine Ausweichklausel aktiviert, ist es einem Mitgliedsstaat, der der präventiven Komponente unterliegt, gestattet, vorübergehend von dem Anpassungspfad in Richtung auf das mittelfristige Haushaltsziel abzuweichen, vorausgesetzt, die mittelfristige Tragfähigkeit der öffentlichen Finanzen wird dadurch nicht gefährdet. Unterliegt ein Mitgliedsstaat der korrektiven Komponente, ergibt sich aus der Klausel, dass der Rat auf Empfehlung der Kommission beschließen kann, einen überarbeiteten haushaltspolitischen Kurs festzulegen. Zusammengefasst werden die Verfahren des SWP durch die Aktivierung der allgemeinen Ausweichklausel zwar nicht ausgesetzt, aber sie ermöglicht es der Kommission und dem Rat, von den normalerweise geltenden Haushaltsverpflichtungen abzuweichen. Im März 2021 nahm die Kommission eine Mitteilung mit dem Titel ‚Ein Jahr nach dem Ausbruch von COVID-19 – die fiskalpolitische Reaktion' an, in der es unter anderem heißt: ‚[...] [D]ie Entscheidung darüber, ob die allgemeine Ausweichklausel 2022 aktiviert bleiben soll, [sollte] auf einer Gesamtbewertung der wirtschaftlichen Lage anhand quantitativer Kriterien beruhen. Das wichtigste quantitative Kriterium ist in diesem Zusammenhang das Produktionsniveau in der EU bzw. im Euro-Währungsgebiet im Vergleich zum Vorkrisenniveau. Die aktuellen vorläufigen Daten legen nahe, dass die allgemeine Ausweichklausel im Jahr 2022 weiter aktiviert bleiben und ab 2023 deaktiviert werden sollte.'" (Europäisches Parlament 2021a). Die Diskussion um die Zukunftsausrichtung ist nicht abgeschlossen.

6.8 Was machen eigentlich die ehemaligen Transformationsländer?

Der Begriff der Transformation ist aktuell in aller Munde. Schon einmal gab es in den vergangenen 50 Jahren eine massive wirtschaftliche Transformation. Damals, ab 1989, ging es um die Transformation des real existierenden Sozialismus in die Marktwirtschaft und damit in den Kapitalismus. Diese Transformation befeuerte die neoliberale Wirtschaftspolitik mit dem Privateigentum an Produktionsmitteln und dem freien Spiel der Marktkräfte.

Im Rahmen ihrer systemischen Transformation vollzogen die Länder Bulgarien, Estland, Lettland, Litauen, Polen, Rumänien, Slowenien, Slowakei, Tschechien und Ungarn sowie später Kroatien ihren Beitritt zur EU. Im Jahr 1993 hatte die EU Beitrittskriterien formuliert, die sich nicht zuletzt an den historischen Gegebenheiten in den vormals sozialistischen Staaten orientierten. Im Kern setzen diese Kriterien einerseits auf politische Stabilität, Demokratie und Rechtsstaatlichkeit (politisches Kriterium), andererseits auf die Durchsetzung einer marktwirtschaftlichen Wirtschaftsordnung mit Wettbewerb und der Sicherung von Eigentumsrechten (wirtschaftliches Kriterium). Darüber hinaus müssen Beitrittskandidaten auch das sogenannte Aquis-Kriterium erfüllen, bei dem es darum geht, den Verpflichtungen des europäischen Rechts nachzukommen. Faktisch haben die Länder auch unterschrieben, dass sie planen, zukünftig den Euro als Währung einzuführen. Eine Frist dazu ist in den Beitrittsverträgen zwar nicht enthalten, tatsächlich haben inzwischen aber viele der Beitrittsländer den Euro als Zahlungsmittel eingeführt.

Grundsätzlich gilt: Um der EU beizutreten, müssen die Länder einen Antrag stellen. Dies haben viele bislang getan, bei nicht allen wurde allerdings tatsächlich ein Beitrittsverfahren eröffnet. Im Zuge der Beitrittsverfahren von 2004 und 2007 wurde den oben genannten Ländern bescheinigt, den Weg in eine Marktwirtschaft gegangen zu sein. Sie hatten gewissermaßen das Siegel, den Weg der Transformation des Wirtschaftssystems gegangen zu sein. Gleichzeitig hat die EU mit der sogenannten Osterweiterung ihren Einfluss nicht nur in Europa, sondern auch auf der internationalen Bühne gestärkt. Mit der EU-Osterweiterung sind dem Club EU weitere zehn Länder in kurzer Zeit beigetreten; 2004 kamen auch Malta und Zypern hinzu, sodass die EU in dieser Zeit um zwölf Mitgliedsstaaten erweitert wurde. Mit diesem Schritt wurde der EU-Binnenmarkt deutlich gestärkt; durch die EU-Osterweiterung stieg die Bevölkerungszahl auf über 500 Millionen Menschen, sie übertrifft damit die USA. Auch geopolitisch hatte die

EU-Osterweiterung erhebliche Konsequenzen: Die Grenzen des Binnenmarktes wurden weit in den Osten Europas geschoben.

Seit 2004 sind mehr als 15 Jahre vergangen, und so lohnt sich ein Rückblick. Unstrittig ist, dass das Wohlstandsgefälle zwischen den Beitrittsländern und den EU-Mitgliedsländern in der Ausgangssituation 2004 erheblich war. Aus der Sicht der Beitrittsländer ging es demnach auch darum, durch die Integration in den Binnenmarkt Wohlstand zu generieren und den wirtschaftlichen Aufholprozess zu beschleunigen. Die Lohnunterschiede zwischen den Beitrittsländern und den damaligen Mitgliedsstaaten der EU waren erheblich. Vor diesem Hintergrund wurde den Menschen aus den Beitrittsländern die Freizügigkeit – einer der Grundsätze der EU – nur schrittweise gewährt. Einzig Irland, Großbritannien und Schweden öffneten bereits 2004 ihre Grenzen für die Arbeitsmigration aus den Beitrittsländern. In Deutschland wurde die Freizügigkeit erst 2011 umgesetzt.

Die Ausgangsbedingungen der Staaten waren höchst unterschiedlich. Bulgarien und Rumänien wiesen einen besonders deutlichen Abstand zum EU-Durchschnitt aus. Spitzenreiter war Slowenien mit einem

Entwicklung der Wirtschaftskraft in Osteuropa

Pro-Kopf-BIP der osteuropäischen EU-Mitgliedsstaaten in Relation zum EU-Durchschnitt

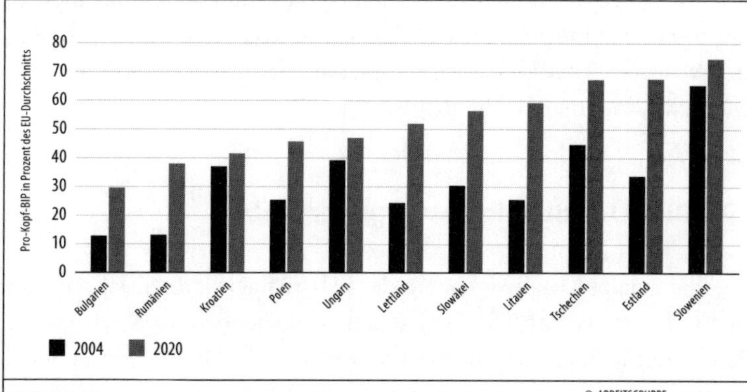

Quelle: Eurostat.

Pro-Kopf-BIP von mehr als 60 Prozent des EU-Durchschnitts. Inzwischen liegt Slowenien bei einem Wert von 75 Prozent. In der Ausgangssituation lagen die meisten Staaten bei deutlich unter 50 Prozent des Pro-Kopf-BIP der EU. Doch auch heute ist es längst nicht allen Staaten gelungen, diese 50-Prozent-Marke zu erreichen. So liegen etwa Polen und Ungarn unter diesem Wert. Besonders stark konnten die baltischen Staaten ihre relative Position verbessern; sie entwickelten eine besondere starke Dynamik. Am unteren Ende der Wohlstandsskala bewegen sich immer noch Bulgarien und Rumänien. Offenbar sind die Ausgangsbedingungen von herausragender Bedeutung für den Aufholprozess, dessen zeitlicher Rahmen erheblich ist. Aktuell machen die damaligen Transformationsökonomien die Erfahrung, dass es im Kapitalismus nicht immer nur aufwärts geht. Vielmehr steht eine Transformation der Transformation an. Das ist eine ernüchternde Erfahrung für alle, die an die dauerhaft heilsbringenden Kräfte des Marktes geglaubt haben. Angesichts der neuen Klimapolitik wird der Kapitalstock ganzer Industriezweige entwertet. Das ist im Kapitalismus normal – jedoch für die Betroffenen immer sehr schwer zu verkraften.

Inzwischen musste die EU ihrerseits die Erfahrung machen, dass sie in Zweifelsfällen nach dem Beitritt nur schwer das EU-Recht durchsetzen kann, wenn nationalistische oder radikale Tendenzen in einzelnen Staaten die Oberhand gewinnen. Besonders schwierig stellt sich dabei die Lage in Polen und in Ungarn dar. Inzwischen hat die EU Sanktionsmechanismen entwickelt, um die Rechtsstaatlichkeit besser durchzusetzen. Die Wirksamkeit dieser auf finanzielle Sanktionen setzenden Maßnahmen bleibt abzuwarten.

6.9 Die EU bleibt ein heterogener Club

Innerhalb vieler Mitgliedsstaaten der EU zeichnet sich seit Jahren eine wachsende wirtschaftliche und soziale Ungleichheit ab. Gleichzeitig bleibt die EU in Bezug auf die Pro-Kopf-Einkommen eine äußerst heterogene Ländergruppe. Die vormaligen Konvergenzkriterien bezogen sich nicht auf das Einkommen pro Kopf. Vor diesem Hintergrund ist die Konvergenz des Einkommensniveaus nicht einmal ein explizites Ziel der EU. Das Einkommensgefälle spiegelt sich auch im Pro-Kopf-Bruttoinlandsprodukt wider, das sich zwischen den einzelnen Mitgliedsländern massiv unterscheidet. Längst gilt es als akzeptiert, dass sich in den ehemaligen Transformationsländern dauerhaft ein vergleichsweise niedriges Einkommensniveau festgeschrieben hat. Irland dagegen ist in den vergangenen 20 Jahren ein beachtlicher Auftrieb gelungen. Hierzu hat auch beigetragen, dass sich das Land als Steueroase für internationale Großkonzerne – insbesondere digitale Großkonzerne – entwickelt hat. Umgekehrt gilt: Mit dieser Finanzpolitik hat sich Irland dem Steuerwettbewerb als wirtschaftlicher Grundlage ausgeliefert. Es bleibt offen, wie sich die gesamtwirtschaftliche Lage dort entwickelt, wenn die auf der internationalen Ebene geplanten Mindeststeuersätze für Unternehmen durchgesetzt werden.

Alles in allem ist die Ungleichheit der Mitgliedsstaaten gemessen am Pro-Kopf-Bruttoinlandsprodukt hoch. Dies geht massiv auf die Ausgangslage, die Differenzen in der Faktorausstattung, den Wettbewerb zwischen den Mitgliedsländern und die jeweilige nationale Wirtschaftspolitik zurück. Viele der Staaten der „alten" EU konnten ihre relative Position bezogen auf das durchschnittliche Pro-Kopf-BIP in den vergangenen Jahren kaum verbessern. Gerade bei Ländern wie Griechenland, Spanien und Italien schlugen erhebliche dämpfende Effekte zu Buche, die auch von den jeweiligen Austeritätsprogrammen im Zuge der Finanz- und Eurokrise ausgegangen sind. So erreichte Griechenland im Jahr 2020 nur noch gut 50 Prozent des durchschnittlichen Pro-Kopf-BIP; im Jahr 2004 lag der Vergleichswert noch bei gut 80 Prozent. Hier hat die EU im Zuge der Troika-Politik eine Verarmung der Bevölkerung in Kauf genommen. Schweden und Finnland konnten ihre relative Einkommensposition mit etwa 150 Prozent gerade einmal halten. Dynamisch hat sich die Wirtschaft in Irland und Luxemburg entwickelt.

In den vergangenen Jahren haben sich gerade die früheren Transformationsökonomien zu den Gewinnerinnen des Binnenmarktes und der EU-Politik entwickelt. Sie konnten teilweise kräftig zum EU-Durchschnitt aufschließen. Verlierer sind dagegen vor allem die Länder Frankreich, Italien, Spanien, Portugal. Ihr Pro-Kopf-BIP liegt gemessen am EU-Durchschnitt unter dem Vergleichswert von 2004.

Die Spannungen innerhalb der EU sind groß. Die EU-Mitgliedsländer haben immer noch nicht zu einer tragfähigen und humanen Lösung der Migrations- und Flüchtlingsfragen gefunden. An den EU-Außengrenzen spielen sich tagtäglich unwürdige, menschenverachtende und tragische Situationen ab. Dabei ist es klar, dass der demografische Wandel eine aktive Migrations- und Integrationspolitik in vielen Mitgliedsländern notwendig machen wird. In diesem Rahmen hat die EU am 07.10.2021 die sogenannte Blaue Karte eingeführt, um qualifizierte Fachkräfte aus Nicht-EU-Ländern anzuwerben. Diese aktive Migrationspolitik ersetzt jedoch auf keinen Fall die humanitäre Verantwortung der EU für Menschen, die vor unhaltbaren Zuständen in ihren Heimatländern fliehen müssen. Innerhalb der EU, also für Menschen mit der Staatsangehörigkeit eines Mitgliedsstaates, gilt dagegen die Freizügigkeit. Vor diesem Hintergrund und angesichts der vorhandenen Einkommensgefälle zwischen den Mitgliedsländern kommt es vielfach zu einem „Brain Drain“. Gerade die ehemaligen Transformationsökonomien verlieren dabei in der Regel gut ausgebildete Fachkräfte, deren Ausbildungskosten sie übernommen hatten. Den „Brain Gain“ dagegen realisieren vor allem diejenigen Länder, die ein vergleichsweise hohes persönliches Einkommen für bestimmte Berufsgruppen bieten können, beispielsweise im Handwerk, auf dem Bau oder auch im medizinischen Bereich.

6.10 Transformation heute

Transformation bedeutete in den 1990er Jahren, den Übergang in eine Marktwirtschaft zu gestalten. Heute geht es bei diesem Begriff darum, klimaschädlichem Marktversagen entgegenzutreten. Gegenwärtig wie damals setzt Transformation bei den institutionellen Rahmenbedingungen des Wirtschaftens an. Aktuell geschieht dies durch die Internalisierung der externalisierten Effekte des Marktgeschehens durch die Bepreisung von Treibhausgasemissionen.

Zentraler Ausgangspunkt ist ein globaler Rechtsakt auf UN-Ebene, das Pariser Klimaabkommen von 2015. Demnach sollen die Treibhausgasemission gesenkt werden, um so das 2-Grad-Ziel oder das noch ambitioniertere 1,5-Grad-Ziel zu erreichen. Im Sommer 2021 hat die EU mit „Fit for 55" ein Klimaschutzpaket vorgestellt, das die Leitplanken der Transformation zur CO_2-Neutralität bis zum Jahr 2050 liefern soll. Das Zwischenziel, bis 2030 – also in acht Jahren – die Treibhausgasemissionen um 55 Prozent gegenüber 1990 zu reduzieren, gab dem Projekt den Namen.

Zuvor hatte die EU-Kommission bereits im Dezember 2019 den sogenannten europäischen Green Deal vorgelegt. Zudem wurde das Programm NextGenerationEU (NGEU) aufgelegt, mit dem die EU wirtschaftlich zu neuer Stärke gelangen soll. Das Paket startete 2020 und versucht, Lösungsansätze für die Pandemie sowie die digitale und die ökologische Transformation miteinander zu verbinden. Um dies zu erreichen, werden die langfristigen Haushaltsplanungen für die Jahre 2021 bis 2027 und das eigentliche Budget für NextGenerationEU, das sich auf gut 800 Milliarden Euro beläuft, miteinander verbunden. Das gesamte finanzielle Volumen beläuft sich auf mehr als 2.000 Milliarden Euro.

Im internationalen Vergleich zeigt sich, dass die europäischen Länder bei den Pro-Kopf-Emissionen zwar unter den USA und den erdölexportierenden Ländern liegen. Die Pro-Kopf-Emissionen liegen jedoch gleichzeitig deutlich beispielsweise über denen Indiens. Tatsächlich sinken die Treibhausgasemissionen in der EU seit Jahren (vgl. Abbildung auf S. 258). Allerdings erfolgt dieser Prozess längst nicht schnell genug, um der Erderwärmung und den damit verbundenen Klimakatastrophen ausreichend entgegenzutreten. Im Kern setzt „Fit for 55" auf den Einsatz unterschiedlicher Elemente. Dabei handelt es sich einerseits um den EU-Emissionshandel (für die Energiewirtschaft und die energieintensive Industrie sowie den innereuropäischen Luftverkehr und künftig auch für die Schifffahrt), andererseits um durch die Klimaschutzverordnung festgelegte Einsparziele für die Bereiche und Sektoren, die nicht unter den Emissionshandel fallen. Dies sind Gebäude, Verkehr ohne Schifffahrt und Luftverkehr, Landwirtschaft,

Entwicklung der Treibhausgasemissionen in der EU in den Jahren 1990 bis 2019 (Index 1990 = 100)

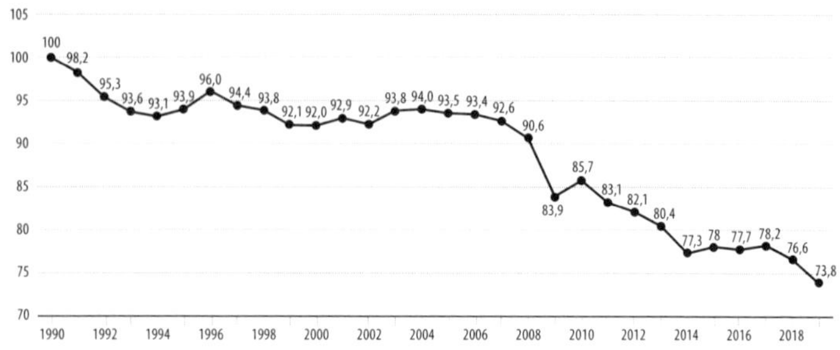

Quelle: EEA/Statista.

© ARBEITSGRUPPE ALTERNATIVE WIRTSCHAFTSPOLITIK MEMORANDUM 2022

Abfall sowie kleinere Energie- und Industrieanlagen. Für Gebäude und Verkehr soll nach dem Willen der EU-Kommission ab 2026 ein (zunächst separater) EU-weiter Emissionshandel greifen und dort zum zentralen Klimaschutzinstrument werden. Dies trifft bei einigen EU-Staaten jedoch auf Vorbehalte.

Das Emissionshandelssystem hat seit seinem Entstehen zu vielen Verwerfungen geführt und wurde häufig reformiert. Inzwischen sind die Preise für die Emissionsrechte deutlich gestiegen, was auf der Unternehmensseite zu steigenden Kosten führt. Damit lohnt sich der Umstieg auf andere Energieformen – so die Logik. Tatsächlich werden mit der Verteuerung von CO_2 die erneuerbaren Energien relativ gesehen günstiger.

Die Budgets und die Ziele dürfen über eines nicht hinwegtäuschen: Beim Thema Nachhaltigkeit und CO_2 wird in erster Linie auf Veränderungen des ordnungspolitischen Rahmens gesetzt. Einmal mehr präsentiert sich die EU als Regelsetzerin für das gesellschaftliche und wirtschaftliche Leben. Mit der CO_2-Neutralität wurde ein Ziel etabliert, das sich leicht numerisch fassen lässt und aus Unternehmenssicht vielfach Gewinnmaximierung unter Nebenbedingungen bedeutet. Ein hoher CO_2-Preis wird dann beispielsweise den Kohleausstieg oder den Umstieg auf Klimaschutztechnologien in der Industrie begünstigen.

Dabei fällt ins Gewicht, welche Energieträger die EU-Kommission als nachhaltig einstuft. In ihrer Taxonomie hat sie beispielsweise die Stromerzeugung mit Erdgas und Kernkraft unter bestimmten Bedingungen als nachhaltig klassifiziert. Diese Eingruppierung ist vor allem deshalb von Bedeutung, weil nachhaltige Finanzanlagen aktuell eine große Nachfrage erfahren. Damit kann privates Kapital leichter gewonnen werden. Die Regulierung der EU hat demnach Konsequenzen für den Finanzmarkt. In der aktuell sehr disruptiven Zeit ist eine solche Orientierung aus der Sicht der Investor*innen extrem wertvoll, zudem ist sie für einige EU-Förderprogramme ein Bewilligungskriterium. Entsprechend kritisch schätzen Umweltverbände die aktuellen Änderungen an der Taxonomie ein (vgl. S. 220ff. in diesem MEMORANDUM).

Wenn von den sozial-ökologischen Herausforderungen gesprochen wird, dann bleibt gerade die soziale Komponente oft diffus. Bei der ökologischen Komponente dagegen scheinen sich sowohl die EU als auch die internationale Staatengemeinschaft im Kern auf Zielgrößen einigen zu können. Hier findet offenbar ein erheblicher Paradigmenwechsel in der Bewertung wirtschaftlicher Aktivitäten statt.

Doch die neue Transformation vernachlässigt ebenso wie die Transformation der 1990er Jahre die soziale Komponente. Wieder einmal geht es bei den sozialen Nachhaltigkeitsbemühungen der EU bestenfalls darum, den Strukturwandel speziell in den Regionen abzufedern, die stark auf den Abbau von fossilen Energieträgern setzen, etwa mit dem Just Transition Fund. Eine EU-weite soziale Mindestsicherung gibt es nach wie vor nicht. Ob der mit dem EU-55-Paket geplante Klimasozialfonds real einen stärkeren Schutz der ärmeren Haushalte zur Folge haben wird, bleibt abzuwarten. Auf jeden Fall muss der klimaschutzbedingte Wandel auch von Seiten der EU sozial und wirtschaftlich stärker abgefedert werden. Dazu sind intelligente Umverteilungspolitiken zu etablieren.

Vor dem Hintergrund des starken Einkommensgefälles in der EU trifft auch die Klimapolitik auf höchst unterschiedliche Situationen in den einzelnen Mitgliedsländern. Die *Arbeitsgruppe Alternative Wirtschaftspolitik* fordert seit Jahren eine weitere Vertiefung der EU. Denn so könnten die Ungleichgewichte besser ausgeglichen werden. Die Forderung der *Arbeitsgruppe Alternative Wirtschaftspolitik* nach Mindestlöhnen hat inzwischen Eingang in die Debatten der EU-Kommission gefunden. Auch die Entwicklung von Eurobonds – etwa zur Absicherung der Ausgabenprogramme – wurde, wenn auch mit Abstrichen, inzwischen Realität. Die jahrelangen Hinweise der *Arbeitsgruppe Alternative Wirtschaftspolitik* auf die Gefahren, die aus dem Fiskalpakt resultieren können, sind inzwischen im Mainstream angekommen. Es geht aktuell darum, auch klar zu machen, dass eine funktionierende EU auch eine soziales EU sein muss. Davon wird die Zukunftsfähigkeit der EU abhängen.

Literatur

Blanchard, Olivier/Leandro, Alvaro/Zettelmeyer, Jeromin (2021): Redesigning EU fiscal rules: from rules to standards. Economic Policy, Vol. 36, Issue 106, S. 195–236.

Destatis – Statistisches Bundesamt (2021): Ableitung des HVPI-Wägungsschemas für das Jahr 2021,www.destatis.de.

Deutsche Bundesbank (2021): Chancen und Risiken von digitalem Geld, Monatsbericht 4/2021, S. 61–80.

EZB – Europäische Zentralbank (2021): EZB-Rat verabschiedet neue geldpolitische Strategie, Pressemitteilung vom 08.07.2021.

Europäisches Parlament (2021a): Der EU-Rahmen für die Fiskalpolitik. Kurzdarstellung zur Europäischen Union, www.europarl.europa.eu.

Europäisches Parlament (2021b): Die Maßnahmen des Parlaments für faire Mindestlöhne in der EU, Beitrag vom 23.08.2021, www.europarl.europa.eu.

Lübker, Malte/Schulten, Thorsten (2021): WSI-Mindestlohnbericht 2021: Ist Europa auf dem Weg zu angemessenen Mindestlöhnen?, WSI-Mitteilungen 2/2021, S. 127–139.

Tabellenanhang

Tabelle A 1: Bevölkerung, Erwerbstätigkeit

Jahr	Einwohner *innen	Erwerbstätige		Arbeitsvolumen			
		insgesamt	darunter: abhängig Beschäftigte	der Erwerbs-tätigen	der abhängig Beschäftigten	je Erwerbs-tätigen	je abhängig Beschäftigten
	1.000 Personen			Millionen Stunden		Stunden	
1991	79.973	38.871	35.308	60.408	52.218	1.554	1.479
1995	81.308	38.042	34.245	58.226	49.504	1.531	1.446
2000	81.457	39.971	35.958	58.595	49.517	1.466	1.377
2005	81.337	39.311	34.930	56.310	47.119	1.432	1.349
2010	80.284	41.048	36.533	58.524	49.314	1.426	1.350
2011	80.275	41.544	37.017	59.279	50.102	1.427	1.354
2012	80.426	42.019	37.497	59.162	50.100	1.408	1.336
2013	80.646	42.350	37.855	59.140	50.220	1.397	1.327
2014	80.983	42.721	38.262	59.827	51.032	1.400	1.334
2015	81.687	43.122	38.717	60.412	51.754	1.401	1.337
2016	82.349	43.661	39.320	60.933	52.451	1.396	1.334
2017	82.657	44.251	39.978	61.471	53.219	1.389	1.331
2018	82.906	44.858	40.635	62.113	54.030	1.385	1.330
2019	83.093	45.268	41.117	62.539	54.624	1.382	1.329
2020	83.161	44.898	40.860	59.454	52.479	1.324	1.284
2021	83.194	44.905	40.975	60.600	53.501	1.350	1.306

Quelle: Statistisches Bundesamt, Fachserie 18, Rechenstand: März 2022.

Tabelle A 2: Erwerbstätige nach Wirtschaftsbereichen in Deutschland

Jahr	Insgesamt	Land- und Forstwirtschaft, Fischerei	Prod. Gewerbe ohne Baugewerbe		Baugewerbe	Handel, Verkehr, Gastgewerbe	Information und Kommunikation	Finanz- und Versicherungsdienstleister	Grundstücks- und Wohnungswesen	Unternehmensdienstleister	Öffentliche Dienstleister, Erziehung, Gesundheit	Sonstige Dienstleister
			zusammen	darunter: Verarbeitendes Gewerbe								
	1.000 Personen											
1991	38.871	1.174	10.968	10.064	2.888	8.879	958	1.206	264	2.315	8.090	2.129
1995	38.042	865	8.805	8.037	3.320	8.840	949	1.260	348	2.708	8.543	2.404
2000	39.971	766	8.475	7.838	2.888	9.373	1.084	1.291	462	3.823	9.059	2.750
2005	39.311	679	7.822	7.245	2.270	9.189	1.147	1.261	463	4.336	9.303	2.841
2010	41.048	645	7.709	7.140	2.325	9.469	1.159	1.216	463	5.215	9.921	2.926
2015	43.122	633	8.082	7.508	2.426	9.846	1.224	1.181	468	5.820	10.486	2.956
2016	43.661	623	8.103	7.530	2.450	9.941	1.252	1.161	467	5.970	10.716	2.978
2017	44.251	615	8.175	7.594	2.479	10.044	1.283	1.130	473	6.139	10.919	2.994
2018	44.858	608	8.311	7.719	2.515	10.178	1.326	1.109	477	6.227	11.105	3.002
2019	45.268	599	8.366	7.764	2.547	10.230	1.377	1.096	480	6.226	11.306	3.041
2020	44.898	580	8.180	7.576	2.579	10.012	1.398	1.086	477	6.106	11.480	3.000
2021	44.905	558	8.084	7.475	2.610	9.836	1.431	1.082	481	6.139	11.729	2.955
	Entwicklung 2000–2021											
	112,3	72,8	95,4	95,4	90,4	104,9	132,0	83,8	104,1	160,6	129,5	107,5
	Struktur (insgesamt = 100)											
1995	100,0	2,3	23,1	21,1	8,7	23,2	2,5	3,3	0,9	7,1	22,5	6,3
2021	100,0	1,2	18,0	16,6	5,8	21,9	3,2	2,4	1,1	13,7	26,1	6,6

Quelle: Statistisches Bundesamt, Fachserie 18, eigene Berechnungen. Rechenstand: März 2022.

Tabelle A 3: Kernerwerbstätige[1] mit Normalarbeit und atypischer Beschäftigung

Jahr[4]	Insgesamt[2]	Selbstständige[3]		Abhängig Beschäftigte							
					Normalarbeitnehmer *innen		Atypisch Beschäftigte				
								und zwar			
		Gesamt	darunter: Soloselbstständige	Gesamt	Gesamt	Teilzeitbeschäftigte über 20 Wochenstd.	Zusammen	Befristet Beschäftigte	Teilzeitbeschäftigte bis zu 20 Wochenstd.	Geringfügig Beschäftigte	Zeitarbeitnehmer *innen
	Insgesamt										
1991	34.680	2.859	1.284	31.386	26.948	1.751	4.437	1.968	2.555	654	
2000	33.530	3.418	1.697	29.862	23.850	1.720	6.012	2.265	3.944	1.749	
2005	33.116	3.795	2.110	28.992	22.138	1.979	6.854	2.498	4.673	2.416	
2010	35.145	3.917	2.169	31.076	23.131	2.571	7.945	2.858	4.942	2.517	743
2015	36.155	3.688	1.991	32.367	24.832	3.410	7.534	2.531	4.844	2.339	666
2018	37.282	3.473	1.874	33.724	26.214	3.847	7.509	2.460	4.644	2.047	925
2019	37.665	3.433	1.805	34.159	26.825	4.102	7.333	2.296	4.650	2.013	853
2020	36.532	3.081	1.609	33.363	26.410	4.522	6.953	2.153	4.399	1.944	639
	Männer										
1991	20.195	2.130	886	18.018	16.791	88	1.227	1.047	154	102	
2000	18.862	2.465	1.139	16.354	14.785	129	1.569	1.201	390	254	
2005	18.159	2.641	1.366	15.463	13.615	173	1.848	1.327	591	448	
2010	18.918	2.669	1.356	16.223	13.821	296	2.402	1.411	670	575	504
2015	19.211	2.477	1.216	16.716	14.476	389	2.240	1.243	699	536	455
2018	19.813	2.300	1.110	17.496	15.130	464	2.366	1.252	695	516	614
2019	19.990	2.280	1.071	17.695	15.422	519	2.273	1.180	698	506	563
2020	19.366	2.031	943	17.311	15.238	664	2.073	1.077	652	514	354
	Frauen										
1991	14.486	729	398	13.368	10.158	1.663	3.210	921	2.401	552	
2000	14.667	952	558	13.507	9.065	1.592	4.442	1.063	3.554	1.495	
2005	14.956	1.154	743	13.529	8.523	1.806	5.006	1.171	4.082	1.968	
2010	16.227	1.248	813	14.853	9.309	2.274	5.543	1.447	4.272	1.942	238
2015	16.944	1.211	775	15.651	10.356	3.020	5.295	1.288	4.144	1.803	212
2018	17.469	1.173	764	16.228	11.084	3.384	5.144	1.207	3.948	1.531	310
2019	17.675	1.153	734	16.463	11.403	3.583	5.060	1.116	3.952	1.508	290
2020	17.166	1.050	666	16.051	11.171	3.858	4.880	1.076	3.747	1.430	285
	2020										
Früheres Bundesgebiet	29.507	2.417	1.230		20.947		6.061	1.762	3.980	1.746	518
Neue Bundesländer u. Berlin	7.025	664	379		5.462		892	391	420	199	121

1) Nur Erwerbstätige im Alter von 15 bis 64 Jahren, nicht in Bildung oder Ausbildung oder in einem Wehr-, Zivil- sowie Freiwilligendienst. 2) Bis 2004 Ergebnisse für eine Berichtswoche im Frühjahr; ab 2005 Jahresdurchschnittsergebnisse sowie geänderte Erhebungs- und Hochrechnungsverfahren. 3) Umfasst auch mithelfende Familienangehörige, die in der Tabelle nicht gesondert ausgewiesen sind. 4) Zeitliche Vergleichbarkeit wegen geänderter Erfassung des Erwerbsstatus eingeschränkt.

Quelle: Statistisches Bundesamt, Mikrozensus, Stand: 31.01.2022.

Tabelle A 4: Arbeitslosigkeit und Unterbeschäftigung

Jahr	Registrierte Arbeitslose*	Erwerbspersonen-potenzial**	Arbeitslosenquote*		Unterbeschäftigung nach BA-Konzept		Stille Reserve Jahresdurchschnitt
			insgesamt	darunter Frauen	ohne Kurzarbeit	mit Kurzarbeit	
	1.000 Personen		Prozent		1.000 Personen		
1991	2.602	42.706	7,3	8,5			
1995	3.612	43.238	10,4	11,4			
2000	3.890	44.181	10,7	10,9			
2005	4.861	45.019	13,0	12,7	6.063	6.125	922
2010	3.238	45.230	8,6	8,1	4.701	4.919	1.389
2015	2.795	45.911	7,1	6,2	3.631	3.682	1.048
2018	2.340	47.435	5,8	5,0	3.285	3.330	976
2019	2.267	47.650	5,5	4,7	3.200	3.248	893
2020	2.695	47.520	6,5	5,5	3.519	4.736	949
2021	2.613	-	6,3	5,4			944
	Früheres Bundesgebiet ohne Berlin						
2005	3.247	35.606	11,0	10,7	4.004		
2010	2.227	37.116	7,4	7,1	3.227		
2015	2.021	-	6,4	5,6	2.610		
2018	1.759	-	5,3	4,6	2.468		
2019	1.723	-	5,1	4,4	2.426		
2020	2.075	-	6,1	5,2	2.703		
2021	2.006	-	5,9	5,1			
	Neue Bundesländer und Berlin						
2005	1.614	9.414	20,6	19,8	2.059		
2010	1.011	7.602	13,4	12,3	1.474		
2015	774	-	10,3	8,7	1.022		
2018	581	-	7,0	6,4	818		
2019	544	-	7,1	5,9	775		
2020	620	-	8,1	6,6	816		
2021	607	-	7,9	6,6			
Tatsächliche Arbeitslosigkeit in 1.000 Personen				Dezember 2018	Dezember 2019	Dezember 2020	Dezember 2021
				3.141	3.071	3.516	3.072

* Bezogen auf die abhängigen zivilen Erwerbspersonen. ** Erwerbspersonenpotenzial wird ab 2014 nicht mehr nach neuen und alten Bundesländern statistisch durch das IAB ausgewiesen. — Das Erwerbspersonenpotenzial ist die Summe aus Erwerbstätigen, Erwerbslosen sowie Stiller Reserve und bildet nahezu die Obergrenze des Angebots an Arbeitskräften. Daten für 2020 sind Schätzungen. Vollzeitäquivalente der Erwerbstätigen siehe Tabelle A1. — Quelle: Bundesagentur für Arbeit, Stichtagszahlen jeweils 31.12., IAB-FB-A2. Tatsächliche Arbeitslosigkeit siehe Link: https://www.die-linke.de/themen/arbeit/tatsaechliche-arbeitslosigkeit.

Tabelle A 5: Konjunkturdaten

Jahr	Bruttoinlandsprodukt		Konsum		Investitionen		Außenhandel		Kapazitätsauslastung verarbeitendes Gewerbe
			privater	Staats-	Ausrüstungen	Bau	Exporte	Importe	
	Mrd. Euro	Prozentuale Veränderung zum Vorjahr, preisbereinigt							Prozent
1992	1.702	1,9	2,9	5,6	-3,2	10,3	-0,3	3,0	83,4
1995	1.895	1,5	1,5	2,2	1,8	-1,7	6,6	7,0	84,8
2000	2.109	2,9	1,7	1,6	10,1	-3,1	13,8	10,8	87,1
2001	2.173	1,7	1,2	0,6	-3,0	-4,2	5,7	0,8	84,6
2002	2.198	-0,2	-1,4	1,2	-8,3	-6,0	4,2	-2,6	82,1
2003	2.212	-0,7	0,4	0,7	-0,4	-2,5	1,9	5,6	81,9
2004	2.263	1,2	0,6	-0,6	3,6	-3,9	11,5	7,8	83,2
2005	2.288	0,7	0,8	0,6	6,9	-3,6	6,7	6,0	83,0
2006	2.385	3,8	1,4	1,1	12,2	4,8	12,3	11,2	85,9
2007	2.500	3,0	-0,2	1,7	7,8	-0,2	8,9	6,2	87,3
2008	2.546	1,0	0,3	3,7	2,6	-0,6	1,9	2,3	86,5
2009	2.446	-5,7	-0,1	3,2	-20,7	-3,6	-14,3	-9,7	72,0
2010	2.564	4,2	0,7	1,4	11,3	3,1	14,4	12,9	79,7
2011	2.694	3,9	1,3	1,0	7,3	8,2	8,3	7,3	86,1
2012	2.745	0,4	1,3	1,3	-1,9	0,6	2,9	0,1	83,5
2013	2.811	0,4	0,6	1,4	-2,5	-1,2	1,0	2,7	82,1
2014	2.927	2,2	1,0	1,7	4,8	2,0	4,8	3,9	83,9
2015	3.026	1,5	1,9	2,9	4,3	-1,4	5,4	5,8	84,5
2016	3.135	2,2	2,3	4,0	3,0	3,8	2,5	4,5	84,6
2017	3.267	2,7	1,3	1,7	4,2	1,0	4,9	5,2	86,6
2018	3.368	1,1	1,3	1,0	4,4	2,6	2,3	3,9	87,7
2019	3.473	1,1	1,6	3,0	1,0	1,1	1,1	2,9	84,5
2020	3.368	-4,6	-5,9	3,5	-11,2	2,5	-9,3	-8,6	77,0
2021	3.564	2,7	0	3,4	3,2	0,5	9,4	8,6	84,8

Rechenstand: März 2022, Wachstumsrate BIP saison- und kalenderbereinigt.
Quellen: Statistisches Bundesamt, Deutsche Bundesbank, ifo München.

Tabelle A 6: Verteilung der verfügbaren Einkommen der privaten Haushalte

Jahr	Massen-einkommen insgesamt	darunter: Nettolöhne und -gehälter	darunter: monetäre Sozialleistungen (netto)	Betriebsüberschuss/ Selbstständigeneinkommen, Vermögenseinkommen	Verfügbares Einkommen	Sparquote
	Milliarden Euro					Prozent
1991	707	493	219	338	1.004	12,9
1995	819	546	280	395	1.175	11,4
2000	920	605	323	413	1.279	9,3
2005	986	637	296	477	1.417	10,6
2006	989	641	307	517	1.449	10,6
2007	1.005	660	320	532	1.472	10,7
2008	1.031	683	337	548	1.505	10,9
2009	1.057	686	336	505	1.491	10,4
2010	1.093	717	385	503	1.526	10,3
2015	1.274	863	411	535	1.725	10,1
2016	1.323	896	426	552	1.785	10,2
2017	1.374	933	442	572	1.844	10,6
2018	1.431	976	454	588	1.919	11,3
2019	1.496	1.022	474	564	1.960	10,8
2020	1.540	1.021	519	527	1.975	16,1
2021	1.594	1.060	-	523	2.010	15,0
	Verfügbares Einkommen = 100 *					
1991	70,4	49,1	21,8	33,7	100	
1995	69,7	46,4	23,9	33,6	100	
2000	71,9	47,3	25,2	32,3	100	
2005	69,6	44,9	20,9	33,7	100	
2006	68,2	44,2	21,2	35,7	100	
2007	68,3	44,8	21,7	36,1	100	
2008	68,5	45,4	22,4	36,4	100	
2013	69,9	46,6	23,2	34,1	100	
2014	70,5	47,2	23,3	33,4	100	
2015	73,9	50,0	23,8	31,0	100	
2016	74,1	50,2	23,9	30,9	100	
2017	74,5	50,6	24,0	31,0	100	
2018	74,6	50,9	23,7	30,6	100	
2019	76,3	52,1	24,2	28,8	100	
2020	78,0	51,7	26,3	26,7	100	
2021	79,3	52,7	-	26,0	100	

* Differenz bedingt durch Saldo verschiedener übriger Transferleistungen, wie beispielsweise Schadenersatzleistungen aus Versicherungen oder Überweisungen Erwerbstätiger im Inland an das Ausland. Im Jahr 2015 waren es ca. 60 Milliarden Euro.
Quellen: Statistisches Bundesamt, eigene Berechnungen.
Rechenstand: März 2022.

Tabelle A 7: Durchschnittliche Bruttomonatsverdienste der abhängig Beschäftigten (Vollzeitbeschäftigte)*

Jahr	Früheres Bundesgebiet			Neue Bundesländer		
	Vollzeitbeschäftigte Arbeitnehmer*innen					
	Insgesamt	Männer	Frauen	Insgesamt	Männer	Frauen
	Euro					
1991	1.987	2.175	1.555	924	966	846
1995	2.358	2.562	1.891	1.652	1.693	1.551
2000	2.652	2.848	2.199	1.929	1.959	1.867
2005	3.009	3.203	2.537	2.239	2.285	2.165
2006	3.060	3.256	2.586	2.279	2.325	2.202
2007	3.134	3.329	2.657	2.344	2.392	2.263
2008	3.213	3.413	2.724	2.431	2.474	2.357
2009	3.248	3.436	2.791	2.486	2.519	2.432
2010	3.338	3.537	2.855	2.547	2.584	2.484
2011	3.426	3.633	2.928	2.609	2.652	2.534
2012	3.517	3.731	3.006	2.639	2.696	2.542
2013	3.577	3.783	3.089	2.691	2.740	2.605
2014	3.652	3.864	3.156	2.760	2.818	2.657
2015	3.726	3.937	3.227	2.886	2.929	2.807
2016	3.819	4.029	3.324	2.974	3.012	2.904
2017	3.885	4.095	3.394	3.049	3.084	2.985
2018	3.994	4.205	3.495	3.150	3.187	3.081
2019	4.110	4.313	3.627	3.246	3.278	3.174
2020	4.081	4.269	3.638	3.289	3.317	3.231
	Durchschnittliche jährliche Veränderung in Prozent					
1991–1995	4,4	4,2	5,0	15,6	15,1	16,4
1995–2000	2,4	2,1	3,1	3,1	3,0	3,8
2000–2005	2,6	2,4	2,9	3,0	3,1	3,0
2005–2010	2,1	2,0	2,4	2,6	2,5	2,8
2010–2015	2,2	2,2	2,5	2,5	2,5	2,5
2015–2020	1,8	1,6	2,4	2,6	2,5	2,9

* Im Produzierenden Gewerbe und im Dienstleistungsbereich *ohne* Sonderzahlungen.
Quellen: Statistisches Bundesamt, eigene Berechnungen.

Tabelle A 8: Verdienste und Arbeitszeiten der abhängig Beschäftigten im produzierenden Gewerbe und Dienstleistungsbereich 2007 und 2020

Art der Beschäftigung	Anteile in Prozent	Bezahlte Wochenarbeitszeit in Stunden	Bruttoverdienste in Euro je			Anteile in Prozent	Bezahlte Wochenarbeitszeit in Stunden	Bruttoverdienste in Euro je		
			Stunde	Monat	Jahr			Stunde	Monat	Jahr
	Früheres Bundesgebiet im Jahr 2020					Früheres Bundesgebiet im Jahr 2007				
	Männer									
Vollzeitbeschäftigte	83,7	38,0	28,75	4.745	56.936	87,2	39,1	21,91	3.717	44.610
Teilzeitbeschäftigte	8,2	25,4	23,00	2.541	30.489	4,8	24,5	16,36	1.740	20.881
Geringfügig Beschäftigte	8,1	-	-	322	3.864	8,0	-	-	264	3.170
	Frauen									
Vollzeitbeschäftigte	42,6	37,7	24,04	3.942	47.307	45,1	38,5	17,34	2.903	34.831
Teilzeitbeschäftigte	44,1	24,3	21,47	2.265	27.180	36,1	23,3	16,02	1.623	19.474
Geringfügig Beschäftigte	13,3	-	-	332	3.990	18,8	-	-	277	3.319
	Neue Bundesländer im Jahr 2020					Neue Bundesländer im Jahr 2007				
	Männer									
Vollzeitbeschäftigte	83,7	38,7	21,16	3.554	42.654	87,8	39,7	14,84	2.560	30.722
Teilzeitbeschäftigte	10,4	28,0	18,48	2.247	26.963	4,8	28,7	13,21	1.648	19.781
Geringfügig Beschäftigte	6,0	-	-	320	3.838	7,5	-	-	188	2.256
	Frauen									
Vollzeitbeschäftigte	45,4	38,4	20,47	3.416	40.988	53,9	39,1	14,23	2.416	28.993
Teilzeitbeschäftigte	47,1	29,0	18,16	2.292	27.504	34,7	28,7	12,83	1.599	19.189
Geringfügig Beschäftigte	7,5	-	-	314	3.765	11,4	-	-	193	2.316

Bruttoverdienste für Monat und Jahr einschließlich Sonderzahlungen.
Quelle: Statistisches Bundesamt, Fachserie 16, eigene Berechnungen.

Tabelle A 9: Reallöhne und Arbeitsproduktivität

Jahr	Bruttolohn	Nettolohn	Verbraucher-preisindex	Reallohn		Arbeitsproduktivität Bruttoinlandsprodukt		Geleistete Arbeitsstunden je abh. Beschäftigten	Bruttolohn-quote
	monatlich je abhängig Beschäftigten			brutto	netto	je Erwerbs-tätigen	je Erwerbs-tätigenstunde		
	Euro		1991 = 100						Prozent
1991	1.657	1.161	100,0	100,0	100,0	100,0	100,0	100,0	69,5
1995	1.999	1.330	114,7	105,2	99,9	107,2	108,9	97,7	70,9
2000	2.093	1.407	122,0	103,5	99,3	112,0	118,7	93,1	72,2
2005	2.228	1.524	131,6	102,2	99,7	117,0	126,9	91,2	67,5
2006	2.247	1.523	133,7	101,4	98,1	120,6	128,9	92,9	64,9
2007	2.282	1.539	136,8	100,7	96,9	122,1	130,5	93,1	64,5
2008	2.338	1.568	140,3	100,6	96,3	121,5	130,5	92,7	66,6
2009	2.341	1.572	140,8	100,4	96,2	114,4	126,6	89,6	69,7
2010	2.403	1.638	142,3	101,9	99,2	118,8	129,5	91,3	68,0
2011	2.487	1.682	145,3	103,3	99,7	122,0	132,8	91,5	67,1
2012	2.560	1.728	148,2	104,2	100,4	121,1	133,7	90,3	68,9
2013	2.616	1.763	150,4	105,0	101,0	120,7	134,3	89,7	69,3
2014	2.693	1.812	151,9	107,0	102,7	122,3	135,7	90,2	69,2
2015	2.773	1.862	152,7	109,6	105,0	122,9	136,4	90,4	69,5
2016	2.842	1.905	153,4	111,8	106,9	124,1	138,2	90,2	69,3
2017	2.917	1.950	155,7	113,0	107,9	125,8	140,7	90,0	69,4
2018	3.010	2.009	158,5	114,6	109,2	125,4	140,7	89,9	69,9
2019	3.100	2.079	160,8	116,4	111,4	125,6	141,3	89,8	71,1
2020	3.095	2.088	161,5	115,6	111,3	120,8	141,8	86,8	73,3
2021	3.203	2.170	166,6	116,1	112,2	124,3	143,1	88,3	71,2

Quellen: Statistisches Bundesamt, Fachserie 18, eigene Berechnungen. Rechenstand: März 2022.

Tabelle A 10: Kassenmäßiges Aufkommen wichtiger Steuerarten

Jahr	Steuern insgesamt VGR (Steuern der Gebietskörperschaften)	Massensteuern			Steuern auf Gewinne und Vermögen				Steuerquote in Prozent des Bruttoinlandsprodukts (VGR)	Verschuldung der öffentlichen Haushalte – Gebietskörperschaften
		Insgesamt	darunter: Lohnsteuer	darunter: Steuern vom Umsatz	Insgesamt	darunter: Veranlagte Einkommensteuer	darunter: Körperschaftsteuer	darunter: Kapitalertragsteuer		
	Mrd. Euro								Prozent	Mrd. Euro
1991	338	236	110	92	69	21	16	6	22	600
1995	406	308	145	120	60	7	9	16	22	1.019
2000	481	326	136	141	87	12	24	21	24	1.232
2005	476	313	119	140	79	10	16	17	21	1.526
2010	550	361	128	180	104	31	12	22	22	2.088
2015	673	443	179	210	146	49	20	26	23	2.178
2016	706	456	185	217	163	54	27	25	23	2.163
2017	735	477	196	226	175	59	29	28	24	2.113
2018	776	498	208	235	186	60	33	30	24	2.064
2019	796	518	220	243	173	64	32	29	24	2.047
2020	740	478	209	217	113	59	24	30	23	2.314
2021		519	218	249	-	72	42	38	24	2.433

Massensteuern: Lohnsteuer, Umsatzsteuer, Energiesteuer, Tabaksteuer. *Steuern auf Gewinne und Vermögen:* Veranlagte Einkommensteuer, Körperschaftsteuer, Gewerbesteuer, Kapitalertragsteuer, Vermögensteuer, Erbschaftsteuer (oben nicht separat aufgeführt). — Quellen: Statistisches Bundesamt, Deutsche Bundesbank, Bundesministerium der Finanzen, eigene Berechnungen.

	Deutschland	Dänemark	Frankreich	Italien	Kanada	Österreich	Schweden	Spanien	Großbritannien	USA
Steuern und Sozialabgaben in Prozent des Bruttoinlandsprodukts										
2010	35,5	44,8	42,1	41,7	31,0	41,0	42,9	31,3	31,1	23,4
2020	38,3	46,5	45,4	42,9	34,4	42,1	42,6	36,6	32,8	25,5
Steuern in Prozent des Bruttoinlandsproduktes										
2010	21,7	44,7	26,0	28,7	26,4	27,0	32,1	19,4	26,0	17,3
2020	23,1	46,5	30,6	29,4	29,5	26,5	33,5	22,9	25,9	19,2

Quelle: Monatsbericht des BMF Februar 2021, nach den Abgrenzungsmerkmalen der OECD.

Tabelle A 11: Armutsquoten in Deutschland und in den EU-Ländern

Merkmal	Deutschland				Neue Bundesländer			
	2005	2010	2018	2020[1]	2005	2010	2018	2020[1]
Insgesamt	14,7	14,5	15,5	16,1	20,4	19,0	17,5	18,4
Männlich	14,3	14,0	15,0	15,3	20,6	19,2	17,5	18,0
Weiblich	15,1	15,0	16,0	16,9	20,1	18,9	17,6	18,9
unter 18 Jahre	19,5	18,2	20,1	20,2	29,0	25,1	23,2	22,4
18 bis unter 25 Jahre	23,3	22,7	25,6	26,0	31,9	31,2	34,0	33,8
25 bis unter 50 Jahre	14,1	13,3	14,0	14,3	22,1	19,6	16,8	17,5
50 bis unter 65 Jahre	11,4	12,5	11,7	12,2	17,1	18,7	15,6	16,5
65 Jahre und älter	11,0	12,3	14,7	16,4	8,9	10,5	12,9	15,0
Einpersonenhaushalt	23,2	23,8	25,8	27,8	31,3	30,8	29,0	31,8
Paarhaushalt	8,3	8,7	8,4	8,7	10,1	10,2	8,6	9,0
Alleinerziehend	39,3	38,6	41,5	40,5	46,8	44,0	44,5	42,4
Paarhaushalt mit einem Kind	11,6	9,6	9,1	8,9	18,4	13,2	9,4	10,5
Paarhaushalt mit zwei Kindern	12,0	10,7	10,7	11,2	21,7	17,0	12,5	12,3
Paarhaushalt mit drei und mehr Kindern	26,3	23,2	30,0	30,9	39,5	32,0	34,6	32,1
Erwerbstätige insgesamt	7,3	7,5	7,7	8,7	11,4	11,1	9,2	10,6
Selbstständige	9,1	8,4	8,5	13,0	13,4	12,2	11,0	15,7
Abhängig Erwerbstätige	7,1	7,4	7,6	8,3	11,1	11,0	9,0	10,0
Arbeitslose	49,6	54,0	57,4	52,0	57,3	63,6	67,1	66,5

Bundesländer	2005	2010	2018	2020[1]
Deutschland	14,7	14,5	15,5	16,1
Alte Bundesländer	13,2	13,3	15,0	15,5
Neue Bundesländer	20,4	19,0	17,5	18,5
Baden-Württemberg	10,6	11,0	11,9	13,0
Bayern	11,4	10,8	11,7	11,6
Berlin	19,7	19,2	18,2	20,6
Brandenburg	19,2	16,3	15,2	14,5
Bremen	22,3	21,1	22,7	28,4
Hamburg	15,7	13,3	15,3	17,8
Hessen	12,7	12,1	15,8	17,4
Mecklenburg-Vorpommern	24,1	22,4	20,9	19,7
Niedersachsen	15,5	15,3	15,9	17,6
Nordrhein-Westfalen	14,4	15,4	18,1	17,4
Rheinland-Pfalz	14,2	14,8	15,4	15,9
Saarland	15,5	14,3	16,0	16,9
Sachsen	19,2	19,4	16,6	17,9
Sachsen-Anhalt	22,4	19,8	19,5	20,6
Schleswig-Holstein	13,3	13,8	15,3	15,9
Thüringen	19,9	17,6	16,4	17,7

Jahr 2020	EU (27)	Belgien	Bulgarien	Tschechien	Dänemark	Deutschland	Estland	Irland	Griechenland	Spanien	Frankreich	Kroatien	Italien	Zypern
	17,1	14,1	23,8	9,5	12,1	18,5	20,7	13,9	17,7	21	13,8	18,3	-	14,3
Lettland	Litauen	Luxemburg	Ungarn	Malta	Niederlande	Österreich	Polen	Portugal	Rumänien	Slowenien	Slowakei	Finnland	Schweden	Großbritannien
21,6	20,9	17,4	12,3	16,9	13,4	13,9	14,8	16,2	23,4	12,4	11,4	12,2	16,1	-

[1] Erstergebnisse des Mikrozensus 2020. Die Ergebnisse des Mikrozensus 2020 sind nur eingeschränkt mit Vorjahreswerten vergleichbar und zudem nicht in der gewohnten fachlichen und regionalen Auswertungstiefe belastbar. Weitere Informationen dazu finden Sie auf der Informationsseite des Statistischen Bundesamtes. — Quellen: Statistische Ämter des Bundes und der Länder/Sozialberichterstattung; Mikrozensus: Europäische Union: Eurostat, EU-SILC.

Tabelle A 12: Bevölkerung 2019 nach Bildungsabschluss

Bundesland	Insgesamt	Noch in schulischer Ausbildung	Haupt- (Volks-) schul-abschluss	Abschluss der poly-technischen Oberschule	Realschule oder gleich-wertiger Abschluss	Fachhoch-schul- oder Hochschul-reife	Ohne Angabe zur Art des Abschlusses	Ohne allgemei-nen Schul-abschluss
Deutschland	*100*	*3,6*	*29,0*	*7,4*	*24,5*	*33,2*	*0,1*	*2,1*
Baden-Württemberg	100	3,7	31,3	1,0	26,7	35,0	0,1	1,9
Bayern	100	3,1	38,6	1,1	25,4	30,0	0,2	1,4
Berlin	100	3,5	13,8	11,1	20,6	48,6	-	2,2
Brandenburg	100	3,2	11,9	35,5	17,6	29,7	-	2,0
Bremen	100	3,4	25,9	-	27,2	39,7	-	2,9
Hamburg	100	3,9	19,7	0,8	23,5	47,6	0,4	3,1
Hessen	100	4,0	27,7	1,1	27,7	37,3	-	2,0
Mecklenburg-Vorpommern	100	2,8	13,6	39,6	17,8	23,5	-	2,6
Niedersachsen	100	3,6	30,7	1,3	31,5	30,5	0,1	2,3
Nordrhein-Westfalen	100	4,2	32,4	0,7	23,1	36,7	0,1	2,8
Rheinland-Pfalz	100	3,8	36,9	0,8	25,0	31,1	-	2,3
Saarland	100	3,0	40,7	-	22,5	30,9	-	2,2
Sachsen	100	2,7	17,2	32,9	18,9	26,9	-	1,4
Sachsen-Anhalt	100	2,6	14,3	41,9	16,9	21,8	-	1,9
Schleswig-Holstein	100	3,6	30,7	0,9	30,8	31,0	0,3	2,1
Thüringen	100	2,7	15,5	41,3	15,4	24,1	-	1,0
Früheres Bundesgebiet	100	3,7	32,3	1,0	26,1	34,4	0,1	2,2
Neue Bundesländer*	100	2,8	14,3	36,0	17,3	27,8	0,1	1,7

* Ohne Berlin. — Quelle: Statistisches Bundesamt , Bildungsstand der Bevölkerung – Ergebnisse des Mikrozensus 2019, Tabelle 3.4.1.

Tabelle A 13: Europäische Union – Wirtschaftsdaten*

Ländergruppe/Land	Wachstum Bruttoinlandsprodukt			Arbeitslosenquote			Außenbeitrag			Öffentlicher Bruttoschuldenstand		
	2009	2020	2021	2009	2019	2020	2009	2019	2020	2009	2019	2020
	Prozent						Milliarden Euro			Prozent zum Bruttoinlandsprodukt		
EU (27 Länder)	-4,3	-5,9	5,3	9,0	6,8	7,2	140,5	486,1	502,7	73,3	77,2	90,1
Euroraum (19 Länder)	-4,4	-6,4	5,3	9,5	7,6	8,0	150,1	408,1	419,8	79,2	83,6	97,3
Darunter:												
Deutschland	-5,6	-4,6	2,9	7,6	3,0	3,7	121,5	198,4	190,6	72,6	58,9	68,7
Griechenland	-4,3	-9,0	8,3	9,6	17,9	17,6	-23,2	-3,1	-12,5	126,7	180,7	206,3
Spanien	-3,6	-10,8	5,0	17,9	14,1	15,5	-12,4	36,5	16,5	52,8	95,5	120,0
Frankreich	-2,9	-7,9	7,0	9,1	8,4	8,0	-15,3	-23,7	-46,8	83,0	97,5	115,0
Italien	-5,5	-9,0	6,6	7,7	9,9	9,3	-10,3	60,6	59,9	112,5	134,3	155,6
Niederlande	-3,8	-3,8	4,8	4,4	4,4	4,9	47,4	79,6	83,2	56,8	48,5	54,3
Österreich	-3,8	-6,7	4,5	5,3	4,8	6,0	9,7	14,2	9,9	79,9	70,6	83,2
Portugal	-3,0	-8,4	4,9	10,7	6,7	7,0	-12,1	1,0	-4,2	83,6	116,6	135,2
Schweden	-5,2	-2,9	4,8	8,3	7,0	8,5	17,8	20,6	21,2	41,3	34,9	39,7
Nachrichtlich:												
Großbritanien	-4,2	-10,0	6,8	7,6	3,8	5,0	-31,8	-59,1	-	63,7	85,9	104,5
USA	-2,8	-3,4	6,0	9,3	3,7	8,1	-382,7	-	-	89,7	108,4	133,9
Japan	-5,5	-4,6	2,4	5,1	2,4	2,8	-99,9	-	-	215,3	235,5	254,1

* Prognose. — Quellen: Eurostat, Bundesbank-Monatsbericht, BMF-Monatsbericht, BMWi-Monatsbericht.

Bitte beachten Sie auch die folgenden Seiten.